◎教育部社科基金青年项目(17YJC710059)

# 全面从严治党实践中基层党组织整体功能研究

马明冲　著

山东大学出版社
SHANDONG UNIVERSITY PRESS
·济南·

**图书在版编目(CIP)数据**

全面从严治党实践中基层党组织整体功能研究/马明冲著. —济南:山东大学出版社,2021.6
(庆祝中国共产党百年华诞研究丛书)
ISBN 978-7-5607-7015-4

Ⅰ. ①全… Ⅱ. ①马… Ⅲ. ①中国共产党—基层组织—党的建设—研究 Ⅳ. ①D267

中国版本图书馆 CIP 数据核字(2021)第 096989 号

责任编辑 李孝德
文案编辑 孟希亚
封面设计 杜 婕

出版发行 山东大学出版社
社 址 山东省济南市山大南路 20 号
邮政编码 250100
发行热线 (0531)88363008
经 销 新华书店
印 刷 济南华林彩印有限公司
规 格 720 毫米×1000 毫米 1/16
14.5 印张 230 千字
版 次 2021 年 6 月第 1 版
印 次 2021 年 6 月第 1 次印刷
定 价 56.00 元

# 总序

习近平总书记曾指出，“历史是一面镜子，鉴古知今，学史明智”。这就鲜明昭示了，历史是一种重要资源和宝贵财富，学习历史，可以从中汲取智慧。显然，这里的“历史”，主要是从中国近现代历史宏观整体的一般意义上而言，中国共产党百年历史则是其中必不可少且耀眼夺目的组成部分。党的历史，简单来说，就是我们党所走过的道路，所经历的过去。了解我们党所走过的道路和它所经历的过去，于我们明理增信崇德力行有大益，因为波澜壮阔的党史中蕴含着解答中国近现代以来如何实现国家富强、民族复兴的黄金密钥。自 1921 年成立到今年，中国共产党已经走过了整整一百年的风雨历程，这里的百年绝不是一个简单的数字，而是真真切切蕴含了博大、丰富的实践内容。不夸张地说，中国共产党的恢宏历史犹如一座理论富矿，蕴含着丰富的思想元素；中国共产党的恢宏历史也犹如一轴书画长卷，蕴含着磅礴的奋斗经验；中国共产党的恢宏历史还犹如一部百科全书，蕴含着博大深邃的智慧。其实，不管是理论富矿、书画长卷，还是百科全书，都旨在说明我们党的历史是一种重要资源和无价财富。

这里的资源和财富，具体而言，主要表现在两个方面：其一，党的自我成长经验。回顾党的风雨百年路，20 世纪 20 年代初，我们党从上海及浙江嘉兴的南湖起航，实现了从无到有、由小到大、由弱到强的历史性跃迁，逐步从一个仅有 50 余名党员的小党和弱党发展壮大为一个有 9500 多万党员的世界第一大执政党。党的自身成长发展史，蕴含着自我净化、自我完善、自我革新、自我提高的诸多宝贵经验。纵览当今国际社会，世界上存续百年有余的政党并不多见，在国际比较的视野下，更可足见中国共产党的成功与伟大。如今，中国共产党已经走过整整一百年的风雨历程，依旧富有青春朝气和蓬勃生命力，可谓“恰百年风华正茂”。中国共产党缘何能做到青春永葆、活力永续？解码这一重大历史命题，即需要我们走入历史中去不断探索和追问。其二，党领导人民拼搏奋斗的实践智慧和经验结晶。百年党史，可以说是党领导和团结全国各族人民为了革命、建设和改革事业不懈求索和奋斗的历史。在这百年历程中，党领导人民进行奋斗历经了几个不同的阶段。在新民主主义革命时期，党在马克思主义的指导下，领导人民逐渐探索出了一条最适合中国国情的革命之路，最终赢得了新民主主义革命的胜利，建立了新中国，为实现中华民族伟大复兴创造了根本社会条件。在社会主义革命和建设时期，我们确立了社会主义基本制度，实现了中华民族有史以来最为广泛而深刻的社会变革，为实现中华民族伟大复兴奠定了根本政治前提和制度基础。在改革开放和社会主义现代化建设新时期，中国共产党开创、坚持、捍卫、发展中国特色社会主义，为实现中华民族伟大复兴提供了充满新的活力的体制保证和快速发展的物质条件。在新时代，中国共产党团结带领中国人民，自信自强、守正创新，创造了新时代中国特色社会主义的伟大成就，为实现中华民族伟大复兴提供了更为完善的制度保证、更为坚实的物质基础、更为主动的精神力量。总结取得这些成就的历史经验，最核心的无疑是党的正确领导。回顾党的百年宏阔历史，我们党在领导全国各族人民矢志向前的伟大历史征程中，真正做到了不忘初心、牢记使命，始终坚持以人民为中心的根本立场，以坚定的理想信念把对民族复兴的伟大目标落实在行动上，从胜利不断走向胜利，并在这个过程中积攒沉淀下丰厚的经验和智慧。这些经验和智慧对于我们党、对于国家民族而言，无疑是最为宝贵的财富。

习近平总书记指出：“历史，总是在一些特殊年份给人们以汲取智慧、继续前行的力量。”既是最宝贵财富，必然不能只作为回顾总结之素材，特别是站在实现第二个百年奋斗目标的历史新起点上，唯有用这些由百年经验和智慧凝聚而成的宝贵财富烛照当下与未来，才能在新的历史征程中继续释放其强大动能。山东大学马克思主义学院积极响应并深入落实党中央关于

“学党史、悟思想、办实事、开新局”的重要精神，同时也为了着力打造党建研究的“山大高地”，进而充分释放山东大学全国重点马克思主义学院的引领示范效能，启动实施了党建学科“迎接建党百年学术研究‘五个一’工程”。截至目前，该工作已完成“加强党对制度建设领导研究”“中国特色社会主义‘四个自信’研究”等一批国家级与省部级重大课题；将陆续出版49册国外政党治国理政研究丛书及15部党建研究丛书；完成2017～2020年四卷本《政党政治研究年鉴》编撰与刊印；主办“中国共产党百年：历史、理论与实践”学术研讨会、“四史”教育与“大思政课”工作交流会、第十届中国政党研究论坛等系列高端学术会议。而工程之“一”便是呈现在大家面前的这一套“庆祝中国共产党百年华诞研究丛书”。事实上，从2003年设立山东大学政党研究所，到2018年率先设立党的建设学科，再到2019年与中国社会科学院共建世界政党研究中心，山东大学一直致力于建设一流党建学科、着力打造构筑马克思主义政党理论研究的新高地。而到目前，山东大学党的建设学科事实上也已经推出了一系列具有“山大气派”的高端成果，充分发挥了传统优势特色，为进一步打造具有国际影响力的理论研究高地、人才培养基地和智库咨政中心奠定了坚实基础。尤其是王韶兴教授在《中国社会科学》英文版中连续发表的7篇学术论文，提出的标识性学术概念和观点更是奠定了社会主义政党政治研究的理论基础，被学术界称为此项研究的“学术地标”。

由于百年党史中蕴含的经验和智慧是多视角、多领域、多维度的，所以，这套旨在“学党史、取经验、得智慧”的研究丛书所涉及的领域也就自然是多视角、多领域、多维度的。山东大学马克思主义学院汇聚骨干力量组建丛书写作团队，结合学院在党史党建研究方面的整体传统优势与团队成员的研究方向，从党的领导、党的建设与国家治理现代化、中国特色社会主义政治建设与法治教育、中国特色社会主义文化建设与文化自信、中国特色社会主义社会建设与公平正义、中国特色社会主义生态文明建设与绿色发展等领域切入党史研究主题，通过回溯历史沿革、梳理发展脉络，形成系统理论观点与政策主张，推进深化了相关领域研究。

虽然这套丛书的研究主题所属领域不同，但具有鲜明的价值指向和时代诉求。一是从不同的视角和维度阐释了中国特色社会主义伟大成就与党的领导和党的建设之间的内在联系，明确党的正确领导、党的自身建设是中国各项事业取得成功的关键与根本保证，确证党的百年历史征程与实现中华民族伟大复兴的密切联系。二是在历史梳理与理论深耕的学术研究基础上，站在新的历史起点上回应科学总结党在百年奋斗历史中的理论与实践的时代要求。习近平总书记在给山东大学《文史哲》编辑部全体编辑人员的重要回信中指出："从历史和现实、理论和实践相结合的角度深入阐释如何更好坚持中国道路、弘扬中国精神、凝聚中国力量。"这是对全国哲学社会科学工作者提出的殷切期望和谆谆嘱托，为繁荣发展哲学社会科学提供了根本遵循，也为加强马克思主义理论和党史党建研究进一步指明了方向。此套丛书的重要目的之一即是落实习近平总书记重要回信精神，在守正创新中构建党建研究的"山大样本"与中国化马克思主义理论体系，进而为构建中国特色哲学社会科学尽绵薄之力。三是助力和推动山东大学马克思主义学院的发展迈上新台阶、步入新阶段，在山东大学百廿校庆之际贡献马院力量。当前，山东大学正处于加快实现"由大到强"历史性转变的关键期、机遇期、攻坚期，马克思主义学院担负着"强院兴校"的光荣使命和政治职责。面对这样的新形势新要求，要凸显学院党史党建研究的"山大特色"，推出具有"山大气派"的研究成果，奋力朝着高端、高质、精深、精进的方向不断前进，发挥首批全国重点马克思主义学院的"排头兵"和"领头羊"作用。

今年是中国共产党成立100周年，这无疑是一个特殊的时间节点，也是党和国家历史时间之轴上的光辉刻度，这个重大历史时刻无疑为我们从百年恢宏党史中汲取智慧、寻获经验提供了最佳契机。习近平总书记在庆祝中国共产党成立100周年大会上的重要讲话中回顾了党百年来走过的光辉历程、作出的历史贡献，为全党全国各族人民向第二个百年奋斗目标迈进指明了前进方向。从这个意义上说，本套丛书的成书和出版可谓恰逢其时。

山东大学马克思主义学院院长　张士海

2021年7月

# 目 录

# 导论

“从严治党向基层延伸”是指对基层党员从严要求、从严教育、从严监督和严明纪律。如此,“三型”基层党组织建设的战略目标才能够实现,党的公信力才能得以巩固,党的肌体才能保持健康。

“党要管党,从严治党”,重点在于如何做到“全面”。“全面”即是将“从严”的范围扩大到各个基层党组织。中国共产党领导人民进行革命、改革和建设的生动实践表明,党的战斗力的形成、党的组织的发展壮大、党的工作的顺利推进、党群关系的亲密融洽,都与党的基层组织息息相关。习近平总书记多次强调基层党组织建设的基础效用,认为基层是党全面开展工作的组织原点,是解决各类棘手问题和矛盾的组织依托。全面从严治党向基层延伸是全面从严治党“落地”的切实举措,是“党要管党、从严治党”聚焦和解决基层存在问题的要求。

## 一、全面从严治党向基层延伸的缘起

党的十八大以来,以习近平同志为代表的中国共产党人积极探寻党的执政规律和治国理政规律,审时度势地作出了全面从严治党的重要战略选择。进而,习近平总书记又提出全面从严治党向基层延伸,掀开了全面从严治党的新篇章。中国共产党管党治党不仅需要在“全面”上做文章,需要在

“从严”上下功夫，更需要将从严治党的范围扩展到“基层”，在“向基层延伸”上想办法、抓实效。因此，系统理解习近平关于全面从严治党向基层延伸思想的深层意蕴，科学构建习近平关于从严治党向基层延伸的分析框架，对于全面提升中国共产党执政能力和执政水平具有重要的理论价值和实践意义。

基层组织是政党运行的社会触角，是政党政治功能发挥的基本载体。政党组织的“树状结构”体现着中枢组织和基层组织的关系，若没有根基性基层组织植入社会的土壤，整个政党组织的有效运行是不可想象的，政党组织的宗旨、奋斗目标的实现也是绝无可能的。因此，习近平总书记强调，只有基层党组织坚强有力，党员发挥应有作用，党的根基才能牢固，党才能有战斗力。同时，我们看到，政党在政治生态中起着重要作用，政党形象为政治生态养成增添着正能量。政党基层组织与普通百姓群众联系密切，是政党形象树立的直观性因素，为此强调基层组织关乎政党公信力、关乎政党凝聚力、关乎政党战斗力。中国共产党对于良好政治生态的维系，需要基层党组织和广大基层党员的共同努力。如此种种，充分显示了基层党组织的基石地位。故而，全面从严治党向基层延伸是对基层党组织基石作用的重视，是符合政党组织建设规律的明智之举，是维护党的形象和保持党的公信力之必要措施，是中国共产党“整党、管党”以提高治理能力和夯实执政基础的现实要求。

“政党的根基来源于人民，政党的力量来源于人民。”立足党群关系，我们认为，和谐的党群关系关键在于厘清各自的地位和角色，以期实现“舟与水”的相辅相成。党的基层组织是最前沿化面对群众、最深入化了解群众、最形象化服务群众的“舟与水”接触的“基本面”，是连接群众和社会最直接的载体，是群众了解党、认识党的窗口和平台。党作为团体性组织，不是抽象的，而是具体的。基层党组织就是党的领导干部和党员发挥社会示范效应的依托，人民群众并不是同抽象的党生活在一起，而是同基层具体的党员干部和党员共在一个屋檐下。基层党员的一言一行、举止言谈、立身行事往往被群众视为生动的组织行为，往往被社会公众理解为党的形象表达。因此，全面从严治党必须向基层延伸，以推进党的基层组织扎根群众，解决关乎百姓切身利益的问题，密切党群关系，纠正“不正之风”，以维系良好的政治生态。

基层党组织作为政党功能发挥的“末端触角”，在面临诸多难题和挑战的同时，自身建设亟待加强。在思想舆论引导上，基层组织几近“失声”，基层党员存在社会主义理想信念淡化的现象，这在一定程度上导致了基层组织的信仰危机。在组织工作中，职能不明、班子不强、梯队建设缺乏长期性考虑等问题突出。在处理群体性利益矛盾上，基层组织在经济服务、政治引导、社会调节等功能发挥上还不充分，一些基层党员甚至采取不正当或违法的手段以公权谋取私利，“小官巨贪”“小官巨腐”的问题仍然存在。这就在一定程度上侵蚀了党的基层组织的健康肌体，疏远了党群、干群关系，损害着整个党组织的综合形象，甚至是透支着党在人民群众中的公信力。基层党组织出现的种种迹象和问题警示着全党，全面从严治党向基层延伸迫在眉睫。

“三型”政党建设是新时期党中央和各基层党组织建设的重要战略目标，全面从严治党向基层延伸是为实现基层党组织建设目标而作出的战略部署。

党的十八大以来，学习型、服务型、创新型的马克思主义执政党建设成为新时期党建的战略选择。与此同时，基层党组织也进行着重要的建设调整，面临学习、服务、创新、能力和机制建设等提出的更高水平要求。建设“三型”基层党组织就意味着突出将关注学习、服务、创新问题作为基层党组织建设和发展的基础性问题抓好、抓牢，三个层面的问题是基层党组织建设的支点和杠杆，是解决其他方面问题的抓手。我们也要看到，三个层面分别阐释基层组织建设的三重维度，学习为服务、创新奠定基础，服务是学习、创新的归宿，创新是更好地学习、服务的动力。学习是基层党员自我学识和自我修养提升、自我前进的重要路径，是基层党员干部提高领导能力和服务能力的关键所在。学习意味着基层广大党员要善于学习，善于将马克思主义理论知识应用到基层工作实践中。服务是强调基层党组织要在基层发展中发挥经济、社会服务等功能，充分发挥党中央与人民群众之间的桥梁作用，进而巩固好党的执政基础。创新是基层党组织根据具体形势的发展，转变新思维、探寻新方法，勇于推进基层党组织工作方式创新。

全面从严治党向基层延伸涉及基层党建的诸多环节，是一项系统的工程，其主要强调对“基层”从严，体现了从严治党责任主体全覆盖的要求。全面从严治党向基层延伸开启基层党建新常态，对基层党员干部从严要求、从严监督可以有效提升基层党员的服务水平，促进基层党组织服务功能的发挥。从严教育可以有效提升基层党员的整体素质、理论素养，促进基层党组织队伍建设科学化，提高卓越共产党员的比重，推动学习型基层党组织的建设。从严管理可以不断强化基层党组织在管理党员过程中对新制度的探索，细化制度性基层党建的新路径设计，有利于创新型基层党组织目标的实现。

## 二、全面从严治党向基层延伸的“五个维度”

全面从严治党向基层延伸，从内容上来看就是将全面从严治党的五个维度分别延伸到基层，切实做到从严内容“无死角”，将全面从严治党的精神贯穿到基层党组织建设的各个领域和全过程之中。

1.从严加强基层党员的思想建设，守住意识形态阵地

从严治党向基层延伸首要解决的就是基层党员和干部的思想认识问题。经济全球化推动了文化在全球范围的交融和渗透，西方多种文化思潮相互交织，并通过多种渠道渗透到我国文化领域中，造成部分基层党员价值观动摇、信仰缺失。信仰对于人类的精神世界来说至关重要。对于广大基层党员而言，马克思主义的科学信仰的树立更为关键。从严加强基层党员思想建设，就是要号召广大基层党员坚守马克思主义观，保持党的思想纯洁性，自觉践行社会主义核心价值观；就是要鼓励基层党员坚定马克思主义理想信念，不断加强思想理论学习，全面提升素养。

2.从严加强党的基层组织建设，发挥基层党员的先进性作用

党的基层组织建设是全面从严治党向基层延伸的重要环节。党的基层组织建设是保持基层党组织先进性、增强基层党组织凝聚力的有效途径。从严加强党的基层组织建设关键在于“从严治吏”。从严治党向基层延伸，必须将从严治党落实到对基层党员的教育和党员队伍的管理中去，为扎实抓好党的基层工作奠定基础。基层党员干部应不断以身作则、严于律己，以彰显党员的先进性和模范带头作用。在选人、用人方面，严守各个环节，着力培养马克思主义理想信念坚定、为人民服务意识浓厚、德才兼备、敢于担当和廉洁自律的党的基层好干部。着力打造一支素质过硬、本领过强的基层干部队伍。

3.从严加强基层党员作风建设，凝聚民心、重塑形象

从严加强基层党员作风建设是凝聚党心、振奋民心的重要举措。习近

平总书记拥有丰富的地方和基层领导经验，对基层党风建设感悟至深。因此，他特别强调要发挥好党风建设对党的建设、对党的工作推动的积极作用。他指出，党员作风可以成为衡量党员的标准。看党员合格与否，可以通过其平时的工作、学习和生活作风等判断，那些合格的党员、干部通常都是将人民的利益诉求作为考虑问题的出发点，通常都是“吃苦在前、享受在后”，通常都是“勤奋工作、廉洁奉公”。

全面从严治党向基层延伸就是要用“踏石留印、抓铁有痕”的劲头抓基层党员的作风建设，利用每次党内教育活动和学习活动推进作风整改，进一步加强与人民群众的联系，实现基层党员作风建设的新提高。从严加强基层党员作风建设是全面从严治党向基层延伸的主要抓手，是凝聚民心、重塑形象的关键。在日常工作中，党的基层组织只有坚持“干在明处，落在实处”，才能够真正解决“四风”问题。

4. 从严加强基层党组织的制度建设，将权力关进制度的牢笼里

制度建设是全面从严治党向基层延伸，坚持制度治党的根本性保障。对此，习近平总书记明确指出：“制度一经形成，就要严格遵守，坚持制度面前人人平等、执行制度没有例外，坚决维护制度的严肃性和权威性，坚决纠正有令不行、有禁不止的各种行为，使制度真正成为党员、干部联系和服务群众的硬约束。”“要整顿不合格基层党组织，就需要坚持和落实行之有效的制度。”从严加强基层党组织的制度建设，是进一步制定、完善基层党组织的相关制度、强化制度执行的过程。要将权力关进制度的牢笼里，在基层制度设计中，就应该注重组织运行基本原则的制定，形成组织相关职能发挥的基本规范，落实提高组织能力建设的基本意见，理清政党组织与其他组织的协调关系准则等。

5. 从严加强基层党员纯洁性建设，将预防与惩治腐败有机结合

党风廉政建设和反腐败斗争，是党的建设的重大任务。从严加强基层党员纯洁性建设，内在地要求在基层党组织内开展反腐倡廉建设，以零容忍态度惩治基层腐败现象，坚决遏制基层腐败现象蔓延势头。基层党组织的反腐倡廉建设有着与其他层级政党组织不同的特点，要将这项工作落到实处，必须做到预防和惩治相结合，推动基层反腐倡廉建设向科学、理性、自觉和全新的方向发展。基层党组织要在科学把握反腐败斗争规律的基础上，进一步部署和把握新形势下基层反腐倡廉建设的实际情况，探究新形势下

基层腐败问题产生的深层次原因，在基层党组织科学化建设的框架内严控和惩处腐败行为。

## 三、全面从严治党向基层延伸的制度性依托

全面从严治党向基层延伸，关键在"严"。对基层党员如何做到从"严"？就是要严格要求每一位基层党员，尤其是基层党员干部；严格教育，将经常性教育和学习延伸到基层广大党员中；严格监督，通过建立健全党内外监督体系，对基层党员中存在的不正之风、腐败问题深查到底；严明纪律、"以法律己"，推动基层法治体系建设，规范基层党员干部的权力行使。具体而言，就是通过推动基层党员学习教育长效机制、基层巡视制度和基层法治体系建设等机制和体系的"创新"，推动全面从严治党向基层延伸。

1.建立健全基层党员学习教育长效机制

对基层党员严格要求，严格教育，就是要针对基层党员中存在的思想问题、作风问题、腐败问题进行教育和管理，通过建立长效的学习教育机制，来提高广大基层党员的"学习"意识。在全体党员中开展"两学一做"学习教育，就是要推动党内教育从"关键少数"向广大党员拓展。从严治党向基层延伸最重要的参与主体是基层党员，基层存在的问题也需要激活和培育党员主体意识来着力解决，因此要加强对基层党员的学习与管理，在基层建立党员学习的长效机制。

目标学习机制是通过设定基层党组织成员的组织学习目标和个人学习目标，将二者有机地耦合的一种制度机制。这一机制的建构关键在于建立、健全党员学习目标管理制度，通过制度性规定调动党员对党的理论知识学习的积极性、主动性。健全党内学习目标管理制度，首先在于建立、健全常态化的党员干部学习教育制度，进行教育目标和政治目标的双重激励，使每位党员干部都能牢记党的奋斗历史，使教育目的与制度机制协调统一起来；其次要做到将整体性目标分解、落实到每个党员干部个人，建立党员个人的定量、定期学习管理责任制度。

榜样学习机制，就是选择在党员理论学习中对突出的集体和个人以适当的形式加以肯定和表扬，从物质利益和精神利益的双重性出发来激发党员努力学习的方法和创新基层党组织集体学习的形式。进行榜样学习激励，需要建立榜样发现与培养机制。主要内容包括两个方面：一是要善于发

现、注重培育党员学习先进个人和基层党组织学习的典型；二是要充分利用各类宣传媒介，广泛宣传学习个人和集体的先进事迹，努力营造党员会学习、爱学习、能学会的浓厚氛围。

学习考核机制是制定党员学习目标责任制，对各级党政干部进行分类考核，明确多重考核体系，建立考核结果的反馈、公开与建议制度，将考核结果与奖惩、评优、职务晋升等结合起来。

学习批评机制是针对党员内学习态度、学习方法等环节中出现的问题，采取集中讨论的制度，将批评与自我批评的优良作风应用到广大党员的学习中去，将其制度化。

在这种长效机制的建立中，要充分发挥基层党组织的推动力和监督力。基层党组织应定期向党员推送自我学习刊物、书籍等材料，建立并开设基层党员自我学习管理平台，党员可以根据实际情况学习网站内设的视频资料，不断增强自身党性修养。

2.“以权力制权”“以权利制权”体制探索在基层

权力政治学指出，对权力进行监督和制约成为人类政治生活的不朽主题。历史和现实赋予了中国共产党以巨大的权力资源。然而，作为执政党来说，应该“以权力制权”，设置基层党组织的专门监督机关来约束权力，将纪律巡视制度延伸到基层；“以权利制权”，通过基层群众的监督和维权行动等，防范和制裁基层党组织和基层党员的滥用权力行为，使基层政治文化生态得到调整和改善。

“以权力制权”的巡视制度作为一种新型的党内监督模式，在从严治党向基层延伸中，应该将其有益的探索拓展并应用到基层。习近平总书记指出：“巡视是党章赋予的重要职责，是加强党的建设的重要举措，是从严治党、维护党纪的重要手段，是加强党内监督的重要形式。”也就是说，巡视没有被视为权宜之计，而是贯彻新时期从严治党的主动性制度设计。党的十八大以来，巡视制度在反腐肃贪方面发挥了极大的威慑作用，取得了有目共睹的成效。当下，中国共产党部署全面从严治党向基层延伸，还应该继续用好巡视制度，以实现监督全覆盖为制度设计追求，努力建立从上到下的纵向巡视制度。这就需要在巡视工作创新上多下功夫，“推动巡视内容、方式方法、制度建设等方面与时俱进，完善工作机制，增强巡视工作的针对性、实效性”。横纵交错才能趋向完备，更好地监督基层权力运行。就巡视制度而言，自上而下的纵向巡视体系和针对一些领域的横向专项巡视构成网状巡视结构。纵向巡视体系侧重以党的各级纪律检查委员会为基本组织依托，垂直深入基层党组织；横向巡视侧重以各部门纪律检查委员会或中央、省级纪律检查委员会派驻机构等为组织依托，全面涵盖到各业务单位基层党组织。如此，基层党组织的常规性巡视和专项性巡视相互配合，纵深严格的层级性巡视和宽广的全面覆盖性巡视相得益彰，"一竿子到底"的网状权力监督体系得以建立。

"以权利制权"从本质上说是强调公民权利，希冀群众发挥监督权力行使者的作用。洛克、卢梭、汉弥尔顿等西方政治学家关于"以权利制权"有过系统而深刻的阐述，强调公民运用权利制约执政者是阻止公权力蜕化的可行方法。透析实际的权力运行过程，解构权利的属性，不难发现权利与权力之间动态的复杂联系，使"以权利制权"的效用凸显。因此，我们认为，群众监督是权利制约权力的派出性制约，是基层权力监督体系的重要构成。全面从严治党向基层延伸，从权利的角度分析，是以普通党员权利为本位的复归过程，是以尊重群众权利为本源的重要进路。党的十八大以来，积极探索构建基层权力运行群众监督的制度体系，将体制外监督引入体制内处理的轨道。我们还应该在建立群众举报受理机制、高效互动沟通机制、调查协同处理机制等可行性操作机制上多下功夫。尤其是网络普及和发展为群众公共参与、舆论监督发挥作用提供了客观条件，日趋成为群众监督机制完善的新平台。

3. 完善党内法规体系，规范基层党员干部权力行使

目前，学术界关于法治型政党建设的研究和讨论如火如荼，从严治党内在地要求加强法治型党组织建设，法治型党组织建设要求全面从严治党向基层延伸，用完善的法治体系规范基层党员干部行为。按照党的十八届四中全会的要求，加强党内法规制度建设，完善党内法规制定体制机制，形成配套完备的党内法规制度体系，运用党内法规把党要管党、从严治党落到实处，促进党员、干部带头遵守国家法律法规。这无疑阐释了依法治国必须完善党内法规，落实从严治党的重要意义。政党法治是国家法治的基础，"政党依法执政的前提是将政党自身置于法治环境中，将执政党行为纳入法治轨道之上"。完善党内法规体系，是树立党员法律信仰、发展党内民主、科学配置党员权力、明确党员职能的保障。

良法是善治的前提，法治型国家的有效运行要求不断提高党内法规的科学性，形成完备的法律规范体系，是完善党内法规的先导，是国家治理体系、治理能力现代化的应有之义。从严治党向基层延伸，要着眼于提高党内法规的系统性，加强理论研究，将党内法规的顶层设计和具体法规制度有机结合，将长远规划与五年以内法规建设衔接起来。加强程序化设定，以条例建设为重点，将党内法规的制定与修订协调统一起来，严明基层党组织的纪律，提高党内法规的科学化、规范化水平。

制定党内法规的关键在于规范党内行为，从严治党向基层延伸，要求严格党内法规在基层的实施体系，引导基层党员干部办事、用权、施政都要依照党内法规进行。基层党员干部带头执行党内法规、严肃基层党内问责、惩戒的执行力度是提高党内法规在基层实施效度的抓手，是培养基层党员干部法权人格的重心。党内法规在基层的有效落实，是培养基层党员法权人格，实现基层党组织建设规范化、法律化的保障。与此同时，加强对基层党员法律素质的培养、法权人格的塑造也是实现党员法律素养和法制行为由“自发性”向“自觉性”转变，全面从严治党向基层延伸的目的所在。[①]

① 参见马明冲:《全面从严治党向基层延伸:缘起、维度和路径》,《理论与改革》2016 年第 4 期。

# 第一章

# 基层党组织：内涵和边界

自中华人民共和国建立以来，党始终保持着旺盛的生机与活力。中共中央组织部最新统计数据显示："截至 2018 年底，中国共产党拥有 9059.4 万名党员，461.0 万个基层党组织。"[①]基层党组织是层次最低但数量最多的党组织，我国 9000 万的党员正是活跃在这 400 万个基层党组织当中，也正是这些基层党组织把千千万万的党员汇聚成一个思想和行动高度统一的整体。

无论是治国安邦还是管党治党，其重点、要点、关键点都在基层。中国基层社会的领导核心是党的基层组织。因此，基层党组织始终是党同人民群众保持密切联系的纽带，始终是党全部工作和战斗力的基础。作为党的建设的最终落脚点，必须筑牢基层党组织这个根基，"把企业、农村、机关、学校、科研院所、街道社区、社会组织等基层党组织建设成为宣传党的主张、贯彻党的决定、领导基层治理、团结动员群众、推动改革发展的坚强战斗堡垒"[②]。基础不牢，地动山摇。如果否认基层党组织的作用，党的执政基础就

① 《中国共产党队伍稳步壮大：党员 9059.4 万名基层党组织 461.0 万个》，2019 年 6 月 30 日，http://www.taihainet.com/news/txnews/cnnews/sh/2019-06-30/2278613.html。

② 习近平：《决胜全面建成小康社会　夺取新时代中国特色社会主义伟大胜利》，《人民日报》2017 年10 月 28 日。

会受到威胁，党的凝聚力和战斗力就会遭到破坏。尤其是当前我国正处于社会转型期，大量新组织、新领域不断出现，各种新情况、新问题层出不穷，中国共产党必须竭尽全力强化基层党组织政治领导、服务群众的能力，如此才能在情况复杂、问题众多的情势下，筑牢自己的根基，巩固自己的坚强堡垒。而要想深化对基层党组织的认识，应该从其定义和内涵入手，这是认识基层党组织的基础和前提。

## 第一节　基层党组织的界定及特征

### 一、基层党组织的界定

“基层党组织”由“基层”和“党组织”两个概念构成。“基”字在中国有着悠久的历史，甲骨文中的“基”上半部分是“土”，下半部分是“其”（箕），箕中装土为“用土筑墙”之义。“基”的本义为“墙基”“地基”，如许慎《说文解字》云：“基，墙始也。”贾思勰《齐民要术·园篱》云：“于墙基之所，方整深耕。”又可引申为“基础”之义，如《诗·小雅·南山有台》云：“乐只君子，邦家之基。”“层”在《现代汉语词典》中有“层次、层级”之义。“基层”则是“各种组织中最低的一层，它跟群众的联系最直接”[①]。“党”在中国古代典籍中有多种含义，据《故训汇纂》考证，“党”主要有六种含义：一是表示人数众多；二是表示居住单位；三是表示群体和类别；四是表示不公正和徇私；五是表示亲朋；六是表示营私集团。在这里，党是指“代表一定阶级或阶层的利益并为了政治目的而结合起来的团体”，特指中国共产党。“组织”一词在古汉语中最初指“编织”，即“将丝麻织成布帛”，英文中的“组织”（organization）源于“器官”（organ），指生物有机体是由一个个器官组织形成的。管理学诞生以来，学者们给组织下过各种定义。古典组织学家詹姆斯·穆尼认为：人们为了共同目标联合起来就形成了组织。管理学家巴纳德（Chester I. Barnard））从人与人相互合作的角度研究组织，将其定义为“有意识地加以协调的两个或两个以上的人的活动或力量的协作系统”。理查德·L. 达夫特（Richard I. Daft）认为，人们为某一个目标联合起来，并围绕这一目标精心设计联合体

① 中国社会科学院语言研究所词典编辑室编：《现代汉语词典》，商务印书馆 2016 年版，第 631 页。

的结构，构造共同意识以协调联合的活动，并同外部环境保持密切联系，这就形成组织。现代管理学家孔茨(Koontz)则认为，组织是正式的、有意形成的职务结构或职位结构。综合以上观点，我们认为：组织是一个拥有两人及两人以上的群体、共同的目标、有序的组织形式和运作方式的有机体。关于党组织，刘少奇在《论党》中有过精辟的论述，他指出："在一个工厂或者一个农村中，仅有三个党员在一起，这还不是党的组织，还必须按照民主集中制的原则组织起来，在通常的情况下，这三个党员中必须有一个人是组长，其余两个是组员，即是在各种活动中有一个领导者和两个被领导者，才能成为党的组织。"①即党组织是根据自己的纲领和章程，按照民主集中制组织起来的统一整体。

从组织系统的角度看，党由中央组织、地方组织和基层组织三部分构成。党的中央组织包括党的全国代表大会、中央委员会、中央纪律检查委员会、中央政治局及其常委会、中央书记处、中央军事委员会。中央组织是党的神经中枢，是党的事业的领导核心，代表全党的意志，代表全党实行决策权。党的地方组织是包括党的区县级直至省级的代表大会、各级党的委员会、纪律检查委员会等。党的地方组织是当地的领导核心，其基本职能是执行上级决议，督促基层落实，负责上传下达，在中央和基层之间起着承上启下的重要作用。而关于基层党组织，中共十九大通过的《中国共产党章程》第五章第三十条规定："企业、农村、机关、学校、科研院所、街道社区、社会组织、人民解放军连队和其他基层单位，凡是有正式党员三人以上的，都应当成立党的基层组织。"②可以说，党的基层组织由于其特殊的地位——直接同群众接触，负责组织群众、向群众直接宣传党的主张、服务群众的生活等，名副其实地成为党和群众之间的纽带，是党形成战斗力的基石，是党的政策方针能够落实的坚强保障，是管理党员和培养党员的主要力量，是整个社会基层组织的政治核心。

在不同的历史条件下，基层党组织的内涵发生了多次变化。早在共产主义者同盟时期，马克思、恩格斯就在《共产主义者同盟章程》中明确规定：

---

① 刘少奇：《论党》，人民出版社1980年版，第88页。

② 人民出版社编：《中国共产党章程中国共产党纪律处分条例》(修订对照版)，人民出版社2018年版，第21页。

同盟分为支部和区部，作为权力执行机关的中央委员会是同盟的领导。在共产主义同盟第二次代表大会上又规定同盟的组织机构是支部、区部、总区部、中央委员会和代表大会。马克思、恩格斯最早的设想就是要建立支部，并且指出支部的主要任务就是处理盟员事务及联系区部，这是基层党组织的雏形。之后，列宁完善了支部职能，并将其确定为普遍意义上的基层党组织。我们党在成立之初也没有直接使用“基层党组织”这个概念。1921 年中共一大通过的《中国共产党的第一个纲领》，提出建立中央和地方两级组织，即中央局和地方委员会。中共一大后，既是为扩大组织规模，也是为管理扩大的组织，党小组应运而生，这是党的基层组织的原始形态。中共二大党章规定：“农村、工厂、铁路、矿山、兵营、学校等机关及其附近，凡有党员三人至五人均得成立一组，每组公推一人为组长，隶属地方支部。”①并且把党的组织系统分为中央执行委员会、区执行委员会、地方支部和组四个层次。党章规定：“各组组织，为本党组织系统，训练党员及党员活动之基本单位，凡党员皆必须加入。”②中共三大决定将党章关于基层党组织的设置修改为“凡有党员五人至十人均得成立一小组”③。1925 年，《对于组织问题之决议案》强调：“我们党的基本组织，应是以产业和机关为单位的支部组织。”自此，“支部”代替“组”成为党的基层组织。1927 年，中共五大闭幕后，中共中央政治局于 6 月 1 日通过了《中国共产党第三次修正章程决案》，第一次将党的组织系统划分为“全国——全国代表大会——中央委员会，省——省代表大会——省委员会，市或县——市或县代表大会——市或县委员会，区——区代表大会——区委员会，生产单位——支部党员全体大会——支部干事会”五个组织层级。刘少奇在中共七大中指出：“党的基础组织，一般称为党的支部，特殊地称为党的总支部或党的工厂、机关、学校委员会。”④中共八大考虑到“基础组织、基本组织”在文字表意上不够突出党同群众之间的联系，所以“基础”和“基本组织”此后就被“党的基层组织”替代。与此同时，中共八大决定为党的基层组织划分标准，如果基层组织的党员超过 100 人，即可成立基层党委会，并成立若干下属总支或支部；如果基层组织的党员超过 50

① 中央档案馆编：《中共中央文件选集》第 1 册，中共中央党校出版社 1989 年版，第 93～94 页。
② 中央档案馆编：《中共中央文件选集》第 1 册，中共中央党校出版社 1989 年版，第 94 页。
③ 中央档案馆编：《中共中央文件选集》第 1 册，中共中央党校出版社 1989 年版，第 159 页。
④ 中国革命博物馆编：《中国共产党党章汇编》，人民出版社 1979 年版，第 136 页。

人，即可成立总支部委员会，并成立若干下属支部；如果基层组织的党员不足50人，只能成立支部委员会。中共八大基本完善了党的基层组织的基本形态，持续至今都没有大的变动。2002年，党的十六大通过的党章在原规定“企业、农村、机关、学校、科研院所、街道、人民解放军连队设立基层党组织”以外，还增加了“在社区、社会团体、社会中介组织和非公经济”中设立党的基层组织的规定。2007年，党的十七大通过的党章规定：“企业、农村、机关、学校、科研院所、街道社区、社会组织、人民解放军连队和其他基层单位，凡是有正式党员三人以上的，都应当成立党的基层组织。”

综上所述，从广义上看，基层党组织是按照相关制度规定设立，以党章为活动的基本遵循，在社会中发挥政治核心作用，密切联系人民群众，努力完成所担负任务的集体组织；从狭义上看，基层党组织是贯彻党的意志，执行党的决议，落实党的政策方针，宣传党的思想理论，教育、培养、监督和管理党员的组织。

## 二、基层党组织的特征

基层党组织作为社会基层组织的政治核心，其发展依赖社会基层组织并制约着社会基层组织的发展。由于社会基层组织具有多样性，不同类型的基层党组织会表现出特殊属性。概括来说，所有基层党组织都具备以下基本特征。

第一，基层党组织是党的整个组织体系的基础和根基。自从人类走出野蛮、组成社会以来，社会组织就如影随形地不断发展。随着分工普遍扩大，阶级得以形成，作为阶级集中体现的政党出现在历史舞台。政党要形成战斗力和凝聚力，必然要求组织有力量，组织的力量在于思想政治的高度认同，在于纪律的严密，在于行动的一致。①

中国共产党的组织体系是一个有机体，中央组织是领导核心，地方组织是桥梁纽带，基层组织则是基础基石。党通过设立基层党组织，每一名党员不论职务高低，都编入一个党支部，从而使党的根基更加牢固。同时，基层党组织在党的中央组织、地方组织的领导下开展行动，保证党作为一个整体而存在，保证了党在思想和行动上的高度统一，保证了党的凝聚力和战斗力。从建党

① 参见罗争玉、李屏南：《论基层党组织的共性与个性》，《求索》2001年第3期。

时的几名党员、几个党小组到今天的9000多万名党员和460多万个基层党组织，这是党取得的历史性成就，也是推动国家发生根本性变化的重要原因。基层党组织像党的"神经末梢"一样，数量庞大，触角众多，广泛并深入社会基层，是党丰富的组织资源，对党的路线、方针和政策的执行起到基础和保证作用。党的基层组织是党的全部工作和战斗力的基础，只有把基层党组织建设得坚实有力，党的领导才有强有力的抓手，党员和群众的关系才能紧密。如果基层党组织的根基不牢，党的每个机体细胞就会失去活力，党的组织力和凝聚力就无法得到保障，党的领导就没有了依存力量。

第二，基层党组织是党联系人民群众的桥梁和纽带。没有一种根基，比扎根于人民更坚实；没有一种力量，比从群众中汲取更强大；没有一种资源，比赢得民心更珍贵持久。"一个政党，一个政权，其前途命运取决于人心向背。人民群众反对什么、痛恨什么，我们就要坚决防范和纠正什么。"[①]我们党的根基在人民，血脉在人民，力量在人民。在战火纷飞的革命年代，正是依靠广大人民的无私奉献，才使共和国的大厦得以奠基；在热血沸腾的建设时期，正是依靠广大人民的勤劳苦干，才使社会主义的事业得以迅猛发展；在波澜壮阔的改革时代，正是依靠广大人民的开拓创新，才使中国人民在实现中华民族伟大复兴的征程中迈出坚实的步伐。着眼未来，社会主义现代化的长远目标也需要由广大群众接续奋斗才能得以实现。回顾党的光辉历史，党从弱小走向强大，从胜利走向新的胜利，最根本的原因就在于党始终保持同人民群众的血肉联系，把党的事业深深扎根于人民之中，紧紧依靠人民群众创造历史伟业。党的实践经验也反复证明，如果一项任务、一个方针得不到人民群众的拥护支持，那么就得不到落实和贯彻。

党的基层组织是建立在社会基层单位，与广大人民群众有直接的、经常的、密切的联系的党组织，它能够时刻关注民生、听取民心、了解民情、解决民怨。中国共产党正是通过基层党组织来联系人民群众的，基层党组织是联系上级党组织和人民群众之间的桥梁和纽带，是实现党的领导的重要条件。一方面，基层党组织始终同群众保持高度紧密的联系，有些密切联系群众的渠道，与人民群众接触最多，了解群众的生产生活情况，掌握群众的思

---

① 习近平：《决胜全面建成小康社会　夺取新时代中国特色社会主义伟大胜利》，《人民日报》2017年10月28日。

想动态，能真正了解群众的真实需求，以此为上级党组织决策提供客观依据。另一方面，基层党组织是加深人民群众对中国共产党了解的重要渠道，人民群众通过基层党组织能够便捷、及时、深入地了解党的路线、方针和政策。原本分散的群众的意志和力量，由基层党组织汇聚。在基层党组织的领导下，群众形成自觉意识和统一行动，共同推动中国特色社会主义事业不断发展，形成齐心向前的奋斗合力。如果基层党组织软弱无力，发挥不出应有的作用，党的意志就很难传达到群众中，群众的意见和建议也很难反映到党的领导机关中，中国特色社会主义事业和中华民族伟大复兴之路必然会遇到坎坷。

第三，基层党组织是党在社会基层组织中的战斗堡垒。在一个社会基层单位中，有经济组织、文化组织、行政组织等，党的基层组织与它们有着密切关系，但基层党组织在社会基层组织中的作用是任何组织都无法替代的。我们党是执政党，是中国特色社会主义事业的领导核心。要实现党的全面领导，首先要制定正确的路线、方针、政策；其次要充分发挥各级党组织的作用，保证其得以实施。党的一系列举措最终要通过基层党组织开展大量的工作，使之变为广大党员群众的自觉行动。可以说，基层党组织是党的战斗力基础，维护党的领导、宣传党的方针、开展党的活动、落实党的决策、完成党的任务都离不开基层党组织，这就是基层党组织的战斗堡垒作用。

基层党组织是服务于社会基层的。分布在企业、农村、机关、学校、科研院所、街道社区、社会组织、人民解放军连队等其他基层单位的基层党组织，尽管具体职能不同，工作方法也不完全一样，但都在团结带领广大人民群众落实党的任务方面发挥着重要作用，都是党在社会基层组织中的战斗堡垒，都担负着重要职责。这具体体现在以下几点：一是充分发挥党的理论优势，积极宣传马克思主义基本原理和马克思主义中国化，用科学的理论武装人们的头脑，培养党员群众并使之形成科学的世界观和方法论，树立正确的世界观、人生观、价值观。二是充分发挥党的政治优势，以基层党组织为依托，加强对本单位领导干部、党员、群众的教育管理和思想政治工作，坚定其崇高的政治理想信念，做到“四个自信”，激发其为实现共同理想而奋斗的斗志。三是充分发挥党的组织优势，凭借着自身的组织优势，在基层党组织的领导下，可以把党员和群众组织起来，一方面发挥党员的先锋模范作用，用身边的党员榜样影响他人，另一方面带动更多的群众参与到党的任务中来，保证党的方针政策在本单位得以贯彻、落实，加强本单位的党组织建设，增强本单位的凝聚力，促进本单位的发展。四是充分发挥党的制度优势，坚持民主基础上的集中和集中指导下的民主相结合，充分尊重广大党员的意见，使广大党员群众的意见建议得到充分表达，也使党的意志得到正确集中，使得基层党组织焕发出生机和活力。五是始终贯彻“一切依靠群众，一切为了群众，从群众中来到群众中去”的基本路线。基层党组织要始终依靠人民、服务人民，自觉维护人民利益，大力建设服务型基层党组织。基层党组织的创造力、凝聚力、战斗力如何，直接影响到党的路线、方针的落实情况，关系到社会主义事业发展和中华民族伟大复兴的实现。

第四，基层党组织是教育、培养、管理和监督党员的基本单位。中国共产党是由一名名党员组成的，可以说，党员构成党的基本细胞，只有细胞健康，党的肌体才会有活力。党章规定：“每个党员，不论职务高低，都必须编入党的一个支部、小组或其他特定组织，参加党的组织生活，接受党内外群众的监督。”[①]这就表明，所有党员必须加入一个基层党组织，并由基层党组织负责党员的教育、培养、管理和监督。一方面，每一名党员都需要以自己所属的基层党组织为直接依托，通过基层党组织履行党员义务、行使党员权利，基层党组织是党员进行活动的承载载体。另一方面，党通过基层党组织对党员进行教育管理、发展新党员、对党员进行党内监督、处分违纪党员，基层党组织与党员产生密切的联系。这有利于保持党的先进性和纯洁性，有利于增强党的执政能力建设。党的基层组织管理坚强有力，对党员发展质量、发挥党员的先锋模范作用以及保持党的战斗力和凝聚力有着重要意义。

第五，基层党组织是维护社会稳定的重要力量。维护社会稳定是一项综合的社会治安工作，也是一项复杂的社会系统工程。社会稳定是改革发展的前提，是国家长治久安的基础。基层党组织是党在社会基层的战斗堡垒，构成中国共产党维护社会和谐的基层稳定器，社会稳定离不开基层党组织的力量。基层党组织建设因其组织优势，可以凝聚广大群众的力量以共同维护稳定，及时发现并化解影响社会稳定的各种矛盾。基层党组织要建立健全维稳的长效机制，要找到改革、发展和稳定的结合点，增强改革措施、发展措施、稳定措施的协调性，全心全意为人民服务，重视群众的切身利益，

① 《中国共产党章程》，《人民日报》2017 年 10 月 29 日。

协调不同利益主体之间的矛盾，坚持实事求是、与时俱进，让基层党组织推动发展、凝聚民心、促进和谐、保证平安的作用得到最大限度的发挥。一要从源头加强预防，强化源头治理，将不和谐因素消灭在萌芽状态，夯实稳定的根基。二要健全社会矛盾调解机制，提升调解队伍的能力素质，落实社会矛盾排查处理责任，着力推进“平安中国”建设。

## 第二节　基层党组织的主要类别

根据《中国共产党章程》的规定，中国共产党自上而下分为三个层级：中央组织、地方组织、基层组织。党的基层组织则是党的整个组织体系的基本细胞。要贯彻党实事求是的工作方法，根据不同领域和行业基层单位实际情况，对分布在企业、农村、街道社区、机关、学校、社会组织等的基层党组织进行区分，从而认真落实中央有关强化基层党组织整体性功能的要求。

### 一、农村、街道社区基层党组织

1. 农村基层党组织

《中国共产党农村基层组织工作条例》规定：“乡镇党的委员会（以下简称“乡镇党委”）和村党组织（村指行政村）是党在农村的基层组织。”①中国共产党在乡镇设立的党在农村各项方针政策的直接领导者即称作乡镇党委。村党组织是中国共产党在农村设立的基层组织，是村级各种组织和各项工作的领导核心，是党在农村各项方针、政策最直接的贯彻者和执行者，是党联系农民群众最直接的组织载体。村级党组织直接关系到农村经济社会的发展、稳定，关系到党的执政基础、执政地位。村级党组织在村民自治、市场经济、税费改革等几个阶段扮演着极其重要的角色，推动了我国乡村经济社会发展。

农村基层党组织是党在农村的组织基础，要坚持党支部建在村上，实现党组织对农村各领域的全覆盖。没有农村基层党组织，农村党员就会成为自由涣散的个体，就会失去凝聚力和战斗力。农村基层党组织是实现党在农村正确领导的可靠保证，一方面，党只有通过农村基层党组织才能了解广

---

① 中国共产党中央委员会编：《中国共产党农村基层组织工作条例》，人民出版社2019年版，第1页。

大农民群众的意愿和要求；另一方面，农民群众的困难和愿望便于反映到基层党组织中。深入中国乡村社会每一个角落的农村基层党组织不断补充新党员，发展壮大党员队伍，增强了党的战斗力；农村基层党组织承担着教育管理农村党员的重要任务，直接接受群众的检验，既是党的先进性的重要体现，也是对党的先进性的重要考验；农村基层党组织领导各类农村基层组织，支持并保障它们工作的开展。

《中国共产党农村基层组织工作条例》规定，拥有 3 名正式党员及以上的村应当设党的支部委员会，不足 3 人的当与邻近村联合成立党支部，党员人数超过 50 人的可成立党的总支部，党员人数在 100 人以上的村，根据工作需要，经县级地方党委批准，可以成立党的基层委员会；乡镇设党的基层委员会，村党委受乡镇党委领导。改革开放以来，随着农村多元经济成分的发展以及各种新社会组织、新经济组织的出现，再加上乡村管理体制改革的实际情况和撤并乡镇、合并村组的实际需要，以传统行政区域划分为主要标准的党组织设置方式发生了改变。

农村基层党组织的特点有三：第一，组织分布具有广泛性。中国是传统的农业大国，农村人口仍然占全国人口的很大一部分，农村分布在全国各地，因此，作为国家在农村基层设立的党组织也就分布非常广泛。全国的农村基层党组织广泛分布在全国各地的乡村大地，构成了严密的组织体系网络。第二，功能发挥具有直接现实性。从党组织的组织体系来看，农村基层党组织是处于最低层次的党组织。与较高层次的党组织不同，其作用往往是基础性的执行和贯彻，而不是利益的综合和政策的制定，其作用发挥的群体往往是个体或微观群体，农村基层组织是党在农村全部工作的基础。这体现了其功能发挥的直接现实性。第三，权威塑造具有内生性。从实践层面来看，农村基层党组织不同于其他基层党组织，其组织权威的塑造不依赖于外在的制度法规的制定，而是来源于党组织的实际行为，权力的塑造具有内生性。

农村基层党组织不直接参与农村的经济、政治、社会管理工作，但对农村各项事业起着领导和监督的作用。《中国共产党农村基层组织工作条例》规定：第一，乡镇党委最首要的职责是宣传、贯彻党的方针、政策和执行党中央、上级组织和党委会的决议。第二，乡镇党委必须起到所在地区的领导核心作用，根据中央、上级党组织的决策部署，讨论决定本乡镇的各项重大问题。第三，乡镇党委必须加强对乡镇政府、群团组织和其他社会组织的领导，引导这些主体自觉遵守国家法律，为当地发展凝心聚力。第四，乡镇党委必须加强自身及下级党组织的建设，加强对党员队伍的发展、教育工作，把党纪国法摆在更加突出的地位，全面净化自身的组织肌体。第五，乡镇党委必须做好其管辖(包括协管)内干部的选拔、考核工作，积极引进人才，为党的发展准备人才队伍。第六，乡镇党组织必须加强对本地基层治理工作的领导，根据党中央的决策部署，切实推进美丽乡村建设，维护社会治安强化民主法治和精神文明建设。① 村党组织同乡镇党组织一样，在职责上表现为几个方面：第一，宣传、贯彻党的方针、政策和执行党中央、上级组织和党委会的决议。第二，必须起到所在地区的领导核心作用，根据中央、上级党组织的决策部署，讨论决定本村的各项重大问题，并及时向上级党组织报告。第三，必须做好基层自治工作，切实履行好本村民主选举、决策、管理、监督等基层治理领导职责，切实推进基层协调发展。同时，必须加强对村民委员会、群团组织和其他社会组织的领导，引导这些主体自觉遵守国家法律，为当地发展凝心聚力。第四，必须加强自身建设，加强对党员队伍的发展、教育工作，把党纪国法摆在更加突出的地位，全面净化自身的组织肌体。第五，必须做好群众工作，充分发挥自身联系群众的纽带作用，服务好、凝聚好、组织好群众，掌握群众思想动态，引导群众积极向党组织靠拢。第六，必须加强对本地基层治理工作的领导，根据党中央的决策部署，切实推进美丽乡村建设，精准帮扶困难群众，维护社会治安，强化民主法治和精神文明建设。

在当今农村实行村民自治的背景下，农村基层党组织的领导核心作用依然重要。从这一视角来看，农村基层党组织是党的领导体系的重要组成部分。人民性是中国共产党的重要属性，服务群众是我们党执政的价值追求，是我们党作为马克思主义政党执政规律的重要体现，这就决定了农村基层党组织具有服务功能，农村基层党组织具有利益表达和利益综合功能，通过此作用的发挥将各种力量动员和组织起来，构建利益共同体，形成农村基层党组织的凝聚力和向心力。农村基层党组织具有政治录用和政治社会化的作用，让社会各方面的精英人才为中国共产党所用，通过宣传和引导群众，贯彻党的意识形态，共同致力于乡村振兴建设。综

① 参见中共中央组织部编：《中国共产党组织工作辞典》，党建读物出版社2009年版，第146页。

上所述，农村基层党组织的以上作用不是独立存在的，而是相互作用、相互促进、彼此渗透的。

2.街道社区基层党组织

中国共产党在街道和社区设立的基层组织即街道社区党组织，包括街道党的总支部委员会、支部委员会，区委在街道设立的党的工作委员会、社区党支部等。① “街道党（工）委和社区党支部（总支、党委）是党在街道、社区全部工作和战斗力的基础，是街道、社区各种组织和各项工作的领导核心。”②

街道党组织是党在城市社会中工作的基础，党对党员的教育、管理和监督，发挥党员的先锋模范作用，主要是依靠街道党组织进行；党的路线、方针、政策在城市居民群众中的贯彻执行，主要是依靠街道党组织发挥作用；城市基层政权的巩固、经济的发展、城市现代化治理、城市居民生活水平的提高，也都要依靠街道党组织发挥领导作用。总之，党在城市社会基层中的一切工作，归根到底，要靠街道党组织。究其原因，有以下两点：一方面，街道党组织最了解市民的生活状况和对城市工作的意见和要求，能够如实地向上级反映情况，使上级党委制定方针、政策有客观依据和广泛的群众基础。另一方面，对于党的路线、方针、政策及各项决议，街道党组织必须充分学习，深入了解，转化为群众喜闻乐见的话语，通过多样的形式向群众宣传解释，并团结广大人民群众完成党的各项决议和任务。

街道党组织的组织机构分为街道党（工）委和居民党支部（总支）两个层次。街道党委是街道的领导核心。街道党委的职责主要表现在以下方面：第一，宣传、贯彻党的方针、政策和执行党中央、上级组织和党委会的决议，这是其首要职责。第二，街道党委必须起到所在地区的领导核心作用，根据中央、上级党组织的决策部署，讨论决定本街道的各项重大问题。第三，街道党委必须加强对乡镇政府、群团组织和其他社会组织的领导，引导这些主体自觉遵守国家法律，为当地发展凝心聚力。第四，街道党委必须加强自身及下级党组织的建设，加强对党员队伍的发展、教育工作，把党纪国法摆在更加突出的地位，全面净化自身的组织肌体。第五，街道党委必须做好其管

① 参见中共中央组织部编：《中国共产党组织工作辞典》，党建读物出版社2009年版，第190页。

② 中共中央文献研究室编：《十六大以来重要文献选编》（中），中央文献出版社2011年版，第365页。

辖内(包括协管)的干部的选拔、考核工作，积极引进人才，为党的发展准备人才队伍。居民党支部在街道党委的领导下工作，是居民区各种组织和各项工作的领导核心。居民党支部的职责主要表现在以下方面：第一，最首要的职责同街道党委一样，是宣传、贯彻党的方针、政策和执行党中央、上级组织和党委会的决议。第二，居民党支部必须起到所在地区的领导核心作用，根据中央、上级党组织的决策部署，讨论决定本社区的各项重大问题，并及时向上级党组织报告。第三，居民党支部必须做好基层自治工作，切实履行好本村民主选举、决策、管理、监督等基层治理领导职责，切实推进基层协调发展；同时，必须加强对居民委员会、群团组织和其他社会组织的领导，引导这些主体自觉遵守国家法律，为当地发展凝心聚力。第四，居民党支部必须加强自身建设，加强对党员队伍的发展、教育工作，把党纪国法摆在更加突出的地位，全面净化自身的组织肌体。第五，居民党支部必须做好群众工作，充分发挥自身联系群众的纽带作用，服务好、凝聚好、组织好群众，掌握群众思想动态，引导群众积极向党组织靠拢。第六，居民党支部必须加强对本地基层治理工作的领导，根据党中央的决策部署，切实推进美丽乡村建设，精准帮扶困难群众，维护社会治安，强化民主法治和精神文明建设。

在我国，城市社区的规划和具体建设过程中，对于社区概念一直存在争议，主要存在以下三种观点：第一种观点把社区看作街道办事处所辖区域，第二种观点把社区看作街道办事处和居民委员会之间的组织，第三种观点把社区看作居民委员会。《民政部关于在全国推进城市社区建设的意见》把城市社区界定为居民委员会辖区。① 社区党组织受街道党委的领导，其主要职责是：宣传、贯彻党的方针、政策和执行党中央、上级组织和党委会的决议；充分发挥自身联系群众的纽带作用，服务好、凝聚好、组织好群众，掌握群众思想动态，引导群众积极向党组织靠拢；切实履行好本村民主选举、决策、管理、监督等基层治理领导职责，切实推进基层协调发展；切实加强对党员队伍的发展、教育工作，把党纪国法摆在更加突出的地位，全面净化自身的组织肌体。②

街道社区党组织的特点有三：第一，区域性。街道社区党组织以行政区

---

① 参见赵家俊：《实用社区工作手册》，北京工业大学出版社 2013 年版，第 205 页。

② 参见赵家俊：《实用社区工作手册》，北京工业大学出版社 2013 年版，第 205 页。

域划分为主要标准，不同区域内人口构成、周围环境、资源拥有的不同带来了不同的区域性问题和区域性任务，这就导致了街道社区党组织具有鲜明的区域性。第二，社会性。一方面，街道社区党组织的工作内容具有社会性，其不仅是街道社区各项工作的领导核心，而且要承担服务街道社区、服务社会的工作，而这些工作具有公益性质，不以盈利为目的。另一方面，街道社区党组织的建设具有社会性，其建设不仅需要来自本街道社区党组织的配合，而且需要社会组织、社会团体、本街道社区企事业单位等社会各界力量的支持，形成共同的合力，才能推动街道社区党组织建设前进。第三，群众性。无论是街道党委还是社区党组织都以服务群众、做好群众工作为主要任务。首先，街道社区党组织始终以群众满意作为一切工作的出发点和落脚点，重视群众利益，协调好街道社区内群众和其他各方面的利益关系，解决好街道社区内群众的实际困难。其次，街道社区党组织直接接触群众，其最主要的职能就是密切联系群众，倾听群众的声音，了解群众的需求，积极解决群众面临的突出问题，掌握群众的动态，及时向上级党组织汇报群众的思想状况。最后，街道社区党组织以群众参与作为一切工作的活力源泉，发动党员和群众参与党组织活动，提高他们的思想觉悟，把街道社区党组织建设得更加有力。

## 二、企事业单位基层党组织

1. 企业基层党组织

企业基层党组织是中国共产党在企业设立的基层组织，在现代企业制度下，企业的所有权由董事会掌握，所以董事会决定企业的重大事宜，而经理则是董事会聘请的管理者，对董事会负责。因此，企业基层党组织不是企业的权力主体，其作用在于政治引领，以此为基础参与企业重大问题的决策和重要干部的管理任免。企业基层党组织在企业中处于政治领导核心地位，是企业发展的基础，是企业创新的动力，是企业巩固基础的重要途径。企业党组织分为国有企业党组织和非公有制企业党组织两种。

国有企业亦称“全民所有制企业、国家所有制企业，即全部资产归国家所有,依法自主经营、自负盈亏、独立核算的社会主义商品生产者和经营单位”①。始终保持国有企业强有力的生命,始终把国有企业当作中国经济的龙头和支柱,是发展社会主义市场经济的前提和保障,是我们党执政兴国的重要支柱和依靠力量。党在国有企业中占据着政治领导核心的地位,主要职责是:认真宣传、贯彻党的方针政策和执行党中央、上级组织和党委会的决议;参与企业重大问题的决策,支持厂长(经理)、股东会、董事会、监事会依法行使职权;充分发挥自身联系职工的纽带作用,服务好、凝聚好、组织好职工群众,建设一支高素质的职工队伍;支持工会和其他群众组织依法独立开展工作;必须加强自身建设,加强对党员队伍的发展、教育工作,充分彰显党的领导核心和先锋模范作用。②

国有企业党组织的特点有三:第一,领导作用的直接性。国有企业党组织在国有企业中发挥政治核心作用。通过坚持加强党的领导和完善公司治理相统一,把党的领导融入公司治理各环节,坚持党建工作与生产经营深度融合,以企业改革发展成果检验党组织工作成效,以此来保证党的路线方针和政策要求、重要指示在企业不折不扣地贯彻落实。同时,坚持党管干部、党管人才的原则,依法直接选派和推荐企业负责人并对其进行教育、管理和监督。第二,权力的广泛性。在企业重大问题的决策过程中,国有企业党组织充分发挥自己的政治职能,监督和支持企业权力主体依法行使职权。在企业社会主义文明建设过程中,国有企业党组织全面发挥思想引领作用,直接领导群团组织的工作,全心全意依靠工人阶级,时时刻刻体现企业职工群众主人翁、当家人的政治地位,巩固和深化党执政的阶级基础。第三,职责功能的特殊性。对于处在党组织末梢的农村基层党组织和街道社区基层党组织,巩固国家政权和服务人民群众是其主要职责;对于机关事业单位党组织和非公企业党组织来说,强化社会服务功能是其主要职责;而国有企业是中国特色社会主义的重要物质基础和政治基础,是党执政兴国的重要支柱和依靠力量,国有企业党组织则肩负着推动企业深化改革,完善中国特色现代企业管理制度,不断做强、做大、做优国有资本,为中国特色社会主义事业

---

① 国家国有资产管理屈政策法规司编:《国有资产产权管理手册》,经济科学出版社 1995 年版,第 219 页。

② 参见中共中央组织部编:《中国共产党组织工作辞典》,党建读物出版社 2009 年版,第 157 页。

创造物质财富、为最广大人民群众服务的特殊神圣职责。在此过程中，不但要提供坚强的政治和组织保证，更要投身一线，增强自身活力和能力，不断完善和增强国有经济竞争力、创新力、控制力、影响力、抗风险能力。

发挥基层党组织的领导作用对国有企业十分重要，这是国有企业党建工作开展的政治优势，也是提升企业核心竞争力的重要力量。国有企业是国家治理体系的重要组成部分，要坚持党对国有企业的领导，而基层党组织是党在国有企业的领导根基。抓好党的组织生活是国有企业发展之基，基层党组织只有高度重视党支部建设，不断完善国有企业党组织建设，充分发挥基层党组织的政治引领功能，才能保证企业转方式、调结构、换动能、提质增效、换挡升级等各项改革发展任务的顺利完成，切实把党对企业的领导落到细处、实处。要创新改革党对国有企业的管理方式，把党组织的机构设置、职责分工、工作任务纳入企业的管理体制、管理制度、治理结构、工作规范之中。坚持把国有企业党组织各项决策部署融入经营管理中，具体落实到生产实践中，继而转化为员工的自发行动。团结带领广大干部员工与企业同向前行、同频共振，形成万众一心、共谋发展的强大正能量，坚持国有企业为人民创收、为人民谋福的根本原则。把党组织建设转化为一种特别生产力，注重党员参加党的组织生活的质量，将政策研究、文化建设、人才发展、社会责任等纳入企业文化的领域，切实增强广大干部员工的认同感、归属感和幸福感，着力把党员培养成生产经营骨干，把生产经营骨干培养发展成党员，为企业高质量发展提供持续性的人力资源，形成良性发展力量。

非公有制企业是指“归我国内地公民私人所有或归外商、港澳台商所有的经济成分占主导或相对主导地位的企业”①。非公有制企业在我国特色社会主义经济社会发展中起着重要作用，非公有制企业基层党组织是党在非公有制企业中的战斗堡垒。《关于在个体和私营等非公有制经济组织中加强党的建设工作的意见（试行）》（以下简称《意见》）对非公有制企业基层党组织的职责作出了规定：第一，非公有制企业党组织应当宣传、贯彻党和国家的路线、方针、政策，引导和监督企业遵守国家的法律、法规，依法经营，照章纳税。第二，非公有制企业党组织应当支持和促进企业发展，积极对企业生产经营的重大问题提意见建议。第三，非公有制企业党组织应当做好党

---

① 张颜惠：《深圳市非公企业党的建设历史考察及经验研究》，中共中央党校博士学位论文，2018 年。

员教育、党员发展工作,引导党员发挥党员的先锋模范作用。第四,非公有制企业党组织应当做好群众工作,通过思想政治引领,积极维护职工合法权益,同时应当教育群众,打造“四有”职工队伍,把职工群众紧密地团结在党周围。第五,非公有制企业党组织应当全力维护企业和社会的稳定,坚持原则并维系企业各方面的关系,化解企业内部的矛盾。第六,非公有制企业党组织应当做好企业内部的群团工作,领导好工会、共青团。第七,非公有制企业党组织应当完成上级党组织交办的任务。[1] 除此之外,《意见》还规定了非公有制企业党组织设置的标准:非公有制企业中,拥有正式党员3人以上则应成立党的基层组织;党员人数在3人以上、50人以下的,应建立党支部;党员人数不足3人的,可就近与其他组织中的党员建立联合党支部;党员人数超过或接近50人、100人的,可分别建立党的总支部委员会、党的基层委员会。[2] 在非公有制企业中设置党的基层组织,必须坚持实事求是、因地制宜的原则,根据企业的具体情况,决定基层党组织的设置方式。对规模体量小、党员人数少的企业,可以同行业相近或地域相邻的企业成立联合党支部,也可以依托市场、商会、工商联建立党组织,也可以与所在街道社区联合建立党组织。

非公企业有着众多与国有企业不同的状况和特点,因此非公企业党组织也具备自身的特点。第一,非公企业党组织建立的协商性。协商性是指相较于国有企业来说的,非公企业没有硬性的制度支撑,其党组织的建立是党组织和非公有制企业双方博弈的结果。而非公有制企业产权私有,企业的合法利益受法律保护,党组织无权干预,党的建设工作难以开展。第二,非公企业党组织组织形式的多样性。非公有制企业的规模大小、人员构成、行业特点等的不同,决定了其按照自身的特点和工作的要求建立党组织。一是独立建设,即凡是有3名或3名以上正式党员的非公有制经济组织,可以单独成立基层党组织。二是联合建设,即对于规模较小,党员人数不足3人或党员人数够3人但不符合建立党支部条件的,建立联合党支部。三是依托建设,即在一定区域内统一设立党组织,统一负责区域内非公有制企业党建工作。四是派驻建设,即对于那些主动要求建立党组织但暂时不具备

---

① 参见本书编写组编:《党的组织工作实用手册》,中共中央党校出版社2008年版,第320页。
② 参见本书编写组编:《党的组织工作实用手册》,中共中央党校出版社2008年版,第321页。

建立条件的非公有制企业，派驻党建联络员，帮助其培养积极分子，为建立党组织奠定基础。第三，非公企业党组织人员构成的复杂性。非公有制企业党员来自不同地区、不同行业，他们的思想观念复杂多样，党性程度有差异，党员的流动性强，党组织的成员和数量经常发生变化。第四，非公企业党组织领导的间接性。间接性是指非公企业党组织不能直接干预企业的内部事务，不直接领导企业，只能主导企业的政治方向，在企业内部贯彻、落实党的路线、方针、政策。第五，非公企业党组织权力的有限性。非公企业党组织的权力限于党内以及群团组织中，同时其对企业的生产经营和重大问题决策的参与有限，不起主导作用。第六，非公企业党组织职能作用的服务性。非公企业党组织旨在为企业员工解决困难，服务企业，服务社会。非公企业党组织围绕企业的生产经营开展活动，维护企业的合法利益，保障党员职工的合法权益，调节各种利益关系，进而为社会服务。

2. 事业单位基层党组织

事业单位党组织是中国共产党在事业单位设立的基层组织。事业单位是指由国家行政机关设立的，受国家行政机关领导的，不以盈利为目的，主要提供教育、科技、文化、卫生等活动的社会公共组织，如会计核算中心、卫生监督所、银监会、质监站、安全生产监察大队等。事业单位性质、特点和实行的领导体制的不同，决定了党组织的地位、作用和职责也不尽相同。

根据《关于在推进事业单位改革中加强和改进党的建设工作的意见》，在实行党委领导下的行政领导人负责制的事业单位中，党组织发挥领导核心作用，讨论和决定本单位重大问题，监督和支持行政领导人充分完成自己的职责。第一，必须宣传、贯彻党的方针、政策和执行党中央、上级组织和党委会的决议。第二，必须加强自身建设，加强对党员队伍的发展、教育工作，贯彻全面从严治党，加强党组织的各项建设，把党纪国法摆在更加突出的地位，全面净化自身的组织肌体。第三，讨论决定本单位改革发展中的重大问题，支持行政领导人依法行使职权。第四，依据干部管理权限，负责干部的培养、选拔、考核和监督工作，搞好领导班子建设。第五，领导本单位的工会、共青团、妇委会等群众组织。① 实行行政领导人负责制的事业单位，党组织应当发挥战斗堡垒作用。第一，必须宣传、贯彻党的方针、政策和执行党

① 参见中共中央组织部编：《中国共产党组织工作辞典》，党建读物出版社 2009 年版，第 196 页。

中央、上级组织和党委会的决议。第二，在本单位重大问题的决策过程中，应当积极发表意见建议，监督、指导行政领导人充分履行自己的职责。第三，按照干部管理权限，与行政领导人共同负责干部的培养、选拔、考核和监督工作，搞好领导班子建设。第四，必须加强自身的建设，加强对党员队伍的发展、教育工作，贯彻全面从严治党，加强党组织的各项建设，把党纪国法摆在更加突出的地位，全面净化自身的组织肌体，充分发挥党组织的战斗堡垒作用。第五，领导本单位的群团组织，充分保证他们发挥自己的职能，加强本单位的思想政治工作，提高广大党员和群众的使命担当意识。[①]

### 三、机关、人民军队和社会组织基层党组织

1. 机关党组织

机关党组织是中国共产党在党的机关、人大机关、行政机关、政协机关、审判机关、检察机关以及人民团体机关中设立的基层组织。机关党组织是党和国家机关全部工作和战斗力的基础，其地位主要体现在以下三个层面。第一，机关党组织是整个基层党组织中的一个重要组成部分。各级党政机关，在管理国家经济、政治、文化、社会和生态等方面担负着重要职能，在制定和贯彻执行党的路线、方针、政策和国家的法律法规等方面发挥着重要作用。机关党员政治上是否正确、党性是否坚定、作风是否清廉，直接关系到党的方针政策的落实情况，关系到党的形象的树立，关系到党的执政地位的巩固。第二，机关党组织在机关中发挥协助、监督作用。“各级党和国家机关中党的基层组织，协助行政负责人完成任务，改进工作，对包括行政负责人在内的每个党员进行教育、管理、监督，不领导本单位的业务工作。”[②]第三，机关党组织是机关中的重要组成部分。机关党组织不隶属于任何一个部门，而是机关中一个相对独立的政治组织，它主要通过发挥党组织的先锋模范作用领导本部门本单位各项工作的实施。

机关基层党组织受上级党组织领导，在本单位内协助上级党组织做好工作，充分发挥自身职能，起到民主监督作用。第一，必须宣传贯彻党的方针、政策和执行党中央、上级组织和党委会的决议。第二，必须加强自身的

① 参见中共中央组织部编：《中国共产党组织工作辞典》，党建读物出版社 2009 年版，第 196 页。

② 《中国共产党章程》，《人民日报》2017 年 10 月 29 日。

建设，做好发展党员工作，教育、培养、考察入党积极分子，做好党员教育工作，引导党员群众认真学习党的思想理论和党的方针、政策，督促党员切实履行义务，保障党员的权利不受侵犯。加强和改进离退休干部职工中的党员、流动党员的教育、管理和服务。贯彻全面从严治党，加强党组织的各项建设，把党纪国法摆在更加突出的地位，杜绝腐败现象，全面净化自身的组织肌体。第三，领导本单位的群团组织，充分保证他们发挥自己的职能，加强本单位的思想政治工作，提高广大党员和群众的使命担当意识。第四，协助党委做好干部工作，配合人事部门对领导干部进行考核和民主评议。第五，按照党组织的隶属关系，领导直属单位党的工作。①

依据《中国共产党党和国家机关基层组织工作条例》（中发〔2010〕8号），机关党组织的设置是根据工作需要和党员人数来确定的。机关党员100人以上的即可成立党的基层委员会，若不足百人但确实需要成立党的基层委员会，经过上级党组织批准即可成立。党员50人以上的即可成立党的总支部委员会，若不足50人但确实需要成立党的总支部委员会，经过上级党组织批准即可成立。机关正式党员3人以上的，成立党的支部，党员人数不足7人的党支部不设支部委员会。通过正式党员选举和上级党组织批准，即可产生机关党组织的书记和副书记。本单位行政负责人一般兼任党组织的书记，也可由同级党员干部专任。若机关党组织党员人数较多，可以设副书记。另外，机关党组织应当根据工作需要设立纪律检查委员会或纪律检查委员。

机关基层党组织具有以下特点。第一，机关党组织是作用显著、影响广泛的基层党组织。党政机关的特殊地位和作用决定了机关党组织的特殊性。不同类型、不同层次的党政机关是党和政府履行政治、经济、文化等职能的办事机构，拥有不同方面的决策权和管理权，处于权力核心地位。党中央的各项方针、政策都要通过党政机关向下传达并由其贯彻落实，同时党政机关还要把基层社会的动态、人民群众的诉求反映到上级机关直至中央，作为政策部署的依据。第二，机关党组织既受上级党组织领导，又受本部门党组领导。党的十九大立足新时代新要求，对《中国共产党章程》进行修改，其中，第九章第四十八条在规定党组基本任务时将“党组指导机关和直属单位

① 参见中共中央组织部编：《中国共产党组织工作辞典》，党建读物出版社2009年版，第173页。

党组织的工作”修改为“领导机关和直属单位党组织的工作”，明确了党组与机关党委的关系由“指导”变为“领导”。这表明，处在机关中的基层党组织在接受直属机关党工委领导的同时，根据党章的规定，又要接受所在部门或单位党组的领导；而设在其他基层单位的基层党组织中，则不存在这种关系。第三，机关党组织是把自身建设摆在突出位置的基层党组织。根据党章的规定，机关党组织的主要任务是加强自身建设，把机关党务工作做好，而不领导本单位的业务工作。机关党组织把加强自身建设作为主要任务是因为党员数量多，政治思想觉悟高，但是非党员数量少，不利于群众监督，易产生脱离群众的不良作风和思想上有所松懈的问题。

2.人民解放军连队基层党组织

依据《中国共产党章程》和《中国人民解放军政治工作条例总则（草案）》，中国共产党在中国人民解放军团和相当于团的单位，设立党的委员会；在营和相当于营的单位，设立党的基层委员会；在连和相当于连的单位，设立党的支部。人民解放军连队党支部，是党在军队现役部队中的连队、舰艇、飞行大队，院校中的学员队，以及相当的单位设立的支部，是连队单位统一领导和团结的核心，“是党在军队中的基层组织，是党在军队全部工作和战斗力的基础，是实现党对军队绝对领导、团结巩固部队和完成各项任务的战斗堡垒”①。

凡是有正式党员 3 人以上的连队都应当设立党支部。设立党支部必须经过团或相当于团的单位的党的委员会批准。连队党支部的领导机关是支部党员大会和它所选出的支部委员会。支部委员会应当贯彻执行支部党员大会的决议，并接受支部党员大会检查和监督。连队党支部原则上都应当设立支部委员会。“驻地分散的排或相当单位，应当有一名党员参加支部委员会。士官党员较多的单位，应当有士官党员参加支部委员会。”②

连队党支部的主要任务是：第一，必须宣传、贯彻党的方针政策和执行党中央、上级组织和党委会的决议，执行上级的决议、命令和指示，组织带领官兵完成作战、训练和其他任务。第二，加强党员和士兵群众的思想政治教

① 《中国共产党军队支部工作条例》，2018 年 6 月 27 日，https://wenku.baidu.com/view/c947f1f90242a8956bece46e.html。

② 《中国共产党军队支部工作条例》，2018 年 6 月 27 日，https://wenku.baidu.com/view/c947f1f90242a8956bece46e.html。

育工作，组织他们学习马克思主义理论及其中国化的成果，学习党的规章制度，学习习近平总书记系列讲话精神，学习文化和业务知识，坚定党员和士兵群众的信念，全面武装他们的头脑。第三，研究部署年度和阶段工作，讨论决定战备训练、思想政治工作、行政管理、后勤保障、装备保障和完成任务中的重要问题。第四，教育官兵增强使命意识和战备观念，激发官兵训练热情，培育官兵战斗精神。第五，讨论和决定骨干配备、组织调整、人员的调动和分配、军衔和职级晋升，士官选取并推荐优秀士兵考学、保送入学和学习专业技术，以及奖励和处分事项。第六，了解和反映官兵的意见和要求，关心和解决官兵的现实思想问题和实际问题，维护官兵的正当权益。第七，对党员进行教育、管理和监督，保障党员权利，做好发展党员工作，收缴党费。第八，开展尊干爱兵和拥政爱民活动。第九，落实预防犯罪工作制度和措施，同违法犯罪行为做斗争，做好反渗透、反心战、反策反、反窃密工作。第十，讨论和决定重要经费开支重要物资的使用。第十一，领导共青团支部和军人委员会的工作。第十二，组织开展争创先进和学习英雄模范活动。①

连队党支部最突出的特点就是政治领导的间接性，连队党支部实行支部统一领导下的首长分工责任制。连队的一切重大决定都要在党支部集体讨论决定后，按工作性质由军政首长分工负责。这既不同于农村基层党组织也不同于军队其他党支部，农村基层党组织是党在本乡镇、村各种组织和各项工作的领导核心，军队其他党支部要么是政治领导的核心，要么专职党务工作。而连队党支部虽然发挥政治领导和团结的核心作用，但是不直接领导连队，这决定了连队党支部政治领导间接性的特点，既要在研究连队重大问题上发挥主导作用，又不能越俎代庖插手连队具体事务。

3. 社会组织基层党组织

社会组织基层党组织是中国共产党在各种社会团体、民办非企业单位、基金会、社会中介组织以及城乡社区社会组织等设立的基层组织。它是党联系服务群众的桥梁和纽带，在我国经济、政治、文化、生态和社会方面发挥着重要作用，在社会组织中发挥政治核心作用，是党的战斗堡垒。其基本职责任务是：第一，宣传、贯彻党的方针、政策和执行党中央、上级组织和党委会的决议，组织党员群众学习习近平总书记系列讲话精神，保证社会组织的

① 参见中共中央组织部编：《中国共产党组织工作辞典》，党建读物出版社 2009 年版，第 205 页。

政治立场坚定、发展方向不偏；第二，加强本单位的思想政治工作，提高广大党员和群众的使命担当意识，把群众紧密团结在党周围；第三，推动组织的事业发展，帮助组织健全各项规章制度，凝聚从业人员的最大共识，激发从业人员的工作热情，积极引导他们有序参与社会活动；第四，建设先进文化，在组织内部营造和谐、向上的文化氛围，加强党员群众的思想教育工作，把社会主义核心价值观融入他们的内心，转化为他们的实际行动，弘扬中国传统文化；第五，做好人才工作，提高党员群众的业务素质；第六，加强自身建设，加强对党员队伍的发展、教育和培训工作，全面从严治党，加强党组织的各项建设，把党纪国法摆在更加突出的地位，全面净化自身的组织肌体，充分发挥党组织的战斗堡垒作用。

《关于加强社会组织党的建设工作的意见（试行）》规定：凡有 3 名以上正式党员的社会组织，经过上级党组织批准，可建立党委、党总支、党支部。党员人数达不到成立党委的规定，但组织会员人数众多的社会组织，可根据需要经县级以上党委批准建立党委；行业特征明显、管理体系健全的行业，可依托行业协会、商会建立行业党组织；在社会组织相对集中的各类街区、园区、楼宇等区域，可以打破单位界限，统一建立党组织。

社会组织基层党组织的特点是：第一，党组织规模和党员人数迅速壮大与增加。经过近几十年的飞速发展，无论是东部沿海省市还是中西部内陆省市，社会组织都呈现出迅速发展的态势，党组织规模逐渐壮大，而且涉及领域较广，分布行业较多，渗透到社会的方方面面。由此，社会组织党组织和党员的数量也迅速增加，"截至 2015 年底，全国共有社会组织党组织 10.2 万个，是 2010 年的 2.3 倍；共有社会组织党员 81 万名，是 2010 年的 2 倍，实现'双翻番'；社会组织党员数占全国党员总数的比例由 2010 年的 0.5%提高到 0.9%"[①]。第二，党组织力量薄弱，稳定性欠缺。一方面，社会组织内部环境复杂。从业人员总是从薪酬低、环境差、发展前景不佳的社会组织流向薪酬高、环境好、发展前景广阔的社会组织，社会组织间人员流动快、人员更替频繁，导致基层党组织稳定性欠缺。另一方面，社会组织内部人员成分复杂。总体上看，社会组织内部人员比较年轻，知识层次较高，但是由于他们来自社会各个阶层，既有通过资格考试获取资格的综合性人才，也有掌握一

① 参见谢玉峰：《加强社会组织党建工作推动社会组织健康发展》，《中国社会组织》2016 年第 24 期。

般劳动技能的普通员工等，文化素质、知识能力、思想水平、道德标准参差不齐。这就导致了在社会组织中建立的基层党组织，党员人数较少，优秀党员更少，党组织力量较为薄弱，甚至还有大量社会组织不具备建立党组织的条件，同时已经建立的党组织由于人员流动多等原因，稳定性欠缺，不利于领导核心作用的发挥。

# 第二章

# 基层党组织整体功能发挥的历史进程与基本特征

中国共产党的百年发展历史就是中国共产党人同人民群众紧密结合在一起，围绕革命、建设和改革的时代主题共同奋斗的历史，在这一历史进程中，中国的生产力水平极大提高、制度体系越加成熟和国际地位愈加重要。中国共产党的领导是中国特色社会主义最本质的特征，正是中国共产党的理论、政策领导，人民群众才能充分发挥主观能动性。党的领导只有落实到基层，才能服务群众、赢得群众，因此基层党组织在中国共产党的发展历程中起到了至关重要的作用。每一个历史时期，党的基层组织都紧紧围绕党的方针、政策，发挥自身应有的各种功能，践行党的根本宗旨，紧紧地把人民群众团结在了党的周围。

## 第一节　新民主主义革命时期基层党组织的功能发挥

新民主主义革命时期，我们党组织的发展是曲折的。从召开党的第一次全国代表大会建党开始，到中华人民共和国成立，基层党组织的功能随着党的成长而不断发展完善，随着党阶段目标的变化而不断调整。我们党最初成立的基层组织仅仅具有训练、教育党员的功能，随着革命的发展，党亟须壮大自己的力量。于是，党的基层组织成为吸收党员的主要阵地，并且扎根在产业和机关单位中，以动员工人群众为主要职能。到土地革命时期，基层党组织深入部队，成为党与士兵群众的纽带，进而成为“党指挥枪”的根本力量。抗日战争时期，党积极扩大根据地，基层党组织扎根乡村，成为动员工农群众的重要力量。解放战争时期，党的基层组织又延伸到了城市，真正成为我国工人阶级的领导力量。党的基层组织以革命为导向，以灵活、创新发展为特点，为新民主主义革命的胜利贡献了极其重要的力量。

## 一、基本进程

### 1.建党初期与国民革命时期基层党组织以产业工会为核心发挥社会动员功能

中国共产党成立初期，十分重视对基层组织进行探索建设。中国共产党第一个纲领就对党的基层组织设置进行了规定：“凡有党员五人以上的地方，应成立委员会。”[①]中共一大召开时，全国仅有50多名党员，所以只设立了中央和地方两级组织，党还不具备把组织延伸并扎根基层的基本条件。虽然中共一大并未明确提出要成立党的基层组织，但这次会议确立的一些基本组织原则为日后党的组织工作向基层延伸起到了积极的引导作用。中共二大通过了党的第一个章程，党章进一步规定了基层组织的设置问题：“各农村、各工厂、各铁路、各矿山、各兵营、各学校等机关及附近，凡有党员三人至五人均得成立一组。”[②]同时规定：“各组组织，为本党组织系统，训练党员及党员活动之基本单位，凡党员皆必须加入。”[③]这是我们党第一次明确提出党的最基本单位——组，这是党的基层组织的原始形态。党章初步规定基层党组织的任务为“训练党员及党员活动”。中国共产党第三次代表大决定同国民党实行党内合作，中国共产党党员以个人身份加入国民党。这

① 中共中央文献研究室、中央档案馆编：《建党以来重要文献选编(1921～1949)》第1册，中央文献出版社2011年版，第2页。

② 中共中央文献研究室、中央档案馆编：《建党以来重要文献选编(1921～1949)》第1册，中央文献出版社2011年版，第164页。

③ 中共中央文献研究室、中央档案馆编：《建党以来重要文献选编(1921～1949)》第1册，中央文献出版社2011年版，第165页。

一决定对党的基层组织建设产生了影响，马林提出了“一切工作归国民党”的方针，过度相信并依赖国民党的思想使中国共产党忽略了自身的组织建设。中共三大时，修改后的党章将原来有3～5名党员即可成立一组的规定改为有党员5～10人才可成立一组，实际上提高了基层组织设置的标准，缩小了基层党组织的规模，在中共党员相对较少的环境下，这一措施为建立党的基层组织设置了不必要的障碍，并削弱了党以基层组织为单位吸收党员、动员群众的力量。

1925年1月11～22日，为总结国共合作一年来的经验，解决党在发展过程中出现的问题，中国共产党第四次全国代表大会在上海召开。中共四大认识到要实现中国革命的胜利，必须使无产阶级掌握领导权。中共四大认为：组织问题是关乎党的生存和发展的最重要的问题，只有坚定地执行《关于组织问题的决议案》才能推动党继续前进，才能使我们党的工作由单纯的宣传进到鼓动领导工农群众革命。[①] 为了加强党的基层组织建设，以党支部作为党的基本组织替代党小组。大会通过的《对于组织问题之议决案》将5人组织一小组改为有3人以上即可成立组织支部。中共四大进一步对支部建设提出了要求，第一，应以产业和机关为单位建立党支部，如果以产业和机关为单位，那么以地域为标注也能建立党支部。这样的组织形式，有利于党在产业和机关单位中开展组织工作，有利于团结和联系群众，从而使党的方针、政策能够贯彻执行。第二，扩大了支部的工作和职责，把支部的工作由原来的单纯吸收、教育党员扩大到煽动宣传群众，帮他们建立联合组织，宣传党的思想，促使无产阶级养成阶级自觉，积极领导罢工。[②] 此后，联系群众成为党的基层组织的主要工作，社会动员成为党支部的主要功能。第三，规定了支部的组织制度。“凡有党员三人以上均得成立一支部，每支部公推书记一人或推三人组织干事会，隶属地方执行委员会，不满三人之初，设一通信员”[③]。如果支部党员人数太多，可以根据实际情况和实际需要

---

① 参见中共中央文献研究室、中央档案馆编：《建党以来重要文献选编(1921～1949)》第2册，中央文献出版社2011年版，第258页。

② 参见中共中央文献研究室、中央档案馆编：《建党以来重要文献选编(1921～1949)》第2册，中央文献出版社2011年版，第259页。

③ 中共中央文献研究室、中央档案馆编：《建党以来重要文献选编(1921～1949)》第2册，中央文献出版社2011年版，第263页。

分成若干小组,小组长由支部干事会指定。第四,规定了支部的活动方式。五是提出要简化入党程序,积极吸收工人、贫农和一般革命分子入党。这对于克服发展党员中的关门主义,使有积极觉悟的分子能够"直接加入本党"[①],扩大中国共产党的力量有积极的促进作用。

五卅运动后,为了总结五卅运动暴露出来的党在组织建设方面的问题,中央执行委员会召开了第二次扩大会议。会议认为党的组织建设存在以下问题:一是吸收新党员片面强调质量而忽视数量。二是支部建设不健全,党的支部担负着教育、吸收党员,组织宣传群众的重大责任,但是有些地区的支部现在看来还只是在形式上建立起来了,未能发挥自己应有的职能领导实际工作。如广东各区委及各支部的工作往往由几个党员负责指导,组织名存实亡。[②] 支部工作尚未真正建立,各级党部对支部的意义尚不明确。1926年1月底,为了加强支部建设,解决支部建设存在的问题,使支部更好地发挥基本功能,中共中央组织部通告第二号颁布实施,这一通告对支部建设的内部分工、工作领导等提出了具体要求,对健全支部的组织和工作制度、克服支部工作中的涣散现象有积极作用。1926年7月中央执行委员会第三次扩大会议召开,通过的《组织问题议决案》进一步强调了组织的作用与支部的意义及其工作方法。指出组织工作的意义在于政治而不在于技术,对支部的意义做了深刻阐释,认为组织工作是党领导群众运动的枢纽,党的支部是党在工厂、矿山、学校的政治领导核心。[③] 会议同时规定了支部的工作方法,其中"一切工作归支部"口号的提出,是中国共产党加强支部建设,推进支部发挥动员群众、扩大党组织核心作用的重大举措。但在实际执行过程中,却有区域的差别,在社会基础较好的省份,基层党组织能较好地发挥作用,但在支部建设较弱的地区,"一切工作归支部"的口号只能沦为空谈。

大革命时期,工农运动蓬勃发展,此时发展党员、增加党员数量来加强革命建设是党支部的主要任务。但在1927年上半年,帝国主义加紧了对中

---

① 中共中央文献研究室、中央档案馆编:《建党以来重要文献选编(1921～1949)》第2册,中央文献出版社2011年版,第260页。

② 参见中央档案馆编:《中共中央文件选集》第1册,中共中央党校出版社1989年版,第498页。

③ 参见中共中央文献研究室、中央档案馆编:《建党以来重要文献选编(1921～1949)》第3册,中央文献出版社2011年版,第279页。

国的侵略，蒋介石发动“四一二”反革命政变，枪杀共产党员和革命群众，严重破坏了基层党组织。面临此种危机和困境，中国共产党紧急召开了第五次全国代表大会，大会认为支部建设不力是这次危机的重要原因，进而通过了《组织问题议决案》，《组织问题决议案》要求“中央应该尽力使党的基础建立在产业支部上面，并使所有大工厂铁路码头等都有我们以支部为基础的组织，积极在广大工人群众中做政治工作”①。该决定是正确的，但因此而忽略了农村支部的建设，便会脱离中国革命的实践，不能发挥农村支部的革命作用。这次大会再次修改了党章，修改后的党章反映了党对自身建设的认识，凸显了党支部建设的重要作用，把党的支部单列一章，详细规定了支部设置和工作的原则任务，规定支部必须经常开展活动，领导群众运动，积极参加地方斗争，扩大党的影响。大革命时期，党的队伍不断壮大，但对党员教育力度小。1927 年 7 月 15 日，汪精卫集团与中国共产党决裂，党内人数剧减，党的基层组织遭到严重破坏。毛泽东说：“在这一阶段中，党的组织是发展了，但是没有巩固，没有能够使党员、党的干部在思想上、政治上坚定起来。”②毛泽东充分认识了党在前一阶段存在的问题，这一阶段的突出特点是党的基层组织建设还处于早期探索，并未成熟，基层党组织发挥的功能还较弱，但这一时期为党的基层组织建设积累了宝贵的经验。

2. 土地革命战争时期基层党组织以连队为核心发挥政治思想教育功能

大革命失败后，中国共产党组织了城市暴动但均以失败告终。究其原因，一方面，党的组织力量还不够强大，没有充足的兵力与社会支持；另一方面国民党盘踞重要城市，拥有较强的军事、经济实力。在这样的背景下，毛泽东当机立断，放弃了进攻长沙的主张，决定将部队转到敌人统治力量薄弱的地区，重新组织力量，进行武装斗争。中国工农革命军向江西挺进，于 1927 年 9 月 29 日抵达永新县三湾村，毛泽东在这里分析秋收起义失利后的局势，决定休整，并对部队进行改编。这次改编最大的历史贡献就是将党组织建在连上，即建立连队党支部。这样，党的组织能够深入到士兵中去，真正以党为领导核心建军。连队党支部的功能就是实现党与士兵群众的紧密

① 中共中央文献研究室、中央档案馆编：《建党以来重要文献选编(1921～1949)》第 4 册，中央文献出版社 2011 年版，第 208 页。

② 《毛泽东选集》第 2 卷，人民出版社 1991 年版，第 610 页。

联系，提高士兵群众的阶级觉悟，进而提高部队的战斗力。

1927年11月初，毛泽东开始创建井冈山革命根据地，着手整顿和发展基层党组织。毛泽东深刻认识到这一阶段党内还存在诸多问题。一方面，党内还存在小资产阶级思想，“当反革命到来时，很少坚决的斗争”[①]。另一方面，基层党组织还存在地方主义的问题，“党在村落中的组织，因居住关系，许多是一姓的党员为一个支部，支部会议简直同时就是家族会议”[②]。解决这两个主要问题，有效发挥基层党组织的功能，强化党的组织力和战斗力迫在眉睫。毛泽东对此做了相应规划，“十一月到今年四月，为重新建党时期，五月以后为大发展时期”[③]。要让基层党组织发挥革命领导的功能。1928年5月18日，中共中央发出第四十七号通告《关于在白色恐怖下党组织的整顿、发展和秘密工作》，提出党要有严密的组织才不至于脱离群众，要转入秘密状态，党的支部要尽量利用一切公开及半公开的机会去团结工农群众。

中国共产党第六次全国代表大会决定，要对城市中的基层党组织加以改造，把产业工会党支部建好建强，充分发挥城市基层党组织在革命战争时期的领导核心作用，宣传、组织群众，巩固城市无产阶级革命政权。新通过的《中国共产党党章》强调：“支部为使与工农联系起来的组织。”[④]支部的任务也围绕工农的联合展开，一是加大对工农群众的宣传力度，阐明党的主张，加强同工农群众的联系，争取群众的支持。二是组织群众的革命行动，努力取得对工农的一切革命行动的领导，吸收工农参加无产阶级革命斗争。三是吸纳和教育新党员，对其进行文化及政治教育。1929年12月，红四军在古田召开第九次党的代表大会，会议决定把“支部建在连上”作为建党建军的一条重要原则。在中共六大后的这两年里，基层党组织发展日益完善，在革命战争中发挥着积极的促进作用。

1929～1930年，国内和国际的政治形势发生变化。1929年资本主义世界爆发金融危机，国内国民党统治集团内部矛盾进一步激化。特别是在1930年5月中原大战爆发后，李立三对中国革命形势估计过于乐观，采取了

---

① 《毛泽东选集》第1卷，人民出版社1991年版，第73页。

② 《毛泽东选集》第1卷，人民出版社1991年版，第74页。

③ 《毛泽东选集》第1卷，人民出版社1991年版，第73页。

④ 中共中央文献研究室、中央档案馆编：《建党以来重要文献选编（1921～1949）》第5册，中央文献出版社2011年版，第474页。

过“左”的措施，使白区党的基层组织遭到严重创伤。1931年年底，党在江西瑞金成立了临时中央政府，中央苏区以村、乡为单位建立党小组、党支部，成功地在广度和深度上把党的基层组织规模进一步扩大，强化了党在社会基本单位中的号召力和影响力。此外，党通过建立中心支部和模范支部，积极开展宣传教育和文化活动，把党支部建成了工厂、乡村、街道等一切群众政权坚强的领导者、组织者和捍卫者，展现了党员的先锋模范作用，发挥了基层党支部的战斗堡垒作用。

1934年10月，中央红军被迫长征。在红军长征途中，日本加紧了对中国的侵略，继侵占东北三省后于1935年制造华北事变。在中华民族的危难关头，中共中央在陕北瓦窑堡召开中共中央政治局扩大会议，会议充分认识到中国社会的基本形势，强调了中国共产党肩负的双重使命，赋予了党更加全面的内涵，提出了“中国共产党既是中国无产阶级的先锋队，同时也是全民族的先锋队”①。“两个代表”的提出标志着中国共产党更加成熟，根据“两个代表”精神，一切先进的工人、一切先进的雇农、一切愿意为中国革命出力的人、一切在民族革命和土地革命时期的英勇战士，都应吸收入党，巩固党的阶级基础，扩大党的群众基础，巩固党在民族革命中的领导地位。《中央关于目前政治形势与党的任务决议》规定的吸收新党员的标准，纠正了党内长期存在的“唯成分论”，壮大了基层党组织的力量。

3. 全民族抗日战争时期乡村基层党组织的发展与健全

1937年7月7日卢沟桥事变爆发，中华民族进入全面抗战时期。9月22日，国民党中央通讯社发表了《中国共产党为公布国共合作宣言》。9月23日，蒋介石发表实际承认共产党合法地位的谈话，这标志着抗日民族统一战线的正式形成。国共第二次合作的实现，使中国共产党的活动由地下转为公开，使党的发展有了更加良好的政治环境。全面抗战初期，党的组织力量仍然比较薄弱，基层党组织和党员发展落后，难以在抗战新局面中开展有效的活动。为此，各地纷纷采取自上而下的办法，为基层党组织的发展注入领导力，因此各地党员数量迅速增加，基层党组织的规模不断扩大，规范化程度也不断提高。

---

① 中共中央文献研究室、中央档案馆编：《建党以来重要文献选编（1921～1949）》第12册，中央文献出版社2011年版，第549页。

随着全面抗日战争的进行，在全面抗日战争的领导权、抗日根据地的建立以及党组织的发展壮大等问题上，党内出现了不同思想，特别是王明的右倾路线对基层党组织的健康发展产生了影响。为进一步总结抗战以来的经验教训，1938 年 9 月 29 日至 11 月 6 日，中共中央在延安召开了扩大的六届六中全会，对党的基层组织的发展进行了全面部署。这次会议把党员的先锋模范作用摆在更加突出的地位，要求党员在战争中必须有担当、做表率，团结友军，关心群众，积极发挥基层党组织战斗时期的榜样作用。

全面抗战时期，一些基层党员干部对自身功能的认识不全面，对工作缺乏经验；一些支部的政治功能未得到有效发挥，工作处于瘫痪、半瘫痪状态。为加强基层党组织建设，发挥其整体功能，陈云在充分考察基层党组织实际状况的基础上撰写了《支部》一文，阐述了支部在党的组织体系中的重要地位，明确了设置支部的原则，厘清了支部在现存社会条件下的主要任务。陈云指出，一方面，支部是党最基本的组织，也是党联系群众的纽带，党的主张、政策、思想只有依靠支部才能联系广大群众，才能把群众团结在党的周围，才能赢得中国革命的胜利。另一方面，支部是教育党员的基本单位，只有把支部建设好，才能吸收好、教育好党员，才能把全体党员团结在党中央周围，才能壮大党的力量。[①] 陈云强调："支部不但要在组织形式上具有核心的堡垒的姿式，而且要在实质上真正能起到核心堡垒的作用。"[②]陈云把支部在中国革命现实条件下的基本工作概括为四个方面：第一，支部应当联系好、引导好、团结好群众；第二，支部应当做好发展党员工作，为党吸收工农群众中的先进分子；第三，支部应当做好党员教育工作；第四，支部应该领导本部管辖的各项工作。陈云的《支部》一文，对于基层党组织在全面抗战时期功能的发挥做出详细概述，即领导、团结、教育群众，进行革命运动；传达、执行上级党的方针、政策；吸收、培养优秀党员，为党输送政治精英；巩固根据地建设；等等。这一抗日战争时期，党的基层组织建设文献的公开发表，标志着中国共产党关于党的基层组织建设理论的成熟与形成。

在全面抗战初期，党的队伍和基层党组织发展速度迅猛，为坚持适度原则，在党员队伍发展上片面追求数量，忽视质量。一些地方基层党组织在发

① 参见《陈云文选》第 1 卷，人民出版社 1995 年版，第 145 页。
② 《陈云文选》第 1 卷，人民出版社 1995 年版，第 147 页。

展上谨小慎微，犯了“关门主义”的错误，成效甚微等。1939年8月25日，中共中央政治局正式做出《关于巩固党的决定》，第一阶段，对支部进行整顿，进行民主选举，以健全支部领导；第二阶段，开展支部教育，提高党员素质。党的一系列举措，使全国各地党的基层组织得到巩固和发展，党的基层组织的功能得到有效的发挥。在全面抗战进入相持阶段后，国民党掀起了新一轮的反共高潮。为此，周恩来明确提出了“勤学、勤业、勤交友”，做到“职业化、社会化、合法化”。“三勤”“三化”方针是周恩来对白区基层党组织工作的创造性发展，为抗战后期党组织的发展积蓄了充足的力量。

中国共产党的基层党组织在全面抗战期间得到了极大的发展，在全面抗日战争胜利之际有必要进一步规范扩大了的基层党组织。1945年4月23日至6月11日，刘少奇在中国共产党的第七次全国代表大会上作了《关于修改党的章程的报告》。他指出，党的支部作为党同人民群众联系的桥梁，必须要紧紧依靠群众，把群众同党的领导机关紧密结合起来。[①] 因此，党的支部必须建立在群众之中，在群众中宣传党的思想、宣传党的路线、方针，充分团结、动员群众。中共七大党章对党支部的任务做了具体规定：一是规定党支部要宣传和组织群众，推动党的主张和决议贯彻落实；二是时刻关注群众的生活，关心、帮助人民群众解决面临的突出问题，向上级党组织反映群众的情绪和要求；三是做好吸收党员、教育党员、征收党费、监督党员、管理党员的工作。[②] 这次代表大会对党的基层组织功能的发挥做出了更为具体、综合的阐述，突出强调了基层党组织利益综合和利益表达的功能，进一步强化了基层党组织的政治和服务功能，标志着基层党组织在长期实践探索中不断丰富、发展并日趋成熟。

4.全国解放战争时期基层党组织从乡村转向城镇

全面抗战胜利后，中华民族面临着一个关键的抉择。以蒋介石为首的国民党政府坚持独裁的方针，而中国共产党采取了“针锋相对，寸土必争”的方针，决定“向北发展”，在东北建立根据地，发展党的组织。1946年7月3日至11日，中共中央东北局在哈尔滨召开了扩大会议，通过了陈云起草的

① 参见中国革命博物馆编：《中国共产党党章汇编》，人民出版社1979年版，第138页。

② 参见中共中布他文献研究室、中央档案馆编《建党以来重要文献选编(1921～1949)》第22册，中央文献出版社2011年版，第545～546页。

《东北的形势和任务》的决议，即“七七决议”。决议强调要发动农民群众，“随着群众运动的发展，必须吸收在斗争中的积极分子加入我党，并在农村中建立党的堡垒——支部。只要广大的农民发动起来了，并积极参加自卫战争，我们就能建立不可战胜的阵地”[①]。东北局扩大会议后，陈云又在7月13日中共中央西满分局会议上作了《发动农民是建立东北根据地的关键》的报告，指出：“目前东北的群众组织，最重要的是建立武装组织，要以武装为中心，建立政权和党支部。”[②]在积极建党方针的指导下，建立了农村党支部，党员队伍壮大，在广大农村中奠定了党的基础，巩固了东北抗日根据地。

随着党员数量不断增加，党的组织规模空前扩大，党员成分更加多样，基层党组织难免出现部分党员思想作风不纯的问题，阻碍了土地改革的进行。为整顿党的基层组织，使其发挥在农村中的领导核心作用，1947年7月，全国土地会议在河北省平山县召开，中共中央工作委员会主持这次会议，重点是整顿农村的基层党组织，纠正党员脱离群众和强迫命令的官僚主义作风。刘少奇在会上还提出了“在巩固地区，支部以公开为好”的要求。1948年2月出台的《老区半老区的土地改革与整党工作》规定：“除尚未巩固的新区以外，一切党的支部，均应公开。”[③]这促使党的基层组织有计划、有步骤地由秘密转为公开，使基层党组织能公开发挥其组织群众、发展党员的作用。到1949年春，各新老解放区经过大力整顿党组织，在一定程度上解决了农村基层党组织的问题，强化了其凝聚力和战斗力，密切了人民群众同党的联系。

1949年，解放战争进入全国胜利阶段。在这一重大历史转折时期，1949年3月5日，党的七届二中全会在河北省西柏坡村召开。全会明确提出，将党的工作重心由乡村转移到城市。如何使基层党组织在城市发挥其功能是党面临的严峻考验。1948年6月，王稼祥在《城市工作大纲》中提到城市建党要进行充分的群众工作，城市建党的重点应该放在工厂、学校、机关上，在产业工人上积极发展党员，培养工人中的优秀积极分子入党。

总体来看，新民主主义革命时期，基层党组织经历了从稚嫩到成熟的不

① 《陈云文选》第1卷，人民出版社1995年版，第309～310页。
② 《陈云文选》第1卷，人民出版社1995年版，第317页。
③ 《周恩来选集》上卷，人民出版社1980年版，第295页。

断发展和完善的过程，作为党的方针、政策的传达者、执行者，是联系群众的重要纽带，还为党培养、锻炼、输送政治精英，在革命战争时代发挥着不可替代的作用。

## 二、基本特征

新民主主义革命时期，中国共产党正处于夺取政权的革命斗争阶段。在这一过程中，基层党组织的功能发挥带有明显的革命斗争色彩，因时代的局限，其功能未能得到充分的发挥；因环境的改变，要求基层党组织的功能也要灵活易变；因中国特殊的国情，基层党组织的功能发挥需靠党自身的探索与创新。

1.革命导向性

新民主主义革命时期，中国共产党是作为一种“非法”的体制外的力量而存在的，基层党组织的功能主要是对旧有制度的摧毁和对新制度的形塑，树立党在基层的形象，动员群众，武装夺取政权，重建新秩序等。这样的背景环境，决定了基层党组织的思维方式和行为模式，使其成为一个革命和战斗的党，决定着其功能发挥具有革命导向性的特点。这一特点表现在以下几个方面。一是政治功能与军事功能相结合。基层党组织作为党在基层的领导核心，始终发挥着领导革命、夺取政权的作用。在“八七”会议上确立的“党指挥枪”和“三湾改编”中确立的“支部建在连上”的原则，使军事功能成为基层党组织的一项重要功能。同时，基层党组织还承担着宣传党的方针政策，在政治上引导教育群众，组织群众发动对敌斗争等政治功能。二是在利益表达和综合功能上，更多的是依靠暴力剥夺来实现利益诉求。新民主主义革命战争时期，基层党组织就是依靠农会暴力夺取地主豪绅的资源来实现利益分配的。[①]

2.区域局限性

新民主主义革命时期，中国共产党处于暴力革命的战争时期，处于一种非常态的政治环境下，这规定着基层党组织不可能发挥作为一个政党的全部功能。首先，自中国共产党成立以来，尤其在土地革命战争以后，革命根据地的建设，使基层党组织的功能发挥受地域的局限，其功能辐射范围局限

① 参见邹庆国：《论村级党组织的功能变迁》，中共中央党校硕士学位论文，2005年，第8～9页。

于根据地。其次，中国国土面积广阔，但区域发展不平衡，自然地理环境、经济发展水平、革命发展程度均存在较大差异，导致各地基层党组织功能的发挥受到不同层次的限制。如在土地革命战争时期，白区受“立三路线”的“左”倾错误影响较大，基层党组织功能发挥受到限制；而在中央苏区，基层党组织普遍建立并且发展迅速，在联系群众、开展宣传教育活动等方面发挥着积极的作用。由此可见，在不同的区域，基层党组织功能的发挥都受到一定程度的限制。

3. 灵活性

从1921年中国共产党成立以来，基层党组织也随之发展起来。随着党组织的不断发展壮大，基层党组织的形态从初期的组、小组到支部的建立，经历了从无到有、从小到大的转变，推动着基层党组织由弱到强，从不完善到逐渐健全。

基层党组织功能的转变，呈现出灵活易变性的特征。这一特征表现在两个方面：一方面，随着基层党组织内部结构、要素的改变，其功能发挥也做出相应的改变。从最初基层党组织规模小、力量弱，功能发挥较弱，到基层党组织发展内部结构的日益完善，功能发挥日益法制化、规范化。另一方面，随环境的变化及时调整自身功能。大革命失败后，基层党组织暴露在白色恐怖之下，只能由公开转入地下，基层党组织的功能更侧重于秘密联系群众，发展优秀党员，谨慎地在小范围内开展工作。而在进入全面抗日战争时期后，基层党组织相继由秘密走向公开或半公开，积极发动群众、巩固群众基础，发展党员，壮大党员队伍，并不断扩大基层党组织发展范围。在上海、江西、四川、两湖、两广等被国民党摧残的省份，重新恢复和发展基层党组织。在重要工厂和交通、金融、外企、市政机关、大中学校等建立基层党支部，并能有计划地开展工作，影响和动员周围群众，在群众中发挥领导核心功能。全面抗日战争时期，基层党组织功能发挥较活跃。由此观之，基层党组织的功能发挥因时而变、因地而变，有着灵活易变的特点。

4. 开拓创新性

“建立党的基层组织，是无产阶级政党的普遍组织方式。”[①]马克思和恩

① 冯小敏：《中国共产党基层建设新论》，上海教育出版社2003年版，第1页。

格斯认为:“支部的组成至少三人至多二十人。”[①]但他们对于支部在具体的革命实践中发挥的功能,未能具体阐述。列宁虽然强调应按生产单位组建党的支部,但中国的具体国情与俄国不同,毛泽东坚持具体问题具体分析,结合中国国情,创造性地发展了马克思、恩格斯、列宁关于基层党建的理论,并运用于自身发展实践,对基层党组织的功能发挥进行探索、创新。

毛泽东提出的“支部建在连上”便是一个伟大的创新,他在《井冈山的斗争》一文中提道:“红军所以艰难奋战而不溃散,‘支部建在连上’是一个重要原因。”[②]这是在土地革命战争时期对基层党组织如何发挥功能做出的理论创新,更好地指导了实践的发展。“支部建在连上”的政治原则,是基层党组织建设的发展根基,它使基层党组织能与群众保持密切联系,发挥在基层的领导核心作用。

新民主主义革命时期,中国先后经历了大革命、土地革命战争、抗日战争、解放战争,基层党组织在毫无经验可循的情况下,依据自身的实践探索,坚持一切从实际出发的原则,在不同时期发挥着具体而有差异的功能,体现了开拓创新性。

## 三、基本经验

### 1.政治功能是党的基层组织的根本功能

中国共产党作为一个政治组织,政治功能是其最根本的功能。新民主主义革命时期,我们党的工作重心主要在农村,建立革命根据地,进行革命战争,推翻反动统治,夺取政权是我们党的根本任务。在这一时期,基层党组织主要发挥着政治功能,突出表现为政治引导、行为示范、宣传教育三个方面。

一是政治引导。中国共产党在尚未取得政权之前,不能通过行政权力,只能采取思想政治上的引导来凝聚群众,从而实现党的政治主张。基层党组织作为党在农村的“领头羊”,要积极传达并贯彻落实党的路线、方针、政策和决议,积极开展政治斗争,做好广大群众的思想政治工作,扩大党的影响。二是行为示范。基层党组织要发挥好战斗堡垒作用,党员要发挥好榜

---

① 《马克思恩格斯全集》第4卷,人民出版社1958年版,第573页。

② 《毛泽东选集》第1卷,人民出版社1991年版,第65～66页。

样的作用，同时，树立好先锋模范的作用，服务、团结好群众，以纯良的作风风貌吸引新的党员，增强群众对党认同。三是宣传教育。基层党组织处在与群众联系最接近、最紧密的位置上，有着对党员和群众进行思想政治教育得天独厚的优势，便于在群众中进行宣传和政治动员，促使群众了解、理解党的政策，从而接受和拥护党的政策。

2.联系群众是基层党组织良性发挥功能的基础

毛主席说："真正的铜墙铁壁是什么？是群众，是千百万真心实意地拥护革命的群众。这是真正的铜墙铁壁，什么力量也打不破的，完全打不破的。"①动员广大群众参加革命战争是中国共产党在革命战争年代的中心任务，而基层党组织作为党在农村的直接领导者，团结群众是其重要功能。基层党组织要通过利益表达和利益综合功能，向上级机关反映群众诉求，关心群众生活，全心全意帮助群众解决他们所面临的困难。正如毛泽东所言："如果我们单单动员人民进行战争，一点别的工作也不做，能不能达到战胜敌人的目的呢？当然不能。我们要胜利，一定还要做很多的工作。……总之，一切群众的实际生活问题，都是我们应当注意的问题。"②只有做到真心实意爱护人民，才能真正得到群众的支持，只有把群众团结在党的周围，才能调动人民的革命热情，为革命提供物质和兵力保障，强化党对群众的领导，发挥群众在革命战争时期对敌作战的作用。

3.实事求是是基层党组织良性发挥功能的客观要求

"实事求是"一词最早出现在东汉班固所著的《汉书·景十三王传》里，书中对河间献王刘德作的评价是："修学好古，实事求是。"新民主主义革命时期，以毛泽东同志为代表的中国共产党人在中国革命的实践中坚持一切从实际出发，实事求是，运用马克思主义的立场、观点、方法分析基层党组织建设的实践。在马克思列宁主义基本原理的指导下，结合中国的发展实际，指导中国革命战争。基层党组织作为党在农村的发展实践者，始终坚持实事求是的原则。新民主主义革命的道路上，基层党组织一直在自身的实践探索中发挥功能，功能发挥由弱到强，都是在实践的基础上进行完善与创新。由于时期、环境、历史条件、形势任务的不同，基层党组织功能的发挥也

---

① 《毛泽东选集》第1卷，人民出版社1991年版，第139页。
② 《毛泽东选集》第1卷，人民出版社1991年版，第136～137页。

是不同的。从初始时的仅限于教育、吸收党员的功能，到动员、团结、教育群众功能的实现，是基层党组织在实践发展的基础上不断进行探索、吸取教训、总结规律完成的。由此可见，基层党组织坚持实事求是的原则，是党组织在基层取得一系列成效的关键。

4.制度建设是基层党组织功能发挥的有效保障

没有规矩不成方圆，没有制度便没有约束。制度建设作为一项根本性建设，是基层党组织的功能得以发挥的有效保障。党章作为一个政党发展的权威性文件，包括一个政党的宗旨和行为规范，对党员有极大的引导力和约束力。新民主主义革命时期，我们党先后召开了七次全国代表大会，每次大会通过的党章都明确提出要建立党的基层组织。中共二大以后，党章都对基层党组织的组织设置和工作任务做出明确规定，这些制度规范起到了保障基层党组织功能发挥的重要作用。建党之初，中国共产党力量弱小，基层党组织处于萌芽时期，单纯依靠党员的自觉、自律，难以真正发挥基层党组织的功能，唯有用规章制度来规范、约束，方能发挥其整体功能。

党内制定的法规、规范性文件等，既是对一定阶段内基层党组织发展的经验总结和升华，又为基层党组织的健康发展提供了基本遵循，使其有章可循，避免处于茫然、混乱状态。新民主主义革命时期，基层党组织的制度建设尚不完善，法规形式单一，多是以党章形式出现，缺乏具体的基层党组织工作条例，但为中华人民共和国成立后基层党组织的发展提供了经验，为基层党组织功能的发挥指明了方向。

## 第二节 社会主义改造时期基层党组织的功能发挥

社会主义改造时期是基层党组织规模迅速扩大、党员数量急剧增长的时期。中华人民共和国成立之初，党的主要任务是巩固新政权，巩固新政权的基础是把党的基层组织扩展到每一个地区，以党员为核心动员、团结当地的群众，服务社会主义建设。基层党组织在全国各地达到相当规模后，党进一步考虑的问题就是整顿党的作风，强化基层党组织的力量。所以，基层党组织的一个重要功能就是对新吸收入党的党员进行思想政治教育，使其真正具备一个党员应有的素质，成为群众的榜样。政权稳定后，党和国家下一步的主要任务就是实施五年计划，全力发展国民经济，相应地，党的基层组织要全力服务于社会主义改造和国家经济建设。总体上来看，社会主义改造时期，基层党组织的规模和党员数量实现了跨越式发展，为巩固新生政权做出了极大的贡献；“一五”计划时期，党的基层组织全力服务于经济建设，取得了极大的成就。

## 一、基本历程

1. 中华人民共和国成立初期基层党组织功能发挥的发展和巩固（1949～1951 年）

中华人民共和国成立伊始，全国实际上尚未完全获得解放，在这样特殊的时期，基层党组织既要发挥建设新政权的功能，又要发挥巩固新政权的功能，但这一阶段主要是军事管制，军队直接从事国家政权的建设和管理，基层党组织的作用相对较弱，而且由于广大新解放区基层党组织数量和力量都相对薄弱，所以这一时期党的主要任务就是在新解放区建立基层党组织，并且纠正当时基层党组织巩固和恢复过程中存在的一系列问题。

这一时期，党的工作环境发生了巨大变化，工作重心由农村转移到了城市，由老解放区转移到了新解放区，基层党组织的工作范围也随之扩展到城市和新解放区，这一时期的首要目标是城市建立新的、功能完备的基层党组织，扩大党的组织影响力。在党的七届二中全会上，中共中央明确提出从现在起，党在农村聚集力量、农村包围城市的时代已经结束，在新阶段，党要注重在城市聚集力量，让城市领导农村，并学习如何管理城市。这对城市基层党组织的功能和职责提出了新要求，也就是要求基层党组织担负起恢复和发展城市生产的使命。工作的性质也从根本上发生了变化，由之前的领导革命转向领导经济建设，相应地，基层党组织的功能也发生了变化。新民主主义革命时期，政治功能是基层党组织的核心功能，即反对“三座大山”的压迫，夺取全国政权；中华人民共和国成立以后，经济功能成为基层党组织的核心功能，即发展社会生产力，实现社会主义工业化。

基层党组织有效发挥功能的前提是有相当数量和质量的基层党组织及党员，要想发挥好基层党组织的功能，首先就要在未建立党组织的地区建立党组织，在已经建立党组织的地区进行整改。据 1950 年的数据统计，全国党员人数接近 450 万人，仅 1949 年一年党员人数就增加了约 140 万人。在发展党员的过程中，一般原则是注重工人成分的问题，并且秉持公开公正透明的原则，吸收了一大批优秀的同志进入党组织，为基层党组织功能的发挥做了非常充足的人才准备。但是这样急切大规模地吸收党员，必然导致党员质量参差不齐。事实上，党在这一时期吸收了一批不合格、不达标的党员，在某种程度上削弱了基层党组织的战斗力。发展党员上的随意性和关门主义的问题，严重损害了党在思想上的纯洁性。鉴于已经出现的问题，党中央进行了专门的调研和研究，于 1950 年发出了相关指示，提出“当前党的组织建设的主要任务是对党的组织进行整顿和巩固”[①]，对党的组织进行整顿，自然也包括要整顿党的基层组织，以便其更好地发挥功能。

2.全国第一次组织工作会议后基层党组织功能发挥的整顿（1951～1953 年）

1951 年，新政权基本上趋于稳定，全国基层组织工作建设被提上日程。这一阶段以 1951 年全国第一次组织工作会议的召开为起点，这一时期基层党组织功能建设的主要方面就是对基层党组织的整顿，主要就是整顿自中华人民共和国成立以来基层党组织盲目发展壮大，以及盲目发展壮大所造成的基层党组织功能弱化的问题。总体而言，在第一个阶段恢复发展和巩固基层党组的过程中，我们取得了非常显著的成绩：“我们党现在共有五百八十万党员……所有这些党员，在全国各方面建立了约二十五万个基层组织——支部。”[②]可以说，我们党在国家建设的各个方面和各个领域都发挥着领导作用和密切联系群众的作用，因此我们党具备了较之以往更加坚实的群众基础。“我们党的党员，在最近两年内增加了二百七十多万人，在最近五年内增加了四百七十多万人。”[③]一方面，党的群众性和先进性吸引大批群众入党；另一方面，申请入党的群众人数过多，基层党组织难以对每一名入党人员进行细致的审查和核实，并且由于党迫切想要扩大组织基础，接受党员时就放松了管控和检查。因此，有不少基层党组织在接受党员过程中存在严重的问题，甚至随意降低了接受党员的标准。以致很多投机分子和破坏分子也通过各种手段取得了党员资格，悄然钻入我们党的内部，这一现象

---

① 张明楚主编：《中国共产党基层组织建设史》，福建人民出版社 2017 年版，第 153 页。

② 中共中央文献研究室编：《建国以来重要文献选编》第 2 册，中央文献出版社 1992 年版，第 147～148 页。

③ 中共中央文献研究室编：《建国以来重要文献选编》第 2 册，中央文献出版社 1992 年版，第 149 页。

是隐藏在党内的危险。[①] 由于党员接收条件被任意降低，一部分思想落后、觉悟不高的人也进入了党组织。这批人入党，不但没有强化基层党组织的功能，反而对其产生了不良影响。不仅如此，随着国家政权的巩固与发展，那些参加革命的老干部和老党员的作风发生了变化。毛泽东告诫党内同志："务必使同志们继续地保持谦虚、谨慎、不骄、不躁的作风，务必使同志们继续地保持艰苦奋斗的作风。"可以清楚地看到，这一时期党内的大多数同志依然继承了党在革命时期形成的优良传统，保持了良好的作风。但是还是有一批党员同志思想上出现了懈怠，一部分党员不求上进、消极疲沓、个人主义、居功自傲、官僚主义、自以为是、脱离群众；一部分党员认为新政权巩固了，中国革命就完成了，中国革命完成了，党也就完成了自己的使命，我们就可以利用以往的功绩发展私人事业、享受革命果实了。对于这些思想懈怠的党员，必须加以改造和提高。此外，必须尽快发现并把混入党内的投机、消极、破坏分子清除出党。党员是基层党组织的细胞，基层党组织要想发挥好自己的功能，首先必须做的就是解决好基层党员存在的问题。因此，党中央认为开展一场有计划、有准备、有领导的整顿是有必要的，以解决基层党组织存在的种种问题。基层党组织要对基层的党员进行一次认真的审查，尽快发现并把混入党内的投机、消极、破坏分子清除出党，同时"要对我们所有的党员进行一次认真的共产主义与共产党的教育，以便继续提高那些好的党员，教育改造那些不具备或不完全具备共产党员条件的党员"[②]。在这一阶段，基层党组织功能的发挥主要表现在基层党组织的自我整顿方面。

3. 基层党组织功能发挥的持续发展（1953～1956年）

1953年以后，我国开始实施第一个五年计划，其目的是逐步建立和完善我国的工业体系。随着一五计划的不断推进，一大批国有工厂和企业建立起来，由于缺乏国有工厂和企业的管理经验，对于企业的领导制度问题，在当时引起了激烈的讨论，讨论的重点和焦点是在工厂实行厂长负责制还是实行党委负责制，换言之就是讨论如何在企业中发挥好党组织的引领功能，

---

① 参见中共中央文献研究室编：《建国以来重要文献选编》第2册，中央文献出版社1992年版，第149页。

② 中共中央文献研究室编：《建国以来重要文献选编》第2册，中央文献出版社1992年版，第153页。

处理好党委和厂领导之间的关系。1951年,东北局就在城市工作会议中提出厂矿中的生产行政工作实行厂长负责制,企业党组织主要负责厂矿企业中的思想政治引领工作,并监督和保证企业的生产工作和行政工作。总而言之,就是厂长负责生产和行政,党组织负责思想引领,并宏观把握企业发展状况。东北地区工业基础较好,但其他地区工矿企业内部的民主改革尚未进行,基层党组织缺乏既懂经济又熟悉党与群众工作的干部,因此推行厂长负责制的条件还不够成熟。经过一系列谈论,华北局和华东局最终决定"在国有厂矿企业中实行党委领导下的厂长负责制"①。后来,对于国有工矿企业领导体制的问题经历了长达6年的争论,中间经历了数次变更和讨论,直到1956年中共八大才最终确定下来,这肯定了在国有工矿企业实行党委集体领导下的厂长负责制。自此以后,党章第一次明确规定了企业党组织在企业中的领导地位,并明确了企业党组织的经济功能。

1956年之前,基层党组织主要从农民阶级和工人阶级中发展党员,但是《关于知识分子问题的报告》明确提出知识分子已经是国家文化事业战线上的重要力量,知识分子的绝大部分已经成为工人阶级的一部分,因此基层党组织在接收党员的过程中,要格外注意知识分子党员的比例,要注意平衡,特别是要注意在高级知识分子中发展党员。这是由于随着工业化的发展,科学技术对于提升生产力越来越重要,因而知识分子也越来越受到重视。为了改造知识分子,使其为社会主义工业化服务,进而改变我国科技落后的状况,就需要把知识分子吸收入党,在党内进行再教育。这时候基层党组织发挥的功能不仅是政治功能,而且是经济功能。同样,为了适应社会主义建设的需要,这一时期吸收党员的数量和质量都有了大幅度提升,基层党组织功能得以强化。1956～1957年,共发展党员400万人,这种规模在党的历史上是空前的。这一时期党员人数虽然激增,但党员整体素质没有下滑,这是由于这一阶段在吸收党员的过程中吸取了中华人民共和国成立之初吸收党员的教训,严格把控党员的素质和质量;不仅如此,这一时期党员的比例也更加均衡。这一阶段,基层党组织的功能趋于完善,作用也越来越明显。

---

① 张明楚主编:《中国共产党基层组织建设史》,福建人民出版社2017年版,第176页。

## 二、基本特征

1. 基层党组织功能的发挥具有很强的地区性

中华人民共和国成立之初，全国各地在政治、经济、社会文化等方面存在巨大差异，不同地区在当时的工作重点并不相同，因此不同地区的基层党组织在发挥功能的时候，侧重点是不同的，如老解放区基层党组织工作的重点是整顿原有的基层党组织，使其在新阶段更好地发挥其功能；新解放区党组织的工作重点则是建立和完善基层党组织。在整党过程中，各地区基层党组织在功能发挥方面存在的问题是不一样的，因此中央在文件中指出："各省委、区党委和大市委及各军区党委应根据各地各个系统不同的情况，拟定自己的整党计划，经各中央局审查，报告中央批准实行。"[①]重点的自我整顿对象是革命老区和已有基层党组织的地区，而对于那些土地改革尚未完成的地区，重点应该是依靠现有的基层党组织进行土改工作，并在土地改革前及土地改革中进行整党。由于各地的情况不尽相同，对基层党组织的整顿工作，各地各系统根据实际情况安排，前提是做好充分的准备工作并报中央。

不过，即使在整党过程中，各地区的情况也不相同。在全国都在开展整党学习运动的过程中，中共中央对西南局做出了关于停止整党学习全力转入"三反"的指示，其依据就是西南地区的贪污浪费现象已经相当严重。由此，中共中央决定停止西南局原有的学习计划，全力转入反贪污、反浪费、反官僚主义的整风运动。[②] 在国有企业中，基层党组织发挥的作用在不同地区也是不同的。东北局认为东北地区产业基础好，已经具备实行厂长负责制的条件，而企业党组织应该负责的是政治引领工作而不是具体的经济工作，所以东北地区的国有工厂可以实行厂长负责制。但全国其他地区的产业基础相对较弱，难以实行厂长负责制，华东局认为"我们暂时还没有或少有既懂得经济工作和技术又懂得党与群众工作的干部来管理工

---

① 中共中央文献研究室编：《建国以来重要文献选编》第 2 册，中央文献出版社 1992 年版，第 153 页。

② 参见中共中央文献研究室编：《建国以来重要文献选编》第 2 册，中央文献出版社 1992 年版，第 553 页。

厂”,[1]主张在工厂中建立党委来实现这种统一的领导,即实行党委负责制。

2.基层党组织的功能具有很强的不平衡性

这一时期,基层党组织在发挥功能方面是不平衡的,这一不平衡表现在以下几个方面:

一是党员的地区分布不平衡。各解放区历史有所不同,解放顺序有先后,因而不同解放区内基层党组织的发展不平衡。党员大部分主要分布在长江以北的老解放区以及人民军队之中,而长江以南的大部分新解放区党员和基层党组织数量少,这就造成了老解放区和新解放区基层党组织的功能不完全一致的状况。毛泽东指出:“在老解放区,一般地应停止在农村中吸收党员。在新解放区,在土地改革完成以前,一般地不应在农村中发展党的组织,以免投机分子乘机混入党内。”[2]对于新解放区的乡村,一般要求是在完成土改以后再进行基层党建工作,但在开始的时候,要严格控制乡村支部的党员数量,一般情况下不要超过10名党员;而在老解放区农村,因已经发展了数量庞大的党员,重点工作是教育现有的党员和整顿组织。

二是党员的阶级分布很不平衡,农民阶级占据了党员的大多数,工人阶级的数量极少。当时发展党员的一个原则是首先在城市中,优先在工人阶级中发展党员,不断增加党组织中的工人成分。当时提出了“要重视在国有农场、地方国有农场,农业机器站的职工、技术人员和农村学校教职员中发展一批党员,争取在这个时期内在这些组织中党员人数达到职工人数的20%左右”[3]。由此可见当时在发展党员的过程中对于工人阶级的重视和青睐;在1956年《关于知识分子问题的报告》印发之前,知识分子党员很少,几乎可以忽略不计。但《关于知识分子问题的报告》重新界定并扩大了工人阶级的范围,把知识分子也纳入工人阶级。此后,各地开始注重在知识分子中吸收党员,尤其是吸收高级知识分子进入党组织。这一时期,基层党组织在吸收知识分子入党方面取得了一定的成绩,但是知识分子党员仅占党员总数的4.4%,其中高级知识分子更是少之又少。从总体上看,当时的基层党

① 中共中央文献研究室编:《建国以来重要文献选编》第2册,中央文献出版社1992年版,第270页。

② 《毛泽东文集》第6卷,人民出版社1999年版,第72页。

③ 张明楚主编:《中国共产党基层组织建设史》,福建人民出版社2017年版,第171页。

组织在对待知识分子入党的问题上还存在相当严重的关门主义的倾向。[①]

三是党组织的发展很不平衡，农村基层党组织极为落后。1953年年底，党的基层组织还没有实现对全国的全覆盖，尤其是近三分之一的解放晚的农村地区尚未建立基层党组织，甚至部分农业合作社没有党员；老解放区的部分基层党组织党员数量少，难以发挥基层党组织应有的功能。

3. 基层党组织的功能具有很强的政治性

这一时期基层党组织的建设始终围绕每个时期不同阶段的主要政治任务而展开，体现了鲜明的政治导向。中华人民共和国成立之初，基层党组织的功能是服务于国家的"三反""五反"运动，服务于"镇压反革命"运动，服务于土地改革运动，服务于抗美援朝战争；社会主义改造时期，基层党组织的功能就是服务于"三大改造"。为了使党的基层组织建设服务于当前国家的政治任务，规定基层党组织的主要任务是教育、培养企业的产业工人，并在他们中发展党员，其是要团结好、发展好各重要部门的技术工人、劳动模范和先进工作者，在这些企业中建立党组织。[②] 除了在企业中发展党员，还要在手工业合作社、机关、学校、少数民族等地区吸收党员，服务于当前的政治任务。中华人民共和国成立后，农村党员大多是个体劳动者，所以农村基层党组织按照地区组建。但是，对农业的社会主义改造逐渐把分散的农民联合到农业合作社中，因而农村党支部组织形式逐渐难以适应变化了的生产关系。所以，党在农村中的基层组织按照地区和生产组织的实际情况做出了改变。总体而言，这一阶段基层党组织功能的发挥都是围绕当时的政治工作而开展。

4. 基层党组织的功能具有很强的针对性

这一时期，基层党组织功能的发挥在农村与城市中是截然不同的。在农村，基层党组织服务于农业的社会主义改造，逐渐推进农业合作化生产，有计划、有步骤地把农业个体生产转变为以共同体为单位的生产。在农村党组织进行清党运动，将混入党组织队伍中的"地富反坏右"这五类分子及蜕化变质分子坚决清除出党。不仅如此，清党运动更重要的是搞好自身建

---

① 参见张明楚主编：《中国共产党基层组织建设史》，福建人民出版社2017年版，第185页。

② 参见中共中央文献研究室编：《建国以来重要文献选编》第4册，中央文献出版社1992年版，第529页。

设，服务党现阶段的主要任务，即实现农业生产的集体化，消灭剥削，最终实现共产主义。为了实现这一目标，清党运动必须要把群众团结在党周围，教育他们认识到农业合作社对于社会主义经济的作用，教育他们梳理集体主义思想，积极努力参加生产。但也要认识到，就中国农村社会目前的状况来说，不能实现“一刀切”的政策，把所有村民都纳入合作社中，而应当根据实际情况，允许一部分有单干积极性的农民继续单独种地，对富农的剥削，在国法限制的基础上也应允许存在。[①]

而在城市中，服务于对手工业和资本主义工商业的社会主义改造，推动实现社会主义工业化就是基层党组织的总任务。从这点出发，整顿城市的基层党组织，应该清除混入组织内部的坏分子。不仅如此，城市基层党组织因其所处地位特殊，极容易被资产阶级腐蚀，所以城市基层党组织整顿工作中最终要的是保持无产阶级政党的特性，坚决反对、批判和克服在社会主义改造过程中出现的阻碍城市经济发展的资产阶级思想。

## 三、基本经验

### 1.基层党组织要时刻加强对基层党员的教育引导工作

基层党员的整体素养和党性修养直接关系到基层党组织功能的发挥，但是在日常工作中部分党员同志极易出现精神懈怠、不思进取、党性不强的问题，这就需要教育党员，保持党的纯洁性，提高党的战斗力。1951 年发起整党运动的原因有两个：一是基层党组织主观上工作不当，自身发挥的作用不强；二是客观历史原因。新民主主义革命时期，为了满足战争的需要，党的组织分散在农村，同敌人展开激烈的斗争，我们党之所以赢得最后的胜利，根源在于紧紧依靠广大农民群众。战争时期，分散在农村的基层党组织虽然尽了最大的努力，发挥了巨大作用，但仍无暇对党员和农民群众进行系统的教育和管理。[②] 抗日战争时期，基层党组织的工作重点是支持抗战、拥护抗战，夺取全国政权，这一客观的实际情况，使基层党组织放松了对党员的教育和思想引领。在 1951 年整党过程中，又对党员进行了一次关于怎样

---

① 参见中共中央文献研究室编：《建国以来重要文献选编》第 4 册，中央文献出版社 1992 年版，第 527 页。

② 参见中共中央文献研究室编：《建国以来重要文献选编》第 2 册，中央文献出版社 1992 年版，第 152 页。

做一个共产党员的教育，使所有基层党员重新明确党员标准。我们必须吸取当时整党的工作经验与教训，首先要严格规范党员接收程序，对申请入党的积极分子进行严格而细致的审查，坚决杜绝党员接收工作中的形式主义；另一方面，对于已经具备党员身份和资格的群众，必须加强对他们的思想教育和政治引领工作，加强其理想信念和党性修养，务必时刻保持基层党组织的先进性、纯洁性，从而为更好地推进经济社会文化发展发挥其作用。

2. 基层党组织功能的发挥要循序渐进，不可急于求成

欲速则不达，基层党组织的建设如果急于求成、贪功冒进，就会适得其反，不利于基层党组织功能的正常发挥。中华人民共和国成立初期，基层党组织单纯追求党员的数量，许多党组织任意降低接收党员的标准，使得一批素质不高、目的不纯的人混入了党的队伍之中。虽然党员数量快速增多，基层党组织规模得以扩大，但反而削弱了基层党组织的功能，所以不得不在1951～1953年进行整党学习运动。不仅如此，在社会主义三大改造过程中，尤其是在后期阶段，基层党组织出现了急躁冒进的倾向。因此，在党组织建设上必须循序渐进，“撤区并乡要谨慎从事，并且不要与并社升级同时进行，一定要留下必要的区乡主要干部，不能层层上调，削弱乡和社的领导力量”[①]。在加强农村基层党组织方面，为保证农业合作化的顺利进行而不能急于求成。在新解放区，农村中党的基层组织缺少革命锻炼，力量一般比较薄弱，干部的数量也相对较少，再加上农村人口分散，难以集中领导。因此，在新解放区建立党组织，发展党员也不能急于求成，必须要小心谨慎、逐步发展党的组织并在发展中巩固好党的组织。[②] 是否立即建立党组织要视情况而定，一方面，不宜无条件地强调在没有党组织的地方建立党组织；另一方面，对那些农业合作组织较为成熟、农民组织较为发达的地方，一定要把党的基层组织建好。

3. 基层党组织功能的发挥要充分考虑地区特色，反对盲目一刀切、一盘棋

不同的地区在自然地理、人文经济等方面存在较为明显的差异，因而不

---

① 中共中央文献研究室编:《建国以来重要文献选编》第9册，中央文献出版社1992年版，第31页。

② 参见中共中央文献研究室编:《建国以来重要文献选编》第4册，中央文献出版社1992年版，第529页。

同地区的基层党组织应该主动探索自己独特的发展方式。中华人民共和国成立之初，新解放区的基层党组织服务于土地改革运动；西南地区的基层党组织服务于人民军队的剿匪运动；东北地区的基层党组织服务于抗美援朝，为前线供应武器弹药等物资；大后方的基层党组织则服务于抗美援朝部队的后方物资补给。但是，有时候为了追求党组织的一致性和协调性，往往会忽视不同地区的特点。在国有工厂中是实行党委负责制还是实行厂长负责制的问题上，东北地区和全国其他地区存在明显差异，东北局在给党中央的信中指明："在工厂管理上，建立行政生产上的厂长负责制是近代化企业必须做到的事。"[①]但是党中央坚持认为应该实行集体领导制度，刘少奇在给东北局的回信中，明确要求要在国有工厂中实行党委负责制，而不是厂长负责制。1953年，即第一个五年计划开始实施之年，为适应全国大规模经济建设的需要，保证全国一盘棋，进一步提升国有工厂管理水平，各地都先后实行了厂长负责制。坚持实行党委领导下的厂长负责制的华北地区也提出，为了保障经济运行和生产应在管理体制上实行厂长负责制。1953年下半年，在党中央的指示精神下，全国各地普遍建立起了厂长负责制的领导体制。然而，一方面受高岗事件的影响；另一方面，实际工作中出现了一些厂长和党委书记关系处理不好、缺乏管理企业经验等情况，全国各地的国有工厂普遍掀起了对是否继续实行厂长负责制的讨论，有人"反映工厂中的领导制度相当混乱，与会人员对于党组织在工厂中的地位和作用以及一长制与党委集体领导制度的关系认识不清，说法不一，做法各异"[②]。1953年下半年以来，虽然各地普遍实行了厂长负责制，但由于一部分国有工厂厂长不熟悉业务，遇事常常找党委商量，使得厂长负责制的原则没有从根本上得以贯彻。虽然这次谈论以后并没有马上废止厂长负责制，但是对于厂长负责制是否继续保持的争论越发激烈，最终厂长负责制被废止。"我们在工业企业中需要采取的领导制度，应当是党的领导和个人负责相结合的制度，在企业行政管理方面，就是党委集体领导下的厂长负责制。"[③]

综上，在全国范围内实行单一的厂长负责制或党委负责制都是盲目、不

---

① 中共中央文献研究室编：《建国以来重要文献选编》第2册，中央文献出版社1992年版，第429页。

② 张明楚主编：《中国共产党基层组织建设史》，福建人民出版社2017年版，第179页。

③ 冯文彬主编：《中国共产党建设全书(1921～1949)》第4卷，山西人民出版社1991年版，第117页。

切实际的。全国经济建设的步伐不一致,基层党组织要承担的责任和发挥的功能也不完全相同,同样是发挥经济功能,所在地区不同,经济功能发挥的侧重点就不同。因此,基层党组织功能的发挥要考虑地区特色,要坚决反对盲目一刀切、一盘棋。

## 第三节　社会主义建设探索时期基层党组织的功能发挥

社会主义建设探索时期是基层党组织曲折发展的时期。党的第八次全国代表大会修订了党章,对党的基层组织的形式和任务进行了部署,为党的基层组织的功能发挥提供了制度依托。在"大跃进"和人民公社化运动中,党的基层组织的功能泛化,整体作风激进浮夸,对社会生产力造成了不必要的破坏。"四清"运动对社会阶级形势判断失误,党的基层组织被破坏,基层组织功能弱化。总体来说,社会主义建设探索时期党的基层组织功能的泛化、弱化乃至瘫痪是社会生产力遭到破坏的重要原因,因此,无论在何时,都应强化党的基层组织的战斗力。

### 一、基本历程

1.中共八大重新界定党的基层组织的任务

中国共产党第八次全国代表大会召开前,中央已经对党的各类基层组织的任务进行了部署。如1956年9月,中共中央、国务院《关于加强农业生产合作社的生产领导和组织建设的指示》指出:"农村支部和党员要发挥应有的作用。农村党支部及其党员一定要深入群众中去,真正用心调查研究群众的思想情绪、群众的现实需要,保持密切联系群众的良好作风,不断改善对合作社的领导。党组织在农业合作社内部,必须要同群众保持密切联系,关心群众的生产生活,充分发扬民主,积极收集社员的意见,通过同社员进行民主协商来决定社内的大事。农村党支部及其党员必须明确基层党支部、基层政府和农业生产合作社之间的分工,一定要明晰三者之间的分工,切忌不可以党代政、以党代社,不能出现党政不分、党社不分的状况,党支部的职责是宏观领导,绝不能包办合作社的种种具体小事。同样,政府该履行的职责也不能让合作社代替,进一步缓解党政社干部相互兼职的状况。除此之外,各灾区基层党支部一定要及时发现灾情,努力做到防患于未然,如发生灾害，一定要全力展开救助活动，其他地区的党支部也应该伸出援手，共同对付灾害。”[①]

1956年9月，中国共产党第八次全国代表大会在北京召开。中共八大是党在中华人民共和国成立以后召开的第一次全国代表大会，这次代表大会根据当前我国社会主要发展任务对党的基层组织进行了重新界定，规定了党的基层组织的形式并对其具体任务进行了部署。这次大会对党的基层组织的安排以条文的形式写入党章，为近年来基层党组织实际发挥和未来应当发挥和强化的功能提供了制度依托。中共八大党章对基层党组织设置的规定继承了以往党章的精神，规定凡是有3名以上正式党员的单位、机关、军队、政府等都要设立党的基层组织。[②] 具体来说，党的基层组织在中共八大后可以分为企业基层党组织、乡镇基层党组织、农业生产合作社基层党组织、机关基层党组织、学校基层党组织、连队基层党组织等。这些组织都属于党的基层组织，其职能都建立在中共八大规定的把各职能之上，但因各自分工不同，具有各自特定的职责和功能。其中，乡镇、农村因其特殊地位，基层党组织也地位特殊。中共八大党章规定了基层组织的任务：第一，基层党组织必须做好群众工作，宣传党的主张、政策、思想，把群众组织起来，执行党的决议。第二，基层党组织要时刻注意群众的情绪和要求，把群众的要求向上级党组织反映，并帮助他们解决面对的困难。第三，做好党员工作，按照党的规定发展、审查、监督党员，执行党的纪律，征收好党费。第四，做好党员教育工作，开展经常化的理论学习活动，把马克思主义、党在革命时代的优良传统、党在现时期的政策学好学透。第五，领导群众积极参加国家的政治生活。第六，领导群众发挥积极性和创造性，巩固劳动纪律，保证完成生产计划和工作计划。第七，要加强自身的建设，善于发现自身的问题，并坚持用批评和自我批评的方法解决这些问题，坚决抵制违法乱纪、贪污腐败的现象，同官僚主义做斗争。第八，要时刻注意抵制阶级敌人的破坏行动，教育党员群众提高警惕，坚决同这些破坏分子进行斗争。[③]

---

① 中共中央文献研究室编：《建国以来重要文献选编》第9册，中央文献出版社1994年版，第31页。

② 参见中共中央文献研究室编：《建国以来重要文献选编》第9册，中央文献出版社1994年版，第334页。

③ 参见中共中央文献研究室编：《建国以来重要文献选编》第9册，中央文献出版社1994年版，第336～337页。

中共八大党章较中共七大党章有较大调整。第一，把中共七大党章第二条中的“关心人民群众之政治的、经济的、文化的生活。并组织人民群众来解决他们自己的各种问题”[①]改为“关心和尽力改善群众的物质和文化的生活”[②]。这一改动意味着社会主义改造取得基本胜利之后，党的组织力量较之以往更为强大，以往党只有把人民群众组织起来才能解决他们的各种问题。而现在，国家政权在党的掌握和调整下，社会一片和谐，已经不存在明显的不可调和的社会矛盾了，以往存在的困扰人民群众的阶级压迫和剥削在大范围内已经消失。人民群众现在的问题简化为物质和文化生活仍然不充分，解决这一主要问题的方式不是斗争，所以党不需要动员群众来进行阶级斗争。当然，这并不意味着不需要动员群众，相反，党的基层党组织动员群众的职能比以往更加重要和迫切，只是形式由动员、组织群众参与斗争转为合理参与国家管理、参与社会生产、为自身的前途命运而奋斗。第二，中共八大党章增加的第五条和第六条，是对党的基层组织动员职能的重新界定。第三，中共八大党章增加的第七条是关于党的基层组织自我管理的职能。第四，中共八大党章增加的第八条是关于阶级斗争的职能。教育群众提高警惕，同阶级敌人的破坏活动进行斗争。

2.“大跃进”时期党的基层组织功能泛化

1957 年年底，我国第一个五年计划提前完成。同时，党中央认识到一个生产高潮已经和正在形成，为了顺应和推动这一生产高潮，更好地服务社会主义建设，毛泽东起草并于 1958 年 1 月印发的《工作方法六十条(草案)》指出，县以上各级党委要抓社会主义建设和工业工作，各级党委要抓社会主义农业工作。就此看来，此时党中央对党的基层组织的要求主要是抓农业工作。这不无道理，因为农业与工业的生产方式不同，基层党组织由于自身的局限性，很难宏观把握工业生产，主要抓农业工作相对是合理的。各级党委抓社会主义建设、社会主义工业、社会主义农业工作，必须有一定的方法，这一方法就是“全面规划，几次检查，年终评比”。《工作方法六十条(草案)》指出：“全面规划要求各级党委要提交生产计划；几次检查要求一年至少检查四次，中央和省一级每季要检查一次，下面各级按情形办理，重要的任务在

---

① 中共中央文献研究室编：《建党以来重要文献选编》第 22 册，中央文献出版社 2011 年版，第 545 页。

② 中共中央文献研究室编：《建国以来重要文献选编》第 9 册，中央文献出版社 1994 年版，第 336 页。

没有走上轨道之前，要每月检查一次；年终评比要求：省和省比，市和市比，县和县比，社和社比，厂和厂比，矿和矿比，工地和工地比，农业比较易于评比，工业可以根据可比的条件按产业系统评比。”[①]这些工作方法本身是没有问题的，问题在于中央过于冒进，生产指标定得过高，超出实际生产力水平。同时，为了响应中央的号召，党的基层组织动员群众加快生产。为了进一步促进生产，各地竞相开展党支部评比，良性的评比当然是好的，但是评比的标准却普遍比较模糊，再加上对于评比成绩差的支部发黑旗、插白旗等政治性惩罚，促使支部利用模糊的标准大肆吹嘘，浮夸、空喊的风气盛行。

生产力的迅速发展为生产关系进一步向社会主义靠拢提供了基础。于是，全国各地响应中央号召，人民公社化运动在全国轰轰烈烈地开展起来。1958年7月至8月，河南、山东、河北等地开始办起了人民公社，其中位于河南省遂平县西的嵖岈山卫星人民公社是我国第一个人民公社，而且最为典型。1958年8月7日，嵖岈山卫星人民公社的简章在《红旗》杂志上发表。同月，中共中央通过《关于在农村建立人民公社问题的决议》，决议认为：“在目前形势下，建立农林牧副渔全面发展、工农商学兵互相结合的人民公社，是指导农民加速社会主义建设，提前建成社会主义并逐步过渡到共产主义所必须采取的基本方针。”[②]也就是说，人民公社的业务范围是工农商学兵、农林牧副渔，并认为这类生产生活集合体是一种全新的生产关系的表现形式，这种集合体的全面发展，是过渡到共产主义的基本方针。决议指出：“社的规模扩大以后，由于农林牧副渔、工农商学兵综合性的发展，社的管理机构也必须有适当的分工，要在组织精干和干部不脱离生产的原则下，建立若干分工负责的部门。并且要实行政社合一，乡党委就是社党委，乡人民委员会就是社务委员会。”[③]这样，人民公社就取代了党委和政府，成为我国社会的基本单位，人民公社与原来的乡两委不同，它是一个无所不包的共同体。因此，人民公社党委包括下设的生产大队党支部等党的基层组织的功能泛化，发挥了远超自身职能之外的功能，而这些功能是党的基层组织难以负担的。

---

① 《毛泽东文集》第7卷，人民出版社1999年版，第345～346页。

② 中共中央文献研究室编：《建国以来重要文献选编》第11册，中央文献出版社1995年版，第447页。

③ 中共中央文献研究室编：《建国以来重要文献选编》第11册，中央文献出版社1995年版，第447页。

3."大跃进"失败后党的基层组织功能发挥

"大跃进"失败以后,中共中央于1961年1月召开八届九中全会,李富春关于安排1961年国民经济计划的意见指出:"一九六一年国民经济计划的安排,必须更好地贯彻执行以农业为基础、把农业放在首要地位的方针,争取农业丰收,特别是争取粮食的丰收。同时,对各个部门和各个方面实行调整、巩固、充实、提高的方针,争取国民经济在3年'大跃进'的基础上,各部门之间的比例关系得到进一步的协调,生产和建设的质量得到显著的进步。"[①]这次会议正式终止了长达三年的"大跃进"运动,中央提出"调整、巩固、充实、提高"的正确方针。八届九中全会公报指出:"由于在1959年的严重的自然灾害之后,1960年又遭到百年未有的严重自然灾害,农业生产计划没有完成。但是由于人民公社的组织日益完善等'大跃进'运动的一些措施,减少了损失。最后声明我国在过去三年中所取得的伟大成就,说明了党的社会主义建设总路线、'大跃进'、人民公社是适合中国的实际情况的。"[②]

1961年3月,中共中央印发了《农村人民公社工作条例(草案)》,供全国农村支部和农村人民公社全体社员讨论。同年6月,中共中央要求"各级党组织都要详细研究《农村人民公社工作条例(修正草案)》,并且在群众同意的基础上,领导群众逐步实行"[③]。修正草案对人民公社的性质、组织形式、工作内容等做了具体规定,进一步规范并把人民公社作为我国社会基本单位。1961年9月,中共中央印发了《国营工业企业工作条例(草案)》。草案规定,党在国有企业中占据着政治领导核心的地位。企业党委的职责是:紧紧依靠群众和企业行政领导,认真宣传贯彻党的方针政策和执行党中央、上级组织和党委会的决议和计划;讨论和决定企业的重大问题;监督企业的行政领导人员,保证上级计划、指示、决定顺利实施。企业党委一定要发挥自身的政治领导核心作用,不应替代行政领导包办行政事务,而是把准企业的发展方向,积极调查研究,深入了解企业的生产条件,及时调整企业生产。企业党委充分发挥自身联系职工的纽带作用,服务好、凝聚好、组织好职工

① 中共中央文献研究室编:《建国以来重要文献选编》第14册,中央文献出版社1997年版,第27页。

② 中共中央文献研究室编:《建国以来重要文献选编》第14册,中央文献出版社1997年版,第84~85页。

③ 中共中央文献研究室编:《建国以来重要文献选编》第14册,中央文献出版社1997年版,第378页。

群众,建设一支高素质的职工队伍。[①]

4."四清"运动及之后党的基层组织弱化

1962年9月,党的八届十中全会在北京召开。党的八届十中全会重点对"单干风""翻案风"进行了批判,毛泽东把阶级斗争的问题提了出来。全会认为,已经在革命和社会主义改造过程中被推翻的旧时代的反动阶级不甘灭亡,企图复辟。不仅如此,旧社会的习惯依然在社会上根深蒂固地存在,资产阶级的影响依然很大,自发生产的小资本主义生产者依然存在。这些群体一有机会就要企图消灭共产主义,走资本主义道路。在现时情况下必须在党内党外坚持阶级斗争。[②] 因此,中央决定在城乡发动一次社会主义教育运动,开展大规模的阶级斗争。12月28日,中共中央组织部召开的组织工作会议结束。会议对当前党的基层组织的工作任务进行了部署,认为当前大多数党员和党的基层组织是好的,但是仍有10%~20%的人不具备党员资格,10%以上的支部涣散无力。对此,基层党组织要加强经常工作,并有领导、有计划、有步骤地对所有党员重新登记。会议认为,要用1年多的时间在全党开展大规模的教育运动,教育内容主要是形式、阶级和社会主义方向。在教育运动开展的同时,要整顿党的基层组织,及时清除党内蜕化变质的分子、阶级异己分子和其他各种坏分子。这次会议着重指出了党的基层组织功能弱化的现状,指出:"现在有不少党的基层组织,党的生活很不健全,党的会议不能按期召开,批评和自我批评不能顺利开展,不注意对党员和群众进行思想政治工作,不注意发挥行政组织和群众组织的作用,习惯于包揽行政事务,没有把党的经常工作建立起来。"[③]另外,这次会议分别订立了中国共产党在农村、国有企业和商业企业中的基层组织的《工作条例试行草案》,进一步明确了三个不同部门党的基层组织应该发挥的功能。

1963年5月,中共中央印发了《中共中央关于目前农村工作中若干问题的决定(草案)》,即《前十条》。《前十条》对保定市委抓基层"四清"工作的成绩做了充分肯定,并要求发动群众把去年以来的账目、仓库、财物、工

① 参见中共中央文献研究室编:《建国以来重要文献选编》第14册,中央文献出版社1997年版,第642页。

② 参见中共中央文献研究室编:《建国以来重要文献选编》第15册,中央文献出版社1997年版,第653~654页。

③ 中共中央文献研究室编:《建国以来重要文献选编》第16册,中央文献出版社1997年版,第98页。

分等全面彻底地清查一次。党对“四清”工作制定的指导方针是正确的，即要团结95%以上的干部和群众，对于揭发的坏人坏事，也要分情况处理，以教育为主、惩办为辅。但在实际操作过程中对基层党组织的打击面不断扩大，并没有完全遵守以上原则。《前十条》还提出了一些比较合理的政策，第九条提道：“我们的党是无产阶级的党，是劳动群众的先进的党。我们的党的基层组织，必须放在积极劳动的先进分子手里。农村中的党支部书记，不但在政治上应当是最先进的分子，而且必须在劳动中是最积极的分子，力争成为生产的能手，成为劳动模范。”[①]《前十条》印发以后，“四清”运动正式在农村展开。1963年9月，中共中央印发了《关于农村社会主义教育运动中一些具体政策的规定(草案)》，即《后十条》。《后十条》对形势的估计更加过火，认为在“四清”运动中阶级斗争是最根本的。同时，发动群众清党，整个运动中基层党组织的功能实际上遭到了严重削弱，自身的功能发挥有限，导致打击面扩大化。打击面扩大又导致党的基层力量进一步被削弱，陷入了死循环。为了纠正“四清”运动中“左”的做法，中共中央召开会议，在1965年1月14日出台了《农村社会主义运动中目前提出的一些问题》，即《二十三条》。《二十三条》指出：“对那些犯轻微四不清错误的，或者问题虽多但交代好的，要尽可能早一点解放出来。对于那些错误性质一时分辨不清楚、又不适宜留在原工作岗位上的干部，可以调换工作，或者集训，进行审查。”[②]一时间，解放了一大批党的基层组织干部，使党的基层组织恢复了一些活力。但《二十三条》对形势的估计过于悲观，如认为“我国城市和农村都存在着严重的、尖锐的阶级斗争”[③]。继《二十三条》之后，中央先后出台了多个有利于加强党的基层组织力量的文件。

## 二、基本特征

### 1.党的基层组织主要以人民公社为单位发挥功能

1956～1976年，党的基层组织最鲜明的特点就是组织单位发生了翻天覆地的改变。这一变化是从“大跃进”开始的，首先以合并农业合作社的形

---

① 中共中央文献研究室编：《建国以来重要文献选编》第16册，中央文献出版社1997年版，第324页。
② 中共中央文献研究室编：《建国以来重要文献选编》第20册，中央文献出版社1998年版，第26页。
③ 中共中央文献研究室编：《建国以来重要文献选编》第20册，中央文献出版社1998年版，第19页。

式将无数小的农业合作社合并成较大的农业合作社。随着这一进程的发展，人民公社建立起来。1961年1月，“大跃进”失败，但是人民公社这一组织形式保留了下来。同年3月，中央制定了《农村人民公社工作条例（草案）》，6月，完成了对草案的修正，出台了《农村人民公社工作条例（修正草案）》。修正草案规范了人民公社中党的基层组织的具体工作任务。修正草案赋予人民公社党组织农村工作领导核心的地位，并将其基本任务归结为八条：一是根据党的方针政策，加强对人民公社的领导，但是不应该包办代替各级管理委员会的工作。二是定期讨论和检查监督各级社员代表大会、管理委员会和监察委员会等的工作。三是在党组织内充分酝酿生产、群众生活、执行国家政策、计划等重要问题，把党组织的意见提交社员代表大会等人民公社权力、管理、监察等机构讨论，并保证已经通过的意见的执行。四是做好党员和社员的思想政治工作，通过各种形式，宣传马列主义和毛泽东思想，宣传党的社会主义建设路线，进行社会主义、爱国主义、时事政策等教育。五是要教育党员关心群众生产生活的困难，反映群众意见，教育党员正确执行党在农村中的阶级路线。六是领导好群团组织和民兵工作。七是要健全党的组织生活，加强党的组织、纪律、纯洁性等建设，严防坏分子和阶级异己分子入党。八是在领导中坚持民主集中制。这八条实际上就是人民公社党组织在日后应当开展的工作。

2.党的基层组织激进浮夸

人民公社成为我国的基层政权组织形式，同时集“工农商学兵”于一体，是我国社会的基本单元。由于这两种性质，人民公社是高度融合化的群众生产生活共同体，社员大会是人民管理自身生产生活的权力机构。而人民公社的党组织是人民公社的领导机构。它的职能是在战略上引导群众，在思想上教育群众，不应当是具体的管理机关，包办代替各级管理委员会等的工作。但是在“大跃进”期间，人民公社党的基层组织实际上把自身的领导职能延伸到人民公社的每一项工作之中，在具体操作层面上包办了人民公社的事务。实际上造成了党的基层组织功能泛化，党的基层组织功能的泛化，使自身陷入事务工作的汪洋大海，分散了党的基层组织的精力，从而党的基层组织应当做好且必须做好的工作，相对薄弱。这样，党的基层组织功能的泛化实际上削弱了党的领导能力。

3.党的基层组织曲折发展

党的基层组织是党的细胞,党的基层组织建设史是党史的基本组成单位,党的基层组织的功能发挥情况是党史的缩影。同党史一样,在1956～1976年,党的基层组织实现其自身功能的过程是曲折的。翻开这段历史的画卷,不难看出,党的基层组织在中国社会中发挥着极其重要且关键的作用。党的基层组织良性发挥自身功能时,社会生产力和文化生活氛围往往是好的。而党的基层组织恶性发挥自身功能时,社会生产力往往会遭到打击,社会文化生活氛围也会笼罩着阴霾。这一时期的总体基调是党的基层组织在良性发挥功能和恶性发挥功能之间摇摆不定。1956～1957年,党的基层组织良性发挥自身功能,不骄不躁,圆满完成了第一个五年计划。在"大跃进"期间,党的基层组织工作方法过激,工作目标太高,导致党的基层组织恶性发挥自身功能,对社会生产力产生了极大破坏。人民公社建立后,党的基层组织第一时间扩大了管理范围,功能泛化,导致党对人民公社的具体事宜大包大揽,反而削弱了党的基层组织自身的功能。"大跃进"结束后,中央相继出台了政策,对党的基层组织的任务进行了更加细致的要求,对党的功能进行了限制,明确提出党的基层组织不要包办人民公社的具体事宜。中央根据实际的生产能力,削减了生产指标。这一切工作又使党的基层组织实际功能的发挥有了回到正轨的趋势。然而,在后来的"四清"运动中,党的基层组织遭到了破坏,数以万计的党的基层干部受到批判、打压,党的基层组织功能被弱化,对社会生产力和社会文化生活造成了严重的负面影响。随后,中央意识到政策要求在基层产生了过激的反应,中共中央组织部出台了关于加强党的建设的三个报告,其中有《关于加强农村党的建设的三个问题的报告》,中央将这三个报告批发各地后,党的基层组织得到了加强。

## 三、基本经验

1.加强党的基层组织建设是党领导社会主义建设和改革的前提

党是我国社会主义事业的领导核心,党的基层组织是我国社会基层政权的领导核心。首先,党的基层组织肩负着协调、动员、引导群众正确参与国家政治的重要功能。正因如此,党的基层组织为我国基层社会注入稳定剂,规范着群众的政治参与。如果党的基层组织的这一基本功能弱化乃至丧失,群众的政治参与就会面临混乱的危险,而混乱的无秩序的状态对社会生产生活都会造成极大的破坏。其次，党的基层组织作为一个客观存在的实体，有限制并规范自身运行的机制。如果党的基层组织运转停滞，党的基础就会松动。最后，党的基层组织是党联系群众的纽带，党的基层组织肩负着联系群众、综合群众利益、传达群众期望的重要作用。如果党的基层组织的这一功能弱化，就会松动党的群众基础。

2.政党功能的专门化是党的基层组织良性发挥功能的基础

西方政治学认为“结构离异化”是衡量政治现代化的标准，“结构离异化”程度越高，一个政治体系的效率也就越高。所谓高度的结构离异化就是在一个政治体系中，各个分支机构的功能专门化程度高，各机构间功能交叉较少。同样，对于一个政党来说，下属机构有明确的分工，并且与其他政治机关有较少的功能交叉，可以提高整个行政体系的效率。对于我国来说，党组织相对政府的功能专门化，各级党委下属机构的功能相对独立且互不交叉是提高我国行政效率的有效手段。当然，“结构离异化”并不代表政治机构各自为政，相互制约，而是有党委的集中统一领导，集中统一领导是在政党功能高度专门化基础上的综合。如果党组织的功能与其他政治和社会机构的功能存在交叉甚至党组织替代其他政治和社会机构行使功能，势必会造成效率的低下。

在“大跃进”期间，随着人民公社在全国普遍建立，作为人民公社领导机构的党的基层组织实际上替代了其他政治和社会机构。首先，人民公社本身是政治和社会的结合体，人民公社政治机构本身的职能已经超越了自身的限制，拥有了政治和社会双重功能。其次，虽然中央明确提出过党的基层组织不应当包办人民公社的具体事宜，但这一要求在客观上是难以实现的。最后，为了响应中央的号召，党的基层组织难免会把自身的力量深入人民公社的具体管理工作之中，也就把自身的力量扩散到全社会，力量的分散势必导致党的基层组织的实际功能泛化。一方面功能的泛化会削弱其他政治和社会机构的功能。另一方面会掩盖、模糊党的基层组织最应该发挥的作用。历史经验告诉我们，无论在什么情况下，都要加强党组织建设，加强党组织建设的前提在于强化党组织应有的功能，强化党组织应有功能的关键是使党组织的功能专门化。

3.加强政党的组织制度建设是党的基层组织有效发挥功能的保障

社会主义建设探索时期，党的基层组织扮演了十分重要的角色，是党联系、动员群众的桥梁和纽带。

因此，加强党的组织制度建设，使党的组织制度真正在基层落地，是党的基层组织有效发挥功能的保障。首先，应当贯彻执行民主集中制，保证党的基层组织的组织生活固定化，扫除组织生活中的形式主义，在组织生活中展现真实的社会情况。在组织生活中总结的客观实际情况，应当及时向上级党组织反映，上级党组织应当对党的基层组织反馈的社会情况、提出的建议认真研究，并及时向上级反映。其次，要坚持实事求是的工作态度，党的基层组织与基层干部不管遇到什么情况，都应敢于向党组织反映真实情况。最后，要坚持群众路线，党的基层组织是党联系群众的桥梁和纽带。在社会主义建设探索中党的基层组织能够发挥力量的阶段，党的基层组织确实能有效动员群众参与社会主义建设，这是正面的经验。只是坚持群众路线，本着民主集中和实事求是的原则，才能正确领导群众合理服务我国各阶段的发展。

## 第四节　中国特色社会主义建设时期党组织的功能发挥

改革开放以后，党中央纠正了“文化大革命”中的错误，党的基层组织的功能得以恢复并发展。党的基层组织改变了以往“超政治”功能的属性，实现了对政治领导功能的回归，同时服务功能开始释放。总体来说，中国特色社会主义建设时期党的基层组织的功能得以恢复并迅速发展，适应了我国的国情，为我国的经济建设贡献了巨大的力量。

### 一、基本历程

1.开启新时期党组织功能的发挥

党的十一届三中全会以后，以邓小平同志为主要代表的中国共产党人总结中华人民共和国成立以来正反两方面的经验，把经济建设作为党和国家的工作重心，决定对内改革、对外开放，实现了马克思主义中国化的第二次飞跃，不断完善和发展中国社会主义制度。随着机关事业单位基层领导体制改革拉开序幕、国有企业厂长负责制的全面推进、农村基层党组织和“三资”企业基层党组织的设置变化，改革开放初期不同基层党组织发挥的功能逐渐改变。

改革开放初期，党中央认真总结和汲取了以往党和国家政治生活中的经验教训，开始提出党和国家领导制度改革的问题。1980 年 8 月 18 日，邓小平在中共中央政治局扩大会议上做题为《党和领导制度的改革》的讲话中提出了基层领导体制改革的方向，也为基层党组织的功能发挥指明了方向。他指出，各个类别的基层党组织，都要管理好本级内部的党员，加强对他们的政治思想引领，养成良好的作风，督促党员在自己的岗位上努力工作，彰显先锋模范作用，把党组织建设成各单位的骨干力量。① 从 20 世纪 80 年代开始，基层党组织功能以基层领导体制改革为重点改变了以往“超政治”功能的属性，实现了对政治领导功能的回归，同时服务功能开始释放。在国有企业，经济体制改革的形式日益变化，因而必须加强党对企业的领导，以促进企业管理现代化来适应工业发展的要求。1984 年，中共十二届三中全会通过了《中共中央关于经济体制改革的决定》。决定提出：“只有实行厂长负责制，才能适应这种要求。”②中共十二届三中全会以后，党委领导下的厂长负责制逐渐转变为厂长负责制。1987 年，中共十三次全国代表大会明确指出，企业党组织的功能不再是对本单位实行“一元化”领导，而将主要精力放在对企业的保证监督上。③ 大会通过了《中国共产党章程部分条文修正案》，修正案把党对基层党组织的新要求固化为党内法规，进一步规范了基层党组织的功能发挥。首先，要贯彻执行党的方针政策，监督并规范行政负责人的行为。其次，要加强自身建设，做好党员的思想工作，关心、爱护群众，把群众团结在党周围。最后，对重大问题提出意见和看法建议，支持、保证行政人员按照规定行使自己的职权。④ 由此可见，这一时期国有企业的党组织主要发挥政治领导功能。在农村，随着家庭联产承包责任制的实行，“政社合一”的人民公社体制逐步解体，全国普遍撤社建乡。随着农村基层党组织设置不断调整改进，农村基层党组织功能发挥也不断调整改进。1985 年 11 月，中共中央组织部在北京召开全国农村党的基层组织建设座谈会。会议

---

① 参见《邓小平文选》第 2 卷，人民出版社 1994 年版，第 340 页。

② 中共中央文献研究室编：《中共十二大以来重要文献选编》（中），人民出版社 1986 年版，第 576 页。

③ 参见中共中央文献研究室编：《中共十三大以来重要文献选编》（中），人民出版社 1991 年版，第 37 页。

④ 参见中共中央文献研究室编：《中共十三大以来重要文献选编》（上），人民出版社 1991 年版，第 64 页。

认为,改进农村基层党组织设置,应本着有利于促进农业向专业化、商品化、现代化方向发展,有利于加强党同群众的联系,有利于开展党组织的活动和加强对党员管理的原则,进行合理调整。这说明了农村基层党组织在农村的重要经济服务功能。而在“三资”企业,建立党组织、开展党建工作成为新时期基层党组织建设的新领域。由于“三资”企业党组织不能依靠行政权力实现其功能,中共中央对“三资”企业党组织作用发挥的特殊性给予高度重视。中共中央组织部于1984年通过的《关于加强中外合资经营企业党的工作的几点意见》规定,企业党组织要经常开展思想政治教育活动,引导党员群众坚定政治立场,保持良好作风,保证党的路线方针政策在企业中正确地贯彻执行。[①]“三资”企业党组织功能的发挥主要依靠思想政治手段。一方面,通过对统战工作的领导,贯彻对外开放政策,服务、协调中外双方合作关系,从而更好地吸引外资,更好地利用外资、引进先进技术和经验。另一方面,通过对中方职工做思想政治工作,让职工正确理解和执行党和国家对外开放的政策,处理好思想落后引发的中外双方矛盾,促进中外合资、合作经营企业健康发展。

2.跨入新世纪党组织功能的发挥

党的十三届四中全会以后,以江泽民同志为主要代表的中国共产党人站在新世纪的起点之上,不断探索在新世纪要建设一个什么样的党,如何推进党的建设。在这一历史过程中,党积累了宝贵的经验,形成了“三个代表”重要思想。开创全面改革开放新局面,成功把党的建设新的伟大工程推向21世纪。面向新世纪,江泽民强调要把党建设成为全心全意为人民服务、思想上政治上组织上完全巩固、能够经受住各种风险、始终走在时代前列、领导全国人民建设中国特色社会主义的马克思主义政党。[②]改革开放和现代化建设新阶段党的基层组织——以农村基层党组织和国有企业基层党组织为重点——功能逐渐改变。

针对党的十三届四中全会之前各级基层党组织党的领导被削弱的现象,以江泽民总书记为核心的中央领导集体,通过加强企业党建工作使企业

① 参见中共中央组织部研究室编:《党的组织工作大事记(1978～1988)》,北京大学出版社1990年版,第139页。

② 参见中共中央文献研究室编:《十五大以来重要文献选编》(中),人民出版社2001年版,第1256页。

中的基层党组织处于政治核心地位、重申机关事业单位和农村基层党组织要在本单位和本村发挥领导核心作用，这为基层组织的政治功能发挥提供了组织基础，从而扭转了基层党建工作被削弱的状况，促进了社会稳定、改革推进、经济发展。1988 年，中共中央正式颁布《中国共产党党和国家基层组织工作条例》。条例的颁布实施，进一步规范了机关基层党组织的工作，明确了其职能。机关基层党组织主要是发挥保证监督作用，宣传、执行党的路线方针政策，为改革开放服务。在高校，因淡化党的领导导致不稳定局面的出现，中共中央认识到必须加强党对高校工作的领导，党必须在高校中担任领导核心作用，必须加强学生、学者的思想政治教育，坚定他们的政治立场，引领社会主义大学办学方向。必须使基层党组织成为高校和党之间的纽带，党组织必须贯彻党的方针政策，引导学生积极为实现党的奋斗目标而奋斗。因此，1990 年 7 月，中共中央出台《关于加强高等学校党的建设的通知》，决定在高校实行党委领导下的校长负责制，这一领导体制的改革加强了党对高校的领导。1996 年，中共中央发布《中国共产党普通高等学校基层组织工作条例》，进一步明确了高校基层党组织的组织设置、组织职责、工作方法等细则，规范了高校基层党组织的工作，强化了其政治核心作用。这表明高校基层党组织担负着培养社会主义建设者和接班人的历史任务。高校基层党组织通过发挥政治功能，引导学校沿着社会主义方向健康发展。中共十三届四中全会以后，逐渐形成了全党抓党的建设、抓农业和农村工作的大气候。1990 年，中共中央组织部部长宋平在中共中央政策研究室召开的农村工作座谈会上发表《加强农村工作，深化农村改革》的讲话。他指出，农村的各项工作都要靠基层组织落实。这充分说明了农村基层党组织旨在发挥引导农民增收、促进农业发展的服务功能。1999 年 2 月，中共中央印发《中国共产党农村基层组织条例》，为农村基层党组织服务功能的发挥提供了制度保障。农村乡镇党委和村党支部通过教育和服务功能对农民群众进行社会主义思想教育，带领群众勤劳致富，深化农村改革，促进生产力的发展。在国有企业，基层党组织侧重于其政治功能的发挥。1992 年召开的中共十四大把国有企业党组织发挥政治核心作用的五个方面写入党章。随着现代企业制度的建立，基层党组织的主要任务是通过坚持国有企业领导体制的“三句话”[①]方针强化其政治核心地位与作用，做好党的工作，带动职工群众，坚持企业的社会主义方向，同心同德办好企业。在非公有制经济组织和外商投资企业中，党组织也发挥政治核心作用，做好职工群众的思想政治工作。1993 年出台了《关于进一步加强外商投资企业党的工作的意见》，进一步明确了外商投资企业党组织的功能。意见指出，党组织应在中方员工中发挥政治核心作用，做好中方员工的思想政治工作，对中方员工进行中国特色社会主义理论教育，学习国外先进技术和管理经验；同时，做好统战工作，维护中外双方合法权益。

3. 站上新起点党组织功能的发挥

新形势我们党和国家要实现什么样的发展，怎样发展才能达到我们的目标是中共十六大以后以胡锦涛同志为主要代表的中国共产党人必须面对、探索、回答的两个重大问题。在探索发展的过程中，我们党探索了新的理论，形成了科学发展观，在新的历史起点上真正把党的执政能力和先进性建设推上了新的台阶。党的执政能力和先进性是这一阶段党的建设的总体目标，同时也是检验党的建设成效的重要指标，执政能力建设和先进性建设的推动实施，为党建设新的伟大工程设立了目标，注入了动力，提供了保障。[②] 党的基层组织的功能也随着中共十六大关于执政能力和纯洁性建设的推进而逐渐发生适应性变化。

党的十六大报告重新界定了基层党组织的功能，作为党全部工作和战斗力基础的基层党组织，为了真正提高党的工作效率和战斗力，必须组织、推动、践行“三个代表”重要思想的贯彻实施。基层党组织要坚持围绕中心、服务大局，拓宽领域、强化功能，扩大党的工作的覆盖面，不断提高党的基层组织的凝聚力和战斗力。[③] 同时，党的十六大党章规定，乡镇农村、街道社区基层党组织要领导好本地区的工作，支持和保证行政组织、社会经济组织和群众自治组织充分发挥其功能。1996 年 9 月，中共中央组织部《关于加强街

① “三句话”方针，即国有企业要充分发挥党组织的政治核心作用，坚持和完善厂长（经理）负责制，全心全意依靠工人阶级。

② 参见中共中央文献研究室编：《十六大以来重要文献选编》（下），中央文献出版社 2008 年版，第 526 页。

③ 参见中共中央文献研究室编：《十六大以来重要文献选编》（上），中央文献出版社 2005 年版，第 40～41 页。

道党的建设工作的意见》，明确规定了街道党组织的主要职能。社区党组织在社区工作中发挥领导核心作用，以和谐社会为目标，把服务群众当作首要任务，一定要创造良好的社会环境，把社会环境稳定好，促进经济发展，促进本地区更加和谐。同时，社区党组织致力于扩大基层党组织的覆盖面，从而推进城市基层民主进程。在农村，一方面，基层党组织领导核心功能的发挥，为建设社会主义新农村提供了坚强的政治和组织保障。另一方面，农村基层党组织也担当着构建和谐社会、建设社会主义新农村等战略决策的具体实施责任。2005 年 10 月，党的十六届五中全会决定，全党必须全力把“三农”工作做好，全党必须把社会主义新农村建设的任务贯彻落实，切实促进农村稳定、农业发展和农民增收。国有企业和集体企业中的基层党组织必须围绕企业生产经营目标，为企业注入政治领导力量，服务于企业增产。各级党和国家机关基层党组织，要切实加强自身建设，对本单位的每一名党员实行严格的监督，督促他们改进工作作风，协助行政负责人，团结党内同志，为机关的任务达成共同努力。其职能可以概括为保证职能、协调职能、监督职能。2010 年 6 月，中共中央印发《中国共产党和国家机关基层组织工作条例》和《中国共产党普通高等学校基层组织工作条例》，两个条例的颁布为机关和高校党组织功能的发挥提供了基本法规的制度保障。2012 年 3 月，中共中央办公厅印发《关于加强和改进非公有制企业党的建设工作的意见（试行）》，明确了非公党组织的功能定位。国有和集体企业一样，非公有制经济组织中的党组织也要发挥好思想政治核心作用，切实做好职工群众的思想工作，教育他们向党组织靠拢，要贯彻党的路线、方针、政策，引领建设先进企业文化，推动企业发展，维护职工群众合法权益，始终贯彻党组织活动。

4.进入新时代党组织功能的发挥

党的十八大以来，以习近平同志为核心的党中央高度重视基层党组织建设，习近平总书记特别强调：“无论形势如何变化，依靠基层、建强基层这一条永远不能丢。”[①]随着党的领导制度体系更加完善和中国特色社会主义制度更加成熟，在党和国家机关、国有企业和农村等重点领域规范基层党组织活动的制度组合全面形成，党的基层组织功能逐渐改变，党建设的新的伟大工程进一步推进。

---

① 习近平：《依靠基层、建强基层这一条永远不能丢》，《人民日报》（海外版）2019 年 11 月 11 日。

党的十八大首次提出:“以服务群众、做群众工作为主要任务,加强基层服务型党组织建设。”[①]党的十八届三中全会强调充分发挥基层党组织的战斗堡垒作用,为全面深化改革做出积极贡献。2014年1月,中共中央办公厅印发《关于加强基层服务型党组织建设的意见》,意见提出以服务型党组织引领基层党建工作。2014年10月,中共中央办公厅、国务院办公厅印发《关于进一步加强和改进新形势下高校宣传思想工作的意见》,意见是指导高校思想政治工作的纲领性文件,进一步突出了基层党组织在高校的思想政治引领作用,为高校培养中国特色社会主义事业接班者提供了组织基础,为把中国高校真正打造成具有鲜明社会主义意识形态特征的大学提供了依据。2015年2月,中央军委新修订的《军队基层建设纲要》开始施行,纲要对基层党组织职责做了明确规范,全军坚持扭住党的组织抓基层、扭住战略抓基层、扭住官兵主体抓基层、扭住厉行法治抓基层,为实现强军目标奠定了坚实基础。2015年7月,中共中央办公厅印发《关于在深化国有企业改革中坚持党的领导加强党的建设的若干意见》,意见强调,坚持党的领导是中国特色社会主义最本质的特征,也是国有企业的独特优势。国有企业党组织必须承担和落实全面从严治党的要求和责任,通过自身建设净化党的生态,提高党员的思想道德水平,彰显党员的先锋模范作用,把自己真正打造成合格的战斗堡垒。2015年9月,中共中央办公厅印发《关于加强社会组织党的建设工作的意见(试行)》,对党组织功能定位加以明确。社会组织党组织是党在社会组织中的战斗堡垒,主要发挥政治核心作用,旨在协调推进“四个全面”战略布局,发展公益事业,推进社会建设,完善社会治理。中共十九大以来,全面从严治党向基层延伸。2018年11月,中共中央印发了《中国共产党支部工作条例(试行)》,要求把全面从严治党落实到每个支部、每名党员。条例对十种不同的党支部功能定位也突出强调政治功能。2019年1月,中共中央印发《中国共产党农村基层组织工作条例》,条例要求充分发挥基层党组织的战斗堡垒作用和党员的先锋模范作用,担负起打赢脱贫攻坚战、深入实施乡村振兴战略、推动全面从严治党向基层延伸的政治责任。2019年11月,中共中央政治局审议通过了《中国共产党党和国家机关基层组织工作条例》和《中国共产党国有企业基层组织工作条例(试行)》,这两个文件的颁

① 中共中央文献研究室编:《十八大以来重要文献选编》(上),中央文献出版社2014年版,第42页。

布实施，对进一步规范机关和国有企业基层党组织的组织任务、工作内容、工作程序及方法等具有重大意义。这一时期，我们党采取多种措施规范、增强基层组织的服务和政治功能，以加强基层党组织建设，确保党的路线、方针、政策和决策部署的贯彻落实。

## 二、基本特征

1. 基本功能：吸收新党员和教育党员

中国特色社会主义建设时期，基层党组织的功能发挥在不同阶段侧重点有所不同，但吸收新党员和教育党员始终是基层党组织的基本功能。改革开放以来，在中国共产党的领导下，各级不同类型的基层党组织以邓小平理论、"三个代表"重要思想、科学发展观和习近平新时代中国特色社会主义思想为指导，围绕经济建设这个中心任务，发挥吸收新党员和教育党员的基本功能，把党的教育活动当作基础工作和重要工作，对党员经常性教育，用党的创新理论武装头脑，以推进党的建设的伟大工程，进而推进中国特色社会主义伟大事业，不断满足人民对美好生活的需要。

改革开放以来，我们党适应时代发展的需要，把经济建设作为党和国家的工作中心，通过纠正"左"的错误和整党建党，党的基层组织在拨乱反正中恢复健全，党员队伍建设步入正确轨道。1979 年召开的全国组织工作座谈会和 1980 年召开的党的十一届五中全会，明确了新时期党的组织路线并对加强和改善党的领导做出全面部署。1983～1987 年的整党是我们党在改革开放新时期开展的第一次整党工作，这次整党运动对党的作风、组织进行了全面的整顿，全方位纯洁了党的队伍，进一步强化和巩固了党的领导核心地位。从 1989 年党的十三届四中全会到 2002 年党的十六大，加强教育管理和强化理论武装的基础上，党员队伍不断壮大，党员整体素质不断提高。1994 年 9 月，党的十四届四中全会通过的《中共中央关于加强党的建设几个重大问题的决定》，进一步部署加强党的基层组织建设工作，明确提出了基层党组织建设的四条指导方针。1996 年，党的十四届六中全会提出对县级以上领导干部进行党性党风教育，强调讲学习、讲政治、讲正气。此次教育活动持续了三年时间，极大地推动了改革开放和社会主义现代化建设事业的发展。从 2002 年党的十六大到 2012 年党的十八大，随着全面建设小康社会和中国特色社会主义事业新的实践和发展，党的基层组织建设和党员队伍建设围绕中心、服务大局，以执政能力建设和先进性建设为主线，不断开创新局面。2005 年 1 月至 2006 年 6 月，在全党开展保持共产党员先进性教育活动，强调实践“三个代表”重要思想。2008 年 9 月至 2010 年 2 月，在全党范围内开展深入学习实践科学发展观活动，活动自上而下分三批开展。2010 年 7 月以来，在全国党的基层组织和党员中深入开展创先争优活动。进入新时代，以习近平同志为核心的党中央高度重视加强党员教育管理工作。党的十八大以后，党中央把党员教育运动放在更加突出的位置，开展了一系列教育活动。2013～2014 年开展的群众路线教育实践活动，贴近基层、贴近实践，为党员干部提供深入了解基层、了解群众的学习机会，对于提高党员的群众意识和服务意识，端正群众观点，改进工作作风，提高为人民服务的本领，具有十分重大而深远的意义。从 2015 年 4 月起，在县处级以上干部开展“三严三实”专题教育。“三严三实”专题教育着力发挥基层党组织政治功能，解决基层干部不作为、乱作为的问题。2016 年 2 月，在全体党员中开展“两学一做”学习教育。对践行全心全意为人民服务的宗旨，时时处处严格遵守党的纪律和党的规矩和做合格党员提出了新的要求。2019 年 6 月，在全党开展“不忘初心、牢记使命”主题教育活动。这些根据形势任务的要求和加强自身建设的需要及时开展的学习教育，对于全面从严治党、教育好和管理好基层党组织的党员与干部和净化政治生态起到了重要作用。改革开放 40 多年来，我们党坚持不懈地推进党员队伍建设，党员队伍不断壮大，结构进一步优化，素质也进一步提高，教育工作也不断系统化、制度化。2019 年 5 月，中共中央印发了《中国共产党党员教育管理工作条例》，条例对于继续提高党员队伍建设质量、激发党组织的活力、推动全面从严治党向纵深发展具有十分重要的意义。历史和现实都告诉我们党，必须深入基层、组织和教育人民，把思想政治工作放在基层，党的基层组织通过吸收新党员和教育党员，不断保持和发展党的先进性和纯洁性，在改革开放的实践中对经济发展和社会进步发挥了重大作用。

2. 核心功能：密切联系群众

我们党最大的政治优势就是善于且能够把群众紧密团结在党的周围，这一政治优势在党领导中国特色社会主义实践过程中俨然成为党的重要法宝。中国共产党成功的经验，就是始终坚持鲜明的人民立场。我们党在革命、建设和改革各个时期都同人民群众结成了密不可分的鱼水关系，形成了

“从群众中来，到群众中去”“一切为了群众、一切依靠群众”的群众路线。可以说，中国共产党的成长史就是一部密切联系群众不懈奋斗的历史。在我们党的发展历程中，正是由于始终把党内工作作风置于重要位置，我们党才能够始终保持清醒的头脑和积极进取的精神。正是由于始终坚持群众路线，才使我们的党拥有强大的精神动力，在面对各种困难和挑战时迎难而上，披荆斩棘。由此锻造出人民群众拥护和支持我们党的坚固群众基础和基本政治优势，这是我们党区别于其他政党的显著标志之一。

改革开放40多年来，密切联系群众是基层党组织的核心功能。我们党始终高度重视民生工作，始终坚持以人民为中心，坚持在发展中保障和改善民生，切实补齐民生短板，满足人民群众在育幼、教育、就业、医疗、养老、福利保障等方面的基本需求，不断改善人民生活、增进人民福祉，成效显著。改革开放初期，邓小平就提出“群众路线是我们党的组织工作中的根本问题，是党章中的根本问题，是需要在党内反复进行教育的”[①]。跨入新世纪，江泽民强调：“我们党所以有力量，就是因为我们始终紧紧依靠人民群众，始终诚心诚意为人民谋利益。”[②]站上改革开放的新起点，胡锦涛提出：“始终把实现好、维护好、发展好最广大人民的根本利益作为党和国家一切工作的出发点和落脚点。”[③]进入新时代，以习近平同志为核心的党中央把密切联系群众工作作为我们党的最大政治优势，并提倡把密切联系群众作为党员干部的基本功，在全党深入开展党的群众路线教育实践活动，始终与人民群众心连心、同呼吸、共命运。中国共产党是当代中国最强大的组织力量，基层党组织组织力的强弱不仅直接影响着党，还影响着中国社会的组织能力。习近平指出：“密切党群、干群关系，保持同人民群众的血肉联系，始终是我们党立于不败之地的根基。”[④]实现为中国人民谋幸福、为中华民族谋复兴的初心和使命，必须做好新时代密切联系群众工作，推动基层党组织扎实推进组织动员和教育引导群众的工作，把广大群众团结凝聚在党组织周围，克服“精神懈怠、能力不足、脱离群众和消极腐败”的危险，不忘初心、牢记使命，真抓实

---

① 《邓小平文选》第1卷，人民出版社1994年版，第216页。

② 江泽民：《论党的建设》，中央文献出版社2001年版，第81页。

③ 胡锦涛：《高举中国特色社会主义伟大旗帜 为夺取全面建设小康社会新胜利而奋斗——在中国共产党第十七次全国代表大会上的报告》，人民出版社2007年版，第15页。

④ 中共中央文献研究室编：《十八大以来重要文献选编》(上)，中央文献出版社2014年版，第81页。

干、攻坚克难，凝聚起强大的、勇往直前的、无坚不摧的中国力量。

3. 根本功能：发挥战斗堡垒作用

中国特色社会主义建设时期，党的建设的形势和任务不断变化，基层党组织的功能也在不断变化。发挥战斗堡垒作用是改革开放以来基层党组织的根本功能。在一定程度上来讲，改革开放以来，中国共产党取得的所有成就都离不开广大基层党组织战斗堡垒作用的发挥。由于党的事业和党的建设是历史的、具体的、发展的。因此，基层党组织的组织力建设也随着党的历史方位和政治任务的变化而变化。这一点，从历次党章对基层党组织的功能定位和基本任务的规定便可知一二。

从 1978 年党的十一届三中全会到党的十九大，党章先后共修改了8 次。其中中共十二大是改革开放以来第一次修改党章，具有代表性意义，这部党章吸取了历届党章正反两方面的经验，突出强调了“党的基层组织是党在社会基层组织中党的战斗堡垒”[①]。中共十四大党章对基层党组织的规定发生了较大的变化：首先，在基层党组织地位的方面进一步深化为“党的基层党组织是党在社会基层组织中的战斗堡垒，是党的全部工作和战斗力的基础”[②]。其次，中共十四大党章对以往党章规定的基层党组织的八项基本任务进行了不同程度的删减、修改，如第六项修改为“对要求入党的积极分子进行教育和培养，做好经常性的发展党员工作，重视吸收在生产和工作第一线的工人、农民、知识分子中的优秀分子入党。”[③]最后，将基层组织在全民所有制企业和实行行政领导人负责制的事业单位中发挥的作用修改为“政治核心作用”[④]。中共十四大党章对基层党组织地位和基本任务的规定具有标志性意义，后来的党章基本沿袭了相关表述。当然，随着世情、国情、党情的变化，党章依然会随之修改，如中共十六大增加了对非公有制经济组织中党的基层组织的相关规定。

---

① 中国共产党章程汇编编写组编：《中国共产党章程汇编——从一大到十七大》，中共党史出版社 2007 年版，第 111 页。

② 中国共产党章程汇编编写组编：《中国共产党章程汇编——从一大到十七大》，中共党史出版社 2007 年版，第 135 页。

③ 中国共产党章程汇编编写组编：《中国共产党章程汇编——从一大到十七大》，中共党史出版社 2007 年版，第 135～136 页。

④ 中国共产党章程汇编编写组编：《中国共产党章程汇编——从一大到十七大》，中共党史出版社 2007 年版，第 136 页。

基层党组织在党章中的功能定位与基本任务在中共十八大以后无明显变化,但是党的中共十九大报告对基层党组织的内部组织管理功能又进行了进一步的阐述。报告一方面强调要把基层党组织建设成为“宣传党的主张、贯彻党的决定、领导基层治理、团结动员群众、推动改革发展的坚强战斗堡垒”,另一方面强调“党支部要担负好直接教育党员、管理党员、监督党员和组织群众、宣传群众、凝聚群众、服务群众的职责,引导广大党员发挥先锋模范作用”。

2018 年 11 月,中共中央印发《中国共产党支部工作条例(试行)》,将《中国共产党章程》中党的基层组织功能定位和基本任务进一步具体化,充分体现了全面从严治党向基层延伸的要求。党的十九大对组织力的强调,凸显了党中央对基层党组织建设的整体性把握,以党组织的内部管理为切入点,进一步统筹基层党组织的对内功能和对外功能、服务功能和政治功能,充分反映了新时代基层党建工作重心的转移及时代要求。

## 三、基本经验

改革开放 40 多年来,在基层党组织建设的光辉历程中,无论是从开启新时期到跨入新世纪,还是从站上新起点到进入新时代,中国共产党在基层党组织的功能发挥方面积都积累了丰富的经验,形成了一系列思想理论、指导原则和方针政策,在中国特色社会主义建设时期发挥了积极作用,取得了丰硕成果。在世情、国情和党情发生深刻变化的今天,我们应该努力总结和概括这些基本经验,更好地指导当下基层党组织的功能发挥。

### 1.提升政治功能推进党的政治建设

把党的政治建设作为统领党的建设全局的根本性建设,是党的十九大关于新时代党的建设做出的新论断、新要求。党的政治建设落实到基层,就是要明确政治功能是党的基层组织最核心最本质的功能。中共十九大报告指出:“要以提升组织力为重点,突出政治功能,把企业、农村、机关、学校、科研院所、街道社区、社会组织等基层党组织建设成为宣传党的主张、贯彻党的决定、领导基层治理、团结动员群众、推动改革发展的坚强战斗堡垒。”[①]这一表述突出

① 习近平:《决胜全面建成小康社会 夺取新时代中国特色社会主义伟大胜利——在中国共产党第十九次全国代表大会上的报告》,人民出版社 2017 年版,第 65 页。

了基层党组织的政治功能定位。

改革开放初期，在企业中，由于没有明确企业党组织的地位，党组织的作用被削弱，企业的改革发展工作和思想政治工作受到影响。在高校，由于基层党组织涣散，基层党建工作被削弱，党的领导受到极大削弱。因此，出现了破坏我国正常社会秩序的现象，干扰了经济建设进程。所以，在改革开放初期，邓小平反复强调讲政治，“不能设想，离开政治的大局，不研究政治的大局，不估计革命斗争的实际发展，能成为一个马克思主义的思想家、理论家”[①]。在基层党建工作中，他指出：“党的基层组织是党联系广大群众的基本纽带，要经常检查和改进基层组织的工作，是党的领导机关的重要政治任务。”[②]邓小平把抓基层党建当作政治任务对待。20世纪末，在国内形势和国际秩序调整和演变的大环境下，江泽民反复告诫全党，共产党人必须讲政治，在政治问题上一定要头脑清醒。对此，中共中央召开全国组织部长会议研究党的建设问题。江泽民要求充分发挥党组织的政治核心作用。他说：“党的战斗力，党的力量，表现在哪里？我看首先表现在近三百万个基层党组织的战斗堡垒。”[③]跨入新世纪以后，胡锦涛也强调讲政治、顾大局、守纪律。在中国特色社会主义建设的历史实践中，中国共产党通过有效的政治工作不断推进党的政治建设，着力提升基层党组织的政治核心作用。

改革开放以来，由社会全面转型引发的党的执政基础的变化，使党的基层组织建设面临许多新的课题。体现在政治建设方面，就是对党的基层组织政治属性认识不足、对强化党的基层组织堡垒作用重视不够等。对此，习近平强调，党的基层组织是党的战斗堡垒，“不能变成纯服务的组织，它的政治功能要充分发挥”[④]。习近平这一重要论述具有鲜明的问题指向。要把基层党组织建设成坚强的战斗堡垒，就必须发挥基层党组织的政治核心作用，强化其政治属性。在做好服务群众、服务民生的同时，突出政治引领。进入新时代，全面从严治党向基层延伸。习近平强调：“不明确责任，不落实责任，不追究责任，从严治党是做不到的。”[⑤]因此，推进全面从严治党的根本也

① 《邓小平文选》第2卷，人民出版社1994年版，第179页。
② 《邓小平文选》第1卷，人民出版社1994年版，第253页。
③ 中共中央文献研究室编：《十三大以来重要文献选编》（中），人民出版社1991年版，第582页。
④ 人民出版社编写组编：《学党章党规 学系列讲话 做合格党员》，人民出版社2016年版，第20页。
⑤ 中共中央文献研究室编：《十八大以来重要文献选编》（中），人民出版社1991年版，第93页。

在于各级基层党组织切实承担起从严管党治党的政治责任，坚守政治担当。在服务型组织建设过程中，基层党组织服务群众、服务民生的能力明显提高，只有政治功能强了，党的基层组织的战斗力才能真正体现出来。

2.提升服务功能水平以凝聚人心

中国特色社会主义事业的领导核心是中国共产党，党的领导和执政地位是历史的选择、人民的选择。人民群众的信赖、拥护和支持，是中国在革命、建设、改革的历史进程中取得伟大成就的精神支撑，是党克服一切困难挫折、从胜利走向胜利的力量源泉，是我们国家和民族走向繁荣富强的坚实保障。对于广大人民群众对中国共产党的信赖、拥护和支持，党以什么样的态度回馈人民群众？如何得到人民群众长久地拥护和支持？这些任务历史性地摆在了党的面前。

改革开放初期，邓小平同志响应人民群众的呼声，力挽狂澜，带领人民群众进行具有中国特色的社会主义建设，维护人民群众的利益逐渐成为基层党组织建设的工作重心。党的十八大以来，面对人民群众的新愿望、新呼声，以习近平同志为核心的党中央更加注重在基层党组织建设中反映人民群众意见，响应人民呼声。2014 年，中央办公厅印发《关于加强基层服务型党组织建设的意见》，意见鲜明提出党的基层组织要做到“五个服务”，第一次把服务功能摆到如此重要的地位，可见只有强化党的基层组织的服务功能，才能真正体现党的宗旨性质，才能保持党的政治优势，才能巩固党的执政基础。

随着中国特色社会主义市场经济的发展，参与市场经济各主体组成的社会组织越来越多，社会公众组织结构和功能再造。同时，约束社会组织形态的规则也在重塑。这对基层党组织政治功能的发挥形成了新的挑战。因此，愈发迫切地要求基层党组织功能调整转换。从政治层面来看，基层党组织功能更大程度上向为人民服务的方向转变，转变到运用法律维护社会秩序、保护公民权利和协调捍卫公共利益上来。从文化层面来看，基层党组织要以服务功能为重心，广大党员特别是领导干部以身垂范比任何宣传都富有感染力，那么在社会价值取向趋向多元化发展的今天，党在思想理论的宣传引导才更易于内化成人民的信念，党才能以先进的理论引导整个社会文化的发展方向。党的政治功能将因此获得更深入的体现。而且改革开放以来，不同类型的基层党组织都致力于发挥服务功能。仅就农村基层党组织的历史来看，在中国特色社会主义建设时期的不同阶段，农村基层党组织都致力于发挥经济服务的功能，以改善民生为中心提供服务。进入新时代，党的十八大提出建设学习型、服务型和创新型政党。其中，服务型政党是“三型”政党的核心，重视发挥基层党组织的服务功能是建设服务型政党的重要体现。一方面依靠谋发展凝聚人心，另一方面依靠服务巩固执政基础。党是代表着人民群众意志和利益的组织，必然也反映人民群众需求，体现人民群众意志。而基层党组织正是党和人民群众交流联系的基本纽带，而这一基本纽带只有以服务为根基才能牢固。

3. 凸显组织功能推进基层党组织建设

在推进中国特色社会主义建设中，基层党组织不仅发挥着政治功能和服务功能，而且承担着内部的组织管理功能。基层党组织的组织力作为其功能定位与作用发挥方式的集中表现，直接影响到党的创造力、凝聚力、战斗力和领导力、号召力，对党执政兴国具有重要影响。

对于任何一个政党而言，组织能力、领导能力是考验其是否能够成为一个有担当的政党的重要标准。毛主席说过：“开头是稀稀拉拉几十个人的共产主义者的小组，现在也是领导着整个国家，领导着六亿四千万人口的大党。”[①]今天党员人数已经达到9000多万，如此重大的进步，是党的组织能力和党的组织规模扩大相互促进、相互提升的结果。我们党从成立起就始终坚持提高基层党组织组织力，改革开放以后，对基层党组织建设能力的提升从未停止，主要经验体现为以下几点：

第一，使基层党组织建设横向拓展、纵向深化成为常态。只要组织成为人民群众身边的常伴，它对人民群众的熏陶和影响是潜移默化的。从横向拓展来看，改革开放后党中央首先在“两新”组织大规模广范围建设了党的基层组织，随后又不断规范这些基层组织的工作，不断强化这些党组织的领导核心地位。此后，基层党组织在我国几乎各领域都建立发展完善起来，实现了党的组织覆盖范围的不断拓宽。从纵向深化来看，组织能力的提升不仅是各基层党组织自身能力的提高，更是党中央对社会主义建设规律认识的不断深化。党的十九大报告提出：“新时代基层党组织建设要以提升组织力为重点，突出政治功能。”因此，从横纵看来，不断拓宽基层党组织覆盖面，上下齐心，总结经

① 《毛泽东文集》第7卷，人民出版社1999年版，第327页。

验，深化认识，提高能力才是推动基层党组织建设的重要途径。

第二，基层党组织的功能发挥、任务定向等的制度设计共同为基层党组织发挥其应有的功能提供了制度保障。一个国家的成功，主要不是取决于有“正式的制度和真正的法治”，而是取决于这些“正式的制度和真正的法治”符合一个国家真正的民情、国情以及能够与时俱进。[①] 从改革开放以来，在党中央领导的推动之下，党先后制定了多个有关党的基层组织的建设、选举、工作细则等的条例，这些条例加强了党在领导制度、组织制度、民主集中制、纪律制度等方面的建设力度，成为基层党组织组织能力不断横向拓展、纵向深化的重要保障，也是基层党组织建设不断完善的重要内容。

第三，制度是前提，落实是关键，党在落实基层党组织建设政策方面的执行能力是组织能力的一个重要表现。改革开放初期，党中央围绕党的基层组织建设，以经济建设为中心采取了一系列强化党的基层组织的措施，切实提高了党的基层组织的领导能力。党的十八大以来，基层党组织组织能力建设在以习近平同志为核心的党中央的支持下提升到更高的战略高度，从中央八项规定到反对“四风”再到党的各项党员教育活动，这些落实基层党组织建设的重要举措大大增强了基层党组织的亲和力，使基层党组织组织能力得到较大提升，基层党组织建设中宽、松、软的状况得到极大改变，基层党组织建设更加趋向成熟。

---

① 参见张维为：《中国超越：一个“文明型国家”的光荣与梦想》，上海人民出版社 2014 年版，第 107 页。

# 第三章

# 国外政党基层组织功能的基本理论与实践

基层组织是政党的细胞，是政党在基层培养和发展党员、动员社会群众、开展选举工作和政党其他基本工作的单位。政党组织功能的定位历来都是政党建设的重要课题。从理论层面来看，学术界对国外政党及其功能的界定较为丰富，却缺乏对政党基层组织的功能界定。从实践层面来看，世界上各主要国家由于存在不同性质的政党，因此其基层组织的设置及其所发挥的作用亦各具特色。

## 第一节　西方政治学家对政党功能的界定

政党政治的发展演进充分证明，在现代政治体系和政治进程中，政党具有举足轻重的作用、扮演着重要的角色、发挥着不可替代的功能。在现代政治逻辑下，政党最根本的功能是作为社会与国家、选民与政府之间的中介。正如英国政治学家欧内斯特·巴克(Ernest Barker)所言："政党具有双重性格或性质。也就是说，政党是把一端架在社会，另一端架在国家上的桥梁。”[①]综观西方国家政党政治发展史，不同组织形态的政党，在其功能发挥上都是以服务特定时代和制度为基本前提。

## 一、政党功能的内涵

政党是现代政治运行中一个必要的机制。从政党的产生来看，真正意义上的政党产生于现代政治生活中。随着资产阶级革命在西方世界的发展，现代民主政治逐渐建立起来，政党也在美国和法国等资产阶级国家产生和发展起来。由此可见，以阶级分化为社会基础，从而建立起现代政治，在现代政治体系中，各阶级在相应的框架内以某种方式来表达自身利益和要求。在现代，一个阶级表达利益诉求和参与政治的先决条件是通过组成政党这一精英集团来整合其阶级利益，并以此为诉求进行政治斗争。

政治学家乔万尼·萨托利(Giovanni Sartori)研究发现，现代政党组织的源头可以追溯到早期的宗派(faction)。“宗派”一词源自拉丁语中的动词“facere”，意为做或者行动，主要是指那些专门从事损害性的可怕行动的政治团体。“政党”(party)一词，从其词源来看，以拉丁文中的“pars”或“partire”为“本源”，原意是划分或分割、分开。而进入英语中主要以“part”的形式出现，多译为“部分”。进入 17 世纪以后，该词逐渐演化为“party”，并被赋予政治意义，特指某种政治组织。[②] 尽管“政党”“宗派”两者之间存在着某些差别，但在 18 世纪欧洲著作家笔下，宗派与政党、党派往往交替使用，而这时的“政党”(party)还经常与派系一词混用。自从博林布鲁克(Bolingbroke)比较明确地区分了政党与派系之后，埃德蒙·柏克(Edmund Burke)明确地给现代政党下了定义，即政党“就是大家基于一致同意的某些特殊原则，并通过共同奋斗来促进国家利益而团结起来的人民团体”[③]。在西方政治学中，这一定义从规范意义上指出了现代生活中政党是一个以特殊原则而结成的人民团体。这一界定具有开创性和极其深远的影响。

---

① Ernest Barker, *Reflections on Government*, Oxford University Press, 1942, p. 39.

② 参见[意]乔万尼·萨托利:《政党与政党制度:一种分析框架》,杨德山译,剑桥大学出版社 1976 年版,第 3～4 页。

③ [意]乔万尼·萨托利:《政党与政党制度:一种分析框架》,杨德山译,剑桥大学出版社 1976 年版,第 9 页。

现代政党与传统意义上的宗派有着较大的差别，它是现代大众社会民主选举权扩展的伴生物，是19～20世纪逐步形成的大众选民实现政治参与的主要组织形式。政党作为利益代表的工具，是个人利益，尤其是集体利益的重要代表。政党作为人民与政府联系的纽带，与宗派有着本质的差别。就其组织性功能的发挥而言，主要是为满足和完成其政体目标并以此来提高政党的能力。“这归根到底是因为一个政党是整体的一部分，要努力服从整体的目标，而宗派仅仅是为自己的一个部分。”①美国政治学者E.E.谢茨施耐德（E.E.Schattschneider）指出：“现代政党首先是一种旨在获取政府权力的组织尝试。……政党的全部活动主要围绕当下对权力的掌握或试图去掌握。”②

从政党功能的内涵来看，在现代政治逻辑下，政党最根本的功能就是作为社会与国家、选民与政府之间的中介。学术界对政党功能的界定，有“二功能”说、“四功能”说、“七功能”说、“十一功能”说。

就“二功能”说而言，国外学者从政党具体活动的视角高度概括和总结了政党所具有的相应功能。例如，英国学者戴维·海因（David Hine）指出，从政党的政治活动来看，政党主要表现为两种功能，即对社会的反应和控制两方面。此外，美国著名政治学者戴维·伊斯顿（David Easton）则进一步指出，在政党的功能中，政党对社会需求的表达功能是其重要一环。学者西奥多·洛伊（Thcodre Lowi）特别强调要厘清政党的组织功能和制定纲领的功能及其关系。学者萨托利则认为，政党的功能是有着严格的内在规定性和界限的，从政党功能的本质属性来看，其最为重要的功能有两个，即政治利益表达功能和沟通功能。③ 学者斯特凡诺·巴托里尼（Stefano Bartolini）和彼得·梅尔（Peter Mayle）将政党的功能分为两类：一类是代表功能，具体包括政党的利益表达、整合和政治教育与动员等；另一类是制度性功能亦即程序性功能，包括政治录用、组织功能和执行政策及承担责任等功能。这种界

① [意]乔万尼·萨托利：《作为部分的政党》，载于荣敬本、高新军主编：《政党比较研究资料》，中央编译出版社2002年版，第215页。

② E.E.Schattschneider, *Party Government*, New York: Holt, Rinehart and Winston, 1960, pp.1, 35.

③ 参见转引自王长江：《政党现代化论》，江苏人民出版社2004年版，第168页。

定为科学概括政党功能提供了一个具有较强解释力的分析框架。[①] 琼·布隆代尔(Jean Blondel)等人也做了类似的划分,把政党的功能分为代表功能和领导功能。[②] 莫里斯·迪韦尔热(Maurice Duverge)则认为,政党是"组织构成功能和制定纲领功能"[③]的统一。组织构成功能是执政党参与政治制度的运转,制定纲领功能是指反映一种意识形态、制定行动纲领、对发展与变革中的重大问题提出解决办法。当代,西方《政治学导论》把政党功能归结为政治动员、精英录用、代表部分公共机构、赢得选举和控制国家权力机器等,并且把赢得选举和控制国家权力机器作为政党首要功能。[④]

就四功能说而言,又可将其概括为以下几种说法。《布莱克维尔政治学百科全书》[⑤]和德国学者 K. 冯·贝米(K. von Beyme)都将政党的功能概括和归纳为目标制定(Goal Formulation)、利益表达(Interest Articulation)、动员和社会化(Mobilization and Socialization)、精英的形成和遴选(Elite Formation and Recruitment)四个方面。[⑥] 而亨廷顿则认为,政党就其功能而言,主要是发挥着"组织参与、聚合利益、充当使社会势力与政府相联系的纽带"[⑦]的作用。美国政治学者伯恩鲍姆(Bernbaum)进一步指出,作为政党,其有效的基本功能主要表现在三个方面:一是集代表利益、动员选民参与政治选举,赋予民主政府以合法性功能于一体;二是培养、训练、选拔政治精英;三是教育与控制的功能;四是帮助政府组织和制定公共政策。日本学者冈泽宪芙将政党功能概括为利益集约功能、补充和选出整合资领导人的功能、决策机构的组织化功能,政治的社会化功能。[⑧]

就七种功能说而言,美国政治学家将政党的七种功能看作合理政党功

---

① Larry Diamond and Richard Gunther, *Political Parties and Democracy*, Baltimore: Johns Hopkins University Press, 2001, p. 332.

② Jean Blondel and Maurizio Cotta, *The Nature of Party Government: A Comparative European Perspective*, New York: Palgrave Publishers Ltd, 2000, p. 25.

③ [法]莫里斯·迪韦尔热:《政治社会学》,杨祖功、王大东译,华夏出版社 1987 年版,第 193 页。

④ Barrie Axford, *Politics: An Introduction*, New York: Routledge, 2002, p. 360.

⑤ [英]戴维·米勒、韦农·波格丹诺主编:《布莱克维尔政治学百科全书》(修订版),邓正来等译,中国政法大学出版社 1992 年版,第 521 页。

⑥ 参见[英]戴维·米勒、韦农·波格丹诺主编:《布莱克维尔政治学百科全书》(修订版),邓正来等译,中国政法大学出版社 1992 年版,第 562~563 页。

⑦ [美]萨缪尔·P. 亨廷顿:《变化社会中的政治秩序》,王冠华、刘为等译,生活·读书·新知三联书店 1996 年版,第 90 页。

⑧ 参见[日]冈泽宪芙:《政党》,耿小曼译,北京经济日报出版社 1991 年版,第 3~7 页。

能的“公分母”。政党的核心功能包括精英录用。精英录用包括两个截然不同的先后选举阶段。(1)候选人提名。(2)选举动员。(3)议题构造从长期来看,依靠政府采取的选举动员策略,选举大战的不断重复可能以一种相对持久的方式来塑造选举。无论它们是主要采用仅仅强调与社会团体及个人短暂相关的问题的策略来进行选举动员,还是主要集中精力于各种利益团体的长期利益,政党在各种不同议题层面的选择和偏好上都发挥了关键作用。(4)政党同样代表各种社会团体,要么是象征性地或是实质性地推动某些特别利益。这种社会代表功能可以在竞选过程中表现出来,因为政党努力争取各种团体的支持。(5)利益整合是政党的另一个功能。(6)政党在形成和支持政府功能上的成功在表面上是关键因素。(7)政党在社会中的政治整合功能的发挥可以有效地推进政治参与的实现,以达到引起政治共鸣的目的。①

就十一功能说而言,美国学者马丁·P. 瓦坦伯格(Martin P. Wattenberg)对政党功能进行细分,力求全面、不遗漏地进行描述。他详细地阐述了政党所具有的十一种功能,即忠诚的代表;政治利益的代表和汇集;在选举中动员选民和议员的功能;确保社会大众的支持,发挥政治社会化的功能;收集和处理各种意见的组织功能;选拔、培养和补充政治领导人,最大限度地获得在政府中的职位;在制度化层面处理好各种对抗和纠纷;国家利益的捍卫者和维护者;政策目标的制定和实施;促进政府决策合法化等目标的实现;促进政府的稳定和发展。但如此细致的划分其弊端为功能之间存在内容交叉与重复。

尽管,西方学者对政党功能进行了各种归纳和总结,但学术界仍没有形成一种统一的界定。从各国实践来看,不同的政治体制凸显了各具特色的政党功能的发挥。由此可见,当前世界各国现代化水平和政治发展的不平衡性决定了政党功能之间也存在差异性。正因如此,一些学者将研究关注的焦点放在政党功能的共性和差异性上。其中,部分学者专注于对发展中国家政党的功能和特点进行比较研究。例如,美国学者约瑟夫·拉帕隆巴拉(Joseph Lapalombara)和迈伦·韦纳(Myron Weiner)在对发展中国家政

① 参见[美]拉里·戴蒙德、理查德·冈瑟主编:《政党与民主》,徐琳译,上海人民出版社2012年版,第8~9页。

党功能进行整合概括的基础上指出，对于发展中国家的政党而言，除具有一般政党所具备的基本功能之外，它们还承载着民族独立、国家富强、社会发展进步等重大使命，这些共同造就了政党所具有的民族认同、政治社会化的唤醒和政治教育、训练等特殊功能。[①]

就一般意义而言，现代政党在政治系统中的功能主要表现为整合和表达利益、社会沟通的桥梁和中介、选拔和培育政治精英、实现政治社会化等。政党的这些突出功能的发挥，既充分体现了政党是现代政治系统的组成部分，又从根本上凸显了政党产生的根本目的——为整合政治实力、整合社会并实现社会利益的充分表达。

一是社会整合功能。政党作为社会利益整合的中间环节，在社会整合的各个阶段都扮演着最基本、最重要的整合者角色，即将社会成员的利益表达进行整合并上升为政治系统中的决策。正如萨托利所指出的，政党在现代政治利益中的整合功能主要表现在两个方面：前者是代议功能，后者是表达功能，其中后者是政党社会整合功能发挥的主要目标。

具体而言，一方面，相对于选举制、议会制而言，政党作为现代民主政治的有机组成部分，在现代政治中其政治动员和社会整合功能显得尤为重要。如萨缪尔·亨廷顿(Samuel P. Huntington)所言：议会制和选举制度的存在尚且不能充分说明政治制度的现代性或接近于现代化，“没有政党的选举使现状周而复始，只不过是一种用来给传统结构和传统领导权披上一件合法外衣的陈规罢了”[②]。因此，在现代民主政治中，政党的社会整合与政治动员功能的实现是代议制和选举制得以发挥作用的首要前提和重要条件，它是社会整合的重要机制，对于执政党而言亦是如此。

另一方面，政党正是作为这样一个利益表达和整合的中介存在。政党从其价值层面来看，最为重要的是它将社会上各种分散的利益整合起来的功能，这种功能的发挥可以消除政治利益分化带来的潜在的风险和危机。因此，有政治学者就从政党的这一功能出发将政党比作“冲突的力量和整合的工具”，即政党通过建立地域间的沟通渠道和网络，以促进地区间的民族

---

① 转引自王长江：《政党现代化论》，江苏人民出版社 2004 年版，第 169 页。

② [美]萨缪尔·P. 亨廷顿：《变化社会中的政治秩序》，王冠华、刘为等译，生活·读书·新知三联书店 1996 年版，第 371 页。

融合,“正是它的竞争性帮助建立了超越融合小团体和帮派之上的全国性政治体系。”[①]

二是稳定政治的功能。亨廷顿在《变化社会中的政治秩序》一书中,明确指出了一个强有力的政党体制具有动员社会成员参与政治和稳定政治的功能。一方面,通过政治体制来稳定社会、缓和革命的政治活动无法开展。另一方面,动员社会成员扩大政治参与,以稳定既已形成的政治体制。[②]

三是意识形态功能。政党意识形态功能主要体现在两个方面:一方面,发挥意识形态指导实践的凝聚和动员作用,突出明确的发展方向和理论指导功效。另一方面,发挥意识形态的约束作用,即以意识形态为基本原则,来管理全体党员的行为及其规范。罗伯特·A. 达尔(Robert A. Darl)指出,意识形态并非领导人专断地造出的,一旦政治的意识形态地树立和被广泛认可,即会形成其权威性,包括领导人在内的社会成员如果违反这一准则,就会面临破坏其领导地位合法性的风险。[③]

从政党功能界定的视角和现代政党功能、作用变化的角度来看,学界关于政党功能的探讨仍然有深化和挖掘的空间。在现代政治变化发展的时代,政党作用的变化必然会导致政党功能的相应变化,从而出现两种倾向,即一些政党功能逐渐趋于弱化,某些新的功能被发掘和凸显。

## 二、20 世纪上半期西方政治学家对政党功能的界定

### 1. 谢茨施耐德的政党功能说

谢茨施耐德认为,政党是“动员多数参与政治的特殊政治组织形式”。[④]政党地位的提升在现代民主政府的建立和发展方面起着十分重要的作用。政党的地位反映政体及其本质,其地位的重要与否是衡量民主程度高低的重要指标。从政党的作用来看,它是现代政府的中心而非附属物,并在现代政府的发展中起着决定性和关键性的作用。

第一,选举功能是政党首要的和基本的功能。谢茨施耐德指出:“通过

---

① [美]西摩·马丁·李普塞特:《一致与冲突》,张华青等译,上海人民出版社 1995 年版,第 137 页。

② 参见[美]萨缪尔·P. 亨廷顿:《变化社会中的政治秩序》,王冠华、刘为等译,生活·读书·新知三联书店 1996 年版,第 380 页。

③ 参见[美]罗伯特·A. 达尔:《现代政治分析》,吴勇译,上海译文出版社 1987 年版,第 79～80 页。

④ E. E. Schattschneider, *Party Government*, New York: Holt, Rinehart and Wiston, 1942, p. 208.

提名候选人，并使他们通过选举进入政府，实现对政府的控制功能，其目标是通过赢得选举获得权力。"这是政党的主要功能之一。这一选举功能的达成和实现，需要遵循少数服从多数的原则，即政党在选举中以获得更多的选票来维护其统治的权威性和合法性。选举功能的不可替代性表明，政党在选举中获胜是保证其掌握更多行政机关统治权的关键，赢得选举是获得大众支持和大众政治参与的重中之重，是政党维持党内稳定和社会稳定的关键。①

赢得选举是政党首要的功能，这一功能的发挥有赖于政党组织形式——核心会议的开展。核心会议的根本目的是集中选票，赢得选举。其中，"预选会议成为政党的核心；它使政党政治具有了可能性，并明显地区分了政党与其他组织"。② 从预选会议的成员构成来看，主要包括两个层面：一是以少数人员达成共识为基础。二是预选会议的成员以动员大众参与选举为主要途径，来扩大政党在全国的竞争力和影响力。通过分析和论证，谢茨施耐德指出，在党内组织活动和反对党的斗争中，预选会议都表现出了强有力的功效，其中最为突出的贡献是预选会议从一定层面上推动了政党竞争范围和竞争力的扩大，"如果说政党竞争始于国会，那么预选会议则把竞争扩大到全国"。③

第二，政党具有其特殊功能，这些功能是压力集团所尚未具备的。谢茨施耐德指出，在美国，政治过程主要由压力集团、政党（大党）、地方党魁和小党组成。在《半主权的人民》一书中，他对比了政党压力和压力政治之间的关系。在《政党政府》一书中，他进一步强调政党的权威性，并指出了压力集团和地方党魁、小党的特点及其缺陷，捍卫了政党的重要性。

从政党和压力集团的关系来看，谢茨施耐德认为，二者是紧密联系且相互影响的矛盾体。其中，政党的特征决定了政党需具备赢得选举以统治国家和承担公共责任的重要功能。这一功能是压力集团所不具备的，究其原因，主要有三：一是政党具有明确的政治纲领，它集中反映了政党代表的阶级和利益集团的根本利益，这一点是政党区别于压力集团的根本标志。二

① E. E. Schattschneider, "Pressure Groups Versus Political Parties", *The Annals*, 259, 1948.

② E. E. Schattschneider, *Party Government*, New York: Holt, Rinehart and Wiston, 1942, p. 40.

③ David Adamany, "The Political Science of E. E. Schattschneider: A Review Essay", *The American Political Science Review*, 66(4), 1972.

是从政党的政治目标来看，政党拥有较为明确的政治目的，即赢得选举以达到夺取和维持政权稳定的目的，从而实现其阶级利益和政治纲领。与政党所具有的明确政治目标相比，压力集团的目标却具有阶级性和不确定性等特点。三是政党内部具有较为健全的组织和领导体系，这是政党存在的重要表现形式。具体而言，无论是全国性的政党还是地方性的政党都具有相对健全的组织体系和领导机构。

第三，谢茨施耐德指出，政党是现代民主的“代言人”。他以批判古典民主为切入点，进一步剖析了政党在维护民主发展中的重要功能。他认为，美国的民主危机从实质上来看是理论上的危机，是思想层面的谬误。此外，他还批判了迷信法律制度、法律条文的民主思想及古典政治哲学思想。他指出，美国政党的“非法定性机构”的特点决定了，以上述固有的思维模式和分析方法成为扰乱美国人民对政党的正确理解。①

美国“半主权的人民”的状况，究其原因，主要在于：一是地方主义和地方派生主义的传统导致政党更多地关注特殊利益而非大众问题；二是代理人体制的存在，致使政党领袖多考虑其自身利益而较少考虑民众对他们的期望；三是国会中地方领袖控制代表大会提名制度、不受政党管理的预选制度等都从一定程度上削弱了选民在选举中的作用，使选民无法行使其对政党标记和纲领选择的权力，不能完全和充分表达自己在选举过程中的意愿；四是反党倾向和分权思想的固化和深化，成为政党控制和管理政府的重要影响因素和阻碍力量。

由此可见，政党的主要功能是推进现代民主的实现。“半主权”的民主状态通过政党功能的发挥得以改变，进而在一定程度上捍卫了公众的自由。在美国，政党发挥了稳定政治局势的重要功能，并将复杂的政治体系简单化，从而提升了政府机关权力行使的有效性，走出了民主的“乌托邦”，为民主化的发展提供了广阔的空间。正如谢茨施耐德所指出的，民主思想和政党思想存在内在的关联性，民主的实现和民主化程度的发展需要通过政党功能的充分发挥，因此改变民主的状况需要通过改变政党来实现。②

---

① E. E. Schattschneider, *Party Government*, New York: Holt, Rinehart and Wiston, 1942, pp. 187-188.

② E. E. Schattschneider, "Partisan Politics and Administrative Agencies", *The Annals of the American Academy of Political and Social Science*, 22(1), 1942.

2. 詹姆斯·布赖斯的政党功能说

在民治政体下，政党的力量虽然不比君主政体和其他少数政体更为强大，但其范围扩大了，其功能主要体现在三个方面：一是宣传政策；二是筹备选举、筹集资金；三是团结本党议员、形成一致政策，实现本党目标。

布赖斯指出，每个政党都要实行本党选民所希望的政策，政党若想得势，除了在选区中组织选民外，还需要用“语言和文字宣传本党的政策”，保证本党的候选人获胜，因为现代政治竞争所使用的武器不是枪弹，而是选票。[①] 在选举过程中，政党时常面临“政党没有指定候选人的权力，其党内的投票力必至于涣散，并且有许多选举人必定不知道拿选举票来选举什么人好”这样的困境。[②] 在这种情况下，政党需要承担宣传本党政策的任务。

在民治政体下，一切关于选举的筹备和费用的筹集，都要由政党自己来进行。随着选举权的扩大，选举费用日益膨胀，“政党中有才干的人未必都有钱……假使没有政党的补贴”，政党中那些有才无钱的精英有可能落选。[③] 因此，政党对候选人进行补贴虽然属于一种“流弊”，但为了防止“私财充足”而无才的人当选，政党必须承担起选举费用筹措的职能。与前两项功能相比，政党还需发挥一项重大作用，即“把立法部门中同党的议员团结起来，使他们一致主张一种政策，务求达到一种目的”[④]。

20世纪50年代，美国政治学者查尔斯·梅里安（Cherles E. Merriam）、哈罗德·F. 戈斯内尔（Harold F. Gosnell）将现代政党的功能归纳为五点：（1）官员与议员的选择；（2）公共政策的形成；（3）政府的组织运用与批评；（4）作为国家化与教育性的机构；（5）作为人民与政府之间的媒介。[⑤] 这五种功能涉及职务选拔、政策制定、政府运作、政治社会化等方面，比较倾向于政党在现代国家中的功能，而对政党在社会中的功能有所忽视。

---

① 参见[英]詹姆斯·布赖斯：《现代民治政体》（上），张慰慈等译，吉林人民出版社2001年版，第112页。

② 参见[英]詹姆斯·布赖斯：《现代民治政体》（上），张慰慈等译，吉林人民出版社2001年版，第115页。

③ 参见[英]詹姆斯·布赖斯：《现代民治政体》（上），张慰慈等译，吉林人民出版社2001年版，第116页。

④ [英]詹姆斯·布赖斯：《现代民治政体》（上），张慰慈等译，吉林人民出版社2001年版，第116页。

⑤ Charles E. Merriam and Harold F. Gosnell, *The American Party System*, New York: Macmillan, 1950, p. 470.

## 三、二战后西方政治学家对政党功能的论述

政党之作为西方现代民主政治的中心环节在起作用，其客观存在的基本功能决定了政党的地位。政党的功能是研究政党的学者经常要涉及的基本问题之一。第二次世界大战以后，随着政党研究的不断深化，西方政治学家、学者对政党功能和作用的研究也不断深化。根据不同的历史时期、视角，可归类和总结为以下几个层次和方面。

1. 拉帕隆巴拉和韦纳等的政党功能学说

1966年，由拉帕隆巴拉和韦纳共同主编的《政党与政治发展》一书出版。该书收录了当时一批有影响的政党学者关于政党与政治发展问题的代表性论文，对此后的研究产生了重要影响。拉帕隆巴拉和韦纳指出，美国第一批政党所体现的功能对政治发展阶段产生了重要的影响。在国家建设进程中，每个国家都会面临大量的、相互关联的且对政治制度强加了沉重负担的问题。其中，最突出的问题有六：第一，建立并维系国家权威或自我运行良好的政治制度。第二，发挥表达和整合利益的基本功能，并努力把冲突遏制在一定范围内以防止保守主义的复兴或制度中断。第三，处理参与危机和相关的在大众参与整治过程中政治行为的协调问题。第四，录用并训练各个阶层能够妥善应付其所面临的问题和负担的新领导人。第五，通过组织“回报”(pay－off)来应对“分配危机”(crisis of distribution)以维持政治制度，说服至少大部分人。第六，到达一个供参照的地位以应对政体内可能的对执政精英的反对。① 美国第一批政党承担了社会化、政治录用、利益表达、利益整合、沟通、规则规定等关键功能。

在《政党与政治发展》一书中，威廉·尼斯比特·钱伯斯(William Nisbet Chambers)从整合的角度分析了政党在国家整合方面的功能。广义上而言，国家整合可以被看作一个组合社会各不同部分成一个运转的整体的过程。一个相对较高程度的整合，政治制度伴随着稳固的认同、秩序和效率能够发挥其基本功能，而整合在其由低级向高级演进的过程中也倾向于阶段式地处理各种问题。因此，政党在与公众互动的过程中通过以

---

① Joseph Lapalombara and Myron Weiner, *Political Parties and Political Development*, Princeton, New Jersey: Princeton University Press, 1966, pp. 89-90.

下方式承担了直接的整合任务。第一,在实验和不确定阶段支持新宪法框架下的秩序,即使宪法对其本身的具体解释有分歧时。第二,强化并维系个别州内不同的组织之间的交流及其共同的利害关系。第三,承担政治录用和社会化功能,为政治体系各职位推选并训练新精英,以非正式的方式提供大众政治教育等。[①]

2.萨托利政党功能说

著名的意大利政治学家萨托利指出,简言之,功能的分析就是回答"为了什么"的问题,并应用于分析手段与目的的关系。因此,政党功能就是与制度相关的活动模式,其结果应根据制度利益来衡量,即政党的活动是服从于该制度的目的还是仅仅服务于政党自身的目的。在西方多党制的条件下,萨托利认为,在众多已提到的政党功能中,与制度最相关的是参与、竞选、整合、聚合、冲突解决、招募、决策和表达等功能。[②]

参与,意味着作为政治共同体的一个专注和有利益关系的成员而介入。在这一意义上,参与假定了一个自愿的代理人,而且局外人介入政治的过程被理解为一个"自愿化"的过程。

竞选是政党激活各种倾向、提出各种问题、组织选民忠诚和支持,包含了拉扎斯菲尔德(Paul Lazarsfeld)界定的三个方面:激活、实施和转换。萨托利所指的竞选强调政党对选民的影响,即"选举动员"。

整合功能是政党发挥其整治和凝聚力量的重要表现。萨托利将政党的整合功能划分为三个层次:一是国家层面的整合,即国家合法性的建立和国家认同的构建。二是政治层面的整合,这种功能与国家整合相伴而生,主要指维持和培育政治共识。三是社会层面的整合,即发挥提升社会认同、防止管理分裂等功效。就三个层次而言,第一层次是一个单独的问题,而政党的整合功能主要限定在凝聚力的发挥方面。

聚合也被称为"调整和妥协",即通过协调私人利益与普遍利益,或调解冲动行为来化分歧为和谐,其基本作用是调解而非整合。

冲突解决或冲突管理实际上是整合和聚合的结果。通常社会层面的冲

---

① Joseph Lapalombara and Myron Weiner, *Political Parties and Political Development*, Princeton: New Jersey Princeton University Press, 1966, p. 106.

② Giovanni Sartori, "Party Types, Organisation and Functions", *West European Politics*, 28(1), 2005.

突管理被视为整合，而整治层面的冲突管理被视为聚合或安抚功能。但是，冲突解决被视为单独的类别既是因为它综合性的内涵，也是因为它强调竞争性政治的本质。

招募功能主要是指政党作为招募领袖的提名者，以自上而下的垂直或阶梯式的动员方式发挥其功能。

决策功能主要指政党作为政府政策的代理人，从政策制定、实施等方面发挥“政党政府”的功能，进而通过该功能的发挥参与政府事务的运行和管理。

表达功能是指政党作为代理人向政府表达社会的要求，成为社会与政府沟通和交流的中介。表达功能从属于政治交流功能，但与双向的政治交流不同的是，表达功能是一种自下而上的政治交流。表达功能应包含在利益表达中，政党行为的方式与专门的利益集团行为的方式非常不同。

在这八种政党功能中，萨托利认为如果从可变性和可替代性来对这些功能进行分类，那么只有参与、选举和表达功能是无论在何种政党制度中都发挥了重要作用，而且是不可替代的。如果从可变性来衡量，整合、聚合和决策等功能在不同的政党体制中的重要性并不相同，只有这三种功能的重要性是相对不变的。其中表达功能的重要性位列第一，因为选举和参与并不是其日的，而是政党进行表达的手段。因此，表达功能是政党体制的必要条件。如果从可替代性来衡量，决策功能、冲突解决能功和招募功能在政党出现之前就由其他机构行使，只有参与、选举和表达这三个功能至少是一党国家或无党国家所不能提供的，而是只有政党体制才能提供的。

从政党功能看，萨托利认为所有多元化政党体制所发挥的三大功能体现了政党功能的一致性，而其他功能如整合、聚合和冲突解决则体现了政党功能的差异性。由此，萨托利根据主导政党在功能上的相互作用，区分了三类政党体制：整合性政党体制、聚合性政党体制和分裂性政党体制。

## 第二节　国外政党基层组织的功能实现

国外多数政党为扩大政党的影响力、宣传政党政策主张、在选举中获得胜利，都较为关注基层需求，注重政党的基层组织各项功能的发挥和实现。从欧洲、北美、亚洲各国政党政治的实践来看，基层党组织功能发挥主要围绕着选举、政策宣传、政治录用等方面进行，其中资本主义国家政党大部分活动围绕选举而展开，基层党组织选举功能的有效实施是政党基层组织活动的重中之重。从国外政党基层组织建设的实际情况来看，与时俱进灵活地调整党的基层组织的发展策略、适应社会发展需要，服务民众、扩大基层民主、提升基层组织服务能力，利用网络技术平台提升政党形象等措施的有效展开，在一定程度上推动了党的基层组织各项功能的实施和各种政策的落实，为保持党的生命力、打破阶级藩篱奠定了坚实的基础。

## 一、欧洲政党基层组织的功能发挥

进入21世纪，欧洲的政治格局呈现出复杂化的趋势，政党政治也出现了新的特征。具体而言，选举竞争日趋激烈，从近几年来欧洲各国选举的情况看，政党间的竞争愈发激烈，尤其是在德国和法国，出现了传统主流政党支持力和凝聚力下降、政治分化加剧等现象。由此，党的基层组织选举功能的发挥显得尤为重要。此外，民众对欧洲主流政党的信任度骤降，政治参与的热情有所下降，政党群众性功能发挥的成效逐步降低，与民众间的裂痕加深，基层组织建设面临危机，基层组织服务功能的优化和提升成为化解危机的关键。从欧洲各国政党基层组织功能发挥的实践来看，一些政党根据政治变革的发展适时调整政策，从而积累了相当丰富且有益的经验。

一是选举功能的发挥。就英国而言，第二次世界大战以来，派别斗争的长期性，加之对基层党组织和广大选民的重视程度不够，英国工党的政治地位受到了严重的影响，长期保持着在野党的身份。20世纪90年代以来，英国工党逐步重视基层党组织的功能和作用，从组织上构建了基层党组织结构，进而挖掘选区工党支部的基层作用。英国工党支部选举功能的发挥主要是针对工党党员。支部工作的主要目的是为党员提供参加工党活动的机会；从事政党政策主张宣传活动，负责选民联系工作，开展争取选民的活动，筹备进行选举工作；维护政党网站。支部的重要功能和任务是组织党员推举地方议会的工党候选人，并组织地方议会的竞选。地方组织的其他一切工作也都要服从于这个主要目的。此外，社民党基层组织从设置上来看，主要以选区或地区为依托，通过吸收党员和大选前的宣传活动，为政党争取更多选民的支持，其中这一功能的发挥以瑞典社民党为典型代表。从瑞典社民党的实践来看，其下属的市镇住宅区协会，作为居民区的基层组织发挥着重要的功能，具体而言，表现为发展新党员、组织散发党报党刊、发挥选民与上级组织间的联系功能。在选举中，基层党组织有力地发挥了利益表达和利益输送的中介功能，通过切实解决选民的实际需求，改善交通、增设幼托机构等与民生息息相关的问题，赢得了选民的信任。在竞选年，政党的市镇住宅区协会在竞选工作的开展中，主要以宣传政策的方式使选民了解本党的政策措施及候选人的竞选纲领等，为赢得选票从而在选举中获胜奠定了坚实的基础。

二是利益表达功能。随着社会多元化进程的加快，民众的利益诉求也呈现出多样化的特点。政党的基层组织担负起了解民情、整合民众利益诉求、提供服务的功能。欧洲政党尤其是欧洲各国绿党，其基层组织的主要功能即为整合群众的利益表达和诉求，实现基层组织的政策决策。绿党是提出保护环境的非政府组织发展而来的政党，绿党的主要政治主张包括基层民主、非暴力等。从欧洲各国绿党基层组织功能发挥的实践来看，扩大基层权力，推进基层组织利益表达功能的发挥是其重要的工作内容。正如德国绿党的早期纲领所表明的："我们决定建立一种新型的政党结构，以不可分割的基层民主和分散概念为基础的机构。"①

绿色政治理论认为："传统的政党政治已与大资本的利益结合在一起，大资本集团通过游说、贿赂（包括捐赠）等各种手段控制了国家和各级政府的决策，权力日益集中在少数人手里。各政党的上层决策者由于其官僚化和等级化的组织结构已与下层党员和群众相脱离，丧失了社会责任感，无法再代表下层群众的利益和愿望。"②由此，绿党基层组织的重要功能是群众利益的表达和政策决策。绿党的决策过程与其他政党不同，它不是自上而下，而是自下而上。具体而言，基层组织发挥着了解群众问题、表达群众诉求的重要功能，并将群众的要求及时提交至州大会或联邦大会进行讨论，最终形成决议。在决议的讨论和形成过程中，基层组织也要求充分体现民主的原则，尽最大可能达成共识。

三是政治决策功能。以分权制作为组织原则的政党中，比较典型的是

---

① [美]弗·卡普拉、查·斯普雷纳克：《绿色政治——全球的希望》，石音译，东方出版社 1988 年版，第 76 页。

② 刘东国：《绿党政治》，上海社会科学院出版社 2002 年版，第 233 页。

绿党。绿党的基层组织在其中央——地方——基层组织完整体系中占主导地位。在这一体系中，党的基层组织具有实际的决策权。党的决策由基层代表提交大会，以开放谈论的形式求得最大限度的共识。除此之外，在党内人事方面，各级领导组织都由基层选举产生，实行统一领导。从政治决策的原则来看，绿党认为基层的决定原则必须予以优先考虑，基层单位和组织具有独立和自治的权力。此外，绿党的地方基层组织还肩负着管理党员的人事档案、向上级机构推选代表等功能。

## 二、北美政党基层组织的功能实践

近年来，以美国为代表的北美国家政党政治发生了重大变化，主要表现为政党政治的运行机制、发展态势的变化。就北美国家政党基层组织的功能实践来看，主要表现为服务功能、选举功能和政治录用功能，其中对于资本主义国家政党而言，基层组织功能的发挥均以服务于政党执政和选举为目的。因此，就三种功能的关系而言，以选举功能为主导，服务功能和政治录用功能为选举功能的实现而服务。

一是服务功能。政党重视服务功能，是政党生存的客观要求。西方政党尤其是政党的基层组织发挥服务功能最为主要的目的是赢得选举，并以此作为实现政党认同的有效途径。鉴于此，服务功能的有效发挥可以提高执政的效率，并且有利于社会的稳定。在美国，政党服务功能的发挥是美国政党赢得民心的重要手段，其中服务选民需求和利益的满足是美国政党基层组织服务功能发挥的重要策略。从日常工作来看，美国政党基层组织主要是为配合选举的需要，使选民熟悉政党的政策，通过帮助解决选民在生活、工作中出现的各项问题，来满足和服务于选民的需求。

古巴是社会主义国家的重要代表，古巴共产党在古巴独特的国内外环境下进行党的建设。在组织建设方面，古巴共产党根据需要不断调整组织机构及其职能，就组织层级来看，主要分为中央组织、中级组织、基层组织三级。古巴共产党把基层组织建设作为党的建设的基础，其党章规定：基层组织是党的机构的基本组成部分，支部是党的基本组织形式。古巴共产党于1962年开始建立党的支部组织，并“把主要力量用于建立和发展党的基层组织”。古巴共产党基层组织服务功能的发挥主要是通过与群众保持密切联系实现的。基层组织的工作扎根在基层，与群众直接接触。因此，古共基层组织特别主义同群众保持联系，关心他们的忧虑，倾听他们的声音。向他们讲解党的政策、任务和决议，这是古巴共产党基层组织的一项基本任务。具体而言，基层组织领导人和党员需要通过群众组织深入到群众中去，必要时还会邀请群众出席基层组织党员大会，真正做到察民情、集民智、纳民意，做到切实保持与群众的鱼水关系，保证基层组织服务功能的有效发挥。在古巴，发展新党员、基层组织环节、党的重大决策的出台，都需要广泛征求群众的意见，保障好群众的利益、满足群众的价值诉求。

二是选举功能的发挥。在美国，民主党和共和党均以获得选民支持，赢得选举为党的目标追求。由此可见，美国民主党和共和党基层组织功能发挥的主要特点即为以选举为“中心”环节。“投票区委员会”作为美国政党的最基层组织，是其发挥选举功能的主要载体和依托。由于投票区委员会是最为基层的组织，它直接与选民接触和联系，因此也被称为“草根组织”。从工作职责来看，投票区委员会的主要工作是服务于总统选举、议员选举或是地方官员选举活动，工作对象是选民而非党员。作为政党最基层的组织，投票区委员会的主要职责是通过结识、联系选民、以服务选民为途径，从而获得选民的信任和支持，在各类选举中以此来赢得选民的选票。以民主党基层选区主席的主要职责和任务为例，美国基层党组织选举功能的发挥主要涉及两个方面。其一，通过分解经济状况及机构状况等掌握基层选举内的具体情况。其二，通过选区主席与选民间的经常性会晤、扩大党的基层组织的服务能力和影响辐射力、参与各类公民组织等形式，广泛征求选民意见、了解选民意愿，将选民的民主要求、利益诉求等及时有效地反映到党内。①

三是政治录用功能的发挥。政治录用功能是现代政党的一项重要功能。通过政党来选拔和录用社会精英是当代民主体制的一大创新。在西方制度下，政党政治录用功能地方发挥主要是通过干预手段实现的，即党组织或党的基层组织对选举人和参选人的准入资格进行某种限定、规定具体程序等。在很多西方国家，政党就选拔和录用政治精英已经建立了一套比较完善的程序，如经过基层支部、上级支部、中央选举不断实现选举方式的转变。

---

① 参见[美]哈罗德·F.格斯内尔、理查德·G.斯莫尔卡：《美国政党和选举》，复旦大学国际政治系译，上海译文出版社1980年版，第41～42页。

加拿大两大党在基层组织在政治录用功能发挥上具有相似性。全国代表大会在每个联邦党的基层组织是选区党，它在选区层次代表政党，提名联邦候选人、录用党务工作人员以及为选区竞选活动筹集资金。古巴共产党的基层组织发挥政治录用功能主要是通过参与选拔干部、行使对干部的监督权。古巴共产党党章规定：基层组织负责在其管辖范围内正确实施干部政策。具体而言，基层组织需提出干部考核计划、向有关部门反映拟选拔干部的意见、了解干部考察情况、参与事后监督等。同时，基层组织还需要定期举行会议，专题研究党的干部政策落实情况、党的干部纪律情况，定期培养干部，以帮助他们有效地开展实际工作。

### 三、亚洲政党基层组织的政治功能

亚洲国家政党政治发源于19世纪，迄今为止，亚洲地区各类政党数以千计，在意识形态千差万别的特点下，党派间分化重组。近年来，经济全球化的加速发展，信息技术革命、国际民主化浪潮的推进使亚洲政党政治呈现出新特点。从亚洲各国政党基层组织功能发挥的实际来看，表现为多以政治功能为主。在现代政治体制下，亚洲国家政党基层组织的基本政治功能，简单而言，包括四个方面的内容。

第一，代表并反映社会的利益关系，尤其是在政治领域极力保护这种社会利益的实现。对于政党而言，其基层组织的组织网络和服务功能的发挥是民族民众利益和诉求的重要载体。新加坡人民行动党之所以能够在多党制条件下长期执政，主要就在于它能够充分发挥好基层组织、基层支部的重要作用，坚持并发挥好基层组织服务人民、民意互动和民意表达等功能。在扎根基层、服务基层民众、实现政府官员与民众间有效沟通方面，人民行动党以选区为基本单位逐级、逐层设立了基层组织即基层党支部。人民行动党联系群众主要是依靠这个基层组织网络。从基层组织的设置来看，其功能主要表现为倾听民声民意、密切联系民众、解决民众诉求，基层组织的设置就是为更好地践行“为民众而行动”的理念。此外，新加坡人民行动党还规定具有基层服务经验是党员参加国会议员选举必须具备的基本条件。他们指出，基层组织服务功能和利益表达功能的发挥有利于增强人民行动党的社会基础。从满足群众利益诉求的角度来看，新加坡人民行动党的基层组织主要为本选区选民的日常生活、文娱活动提供便利、通过居民委员会、公民咨询委员会、妇女行政委员会等社区服务机构为民众提供服务。新加坡人民行动党基层组织主要通过以下两个方面来表达民意诉求，其一，为全面了解民众诉求、广泛征求民意，每周国会议员都要在选区支部内接见选民一次。其二，为确保党的基层组织能及时有效地解决选民遇到的各种难题，基层组织的服务要落实到各个社区。鉴于此，新加坡人民行动党基层组织发挥了与群众间的互动关系，在加强党群关系上起到了积极的作用，巩固了执政基础。

第二，通过选举上升为执政党，从而组织政府，进而实现政党政治下的政权更替。为选举而存在、实现执政是党的基层组织的主要政治目标。正如美国著名历史学家查尔斯·A. 比尔德(Charles A. Beard)所说："政党是一群人的联合，这群人一心要占领宪法批准的政府，并运用政府的各种手段来制定和实施他们认为公正、适当或对他们的利益有好处的法律。"[①]政治的核心问题是政权问题，因而对于各政党来说，其存在与发展的最核心目标是掌握政权。政党的基层组织的所有功能实际上都是围绕如何掌握政权而展开的。政党的基层组织争取政权的努力强度和努力目标，往往决定着它所具有的功能的发挥程度和作用方向。

公明党的基层组织亦如此，其政党政治的发展演变主要是围绕选举展开。较之日本其他政党而言，公明党的基层组织主要把精力用于争夺政权，瓜分执政资源，是名副其实的选举党。从公明党基层组织选举功能发挥的策略来看，公明党不是依托其纲领而是依托宗教和基层组织的发展，利用日本日益高涨的民族主义和同情弱者的选民心理来逐步获得选民的支持。从选举功能发挥的战术来看，公明党注重从微观角度看待政治，地方议员非常重视"协商"[②]和"个案工作"，强调与选民面对面接触，即议员向所有选民提供咨询或帮助，无论他们是否支持公明党。其中，关键点在于公明党在每个分支机构建立生计讨论中心制度，这一制度可以针对选民所遇到的问题提供专业的法律咨询。[③] 由此可见，公明党的基层支部主要功能是以发展党员、动员党员及群众参与选举为主，以为广大民众提供咨询和解决实际问题

① [美]查尔斯·A. 比尔德：《美国政府与政治》(上)，梅然译，商务印书馆 1987 年版，第 68 页。

② Cecil C. Brett, "The Komeito and Local Japanese Politics", *Asian Survey*, 19(4), 1979.

③ James W., "White, Mass Movement and Democracy: Sokagakkai in Japanese Politics", *The American Political Science Review*, 61(3), 1967.

为主要策略手段。

在韩国地方选举中，政党推进制度已经被运用到基础议会选举。韩国地方基础议员的议席数增加，使左翼政党更易在地方议会中获得议席，从而使地方基础议会成为左翼政党政治活动的第一站。左翼政党的地方性组织兼顾选举功能的发挥。

第三，意识形态功能的发挥。成立于2000年的新千年民主党是代表中产阶级和平民利益、增进福利和执行中庸路线的新党。该党基层组织意识形态功能的发挥，主要是通过基层组织的宣传来迎合选民的心理和需要。而从基层组织意识形态功能发挥的效用来看，在民族主义仍是韩国民众主流意识形态的今天，多党政治及其意识形态并没有深深扎根于其社会土壤，对自由民主的认同更多的是在政治精英这个阶层中实现的，并没有深入广大民众内心深处。

第四，教育和人才培养功能的发挥。在韩国，与其他政党相比，左翼政党[①]党员人数稀少，这样左翼政党就需要通过教育和人才培养增强党员的归属感。就各地支部而言，其教育功能的发挥就表现为根据政党政策议题方向的变化设置不同的专题，逐步形成纵向分层次、横向分领域的党内教育人才培养模式。其中，就基层而言，地区支部承担着党员教育的任务。地区支部党员教育从京畿开始，涵盖湖南、江源、大邱、庆北、釜山、巍山等地，基本与中央党员教育内容同步。[②] 就横向领域的党内教育而言，地方支部主要承担时事政治教育、农渔业教育、福利教育、和平统一教育、其他特别议题教育。

### 四、国外政党基层组织的功能转化

政党的存在都是以取得和掌握政治权力为目的。在权威体制主导下，国外政党基层组织网络建立的最初动因是明确政治目的、政党自身发展、扩大政党影响力。从各国政党政治的实践来看，基层组织的成立以发挥基层组织的政治功能为主，主要功能在于政治斗争、整合和凝聚。绝大多

---

① 这里的左翼政党数据主要统计了最具代表性的民主劳动党和统合进步党。

② 参见焦佩：《变迁中的韩国左翼政党研究：环境、理念、结构及功能》，山东大学出版社2015年版，第281页。

数政党基层组织在早期阶段多为发挥政治功能而建立,并在之后的执政过程中,逐步完善基层组织网络,实现基层组织功能的多元转化。以新加坡为例,20 世纪 60 年代,新加坡人民行动党为了弥补政党分裂后基层组织结构的不完整性,大量兴建民众联络所,作为已经失去的政党基层组织的替代机构。人民行动党利用这些联络所在各个基层地区开展社会福利工作、宣传政党政策和政府行为等,为后来人民行动党赢得 1963 年的大选奠定了坚实的政治基础。

充分发挥政党基层组织的政治功能,是各国政党进行基层组织建设的关键和初衷。从日本公明党的组织化建构来看,公明党成立早期主要以发展工业中心城市的基层组织为主。自 20 世纪 70 年代以来,公明党开始探索"网状的组织化关系"的构建,为党的政治建设提供组织基础。此后,公明党主要致力于发展基层组织,其特点是由工业中心城市向小城镇、农村扩张,欲实现党的基层组织的全覆盖。从政党组织机构的设置来看,突出基层支部的建设。公明党以市、町、村为一级设立总支部,再以都、道、府、县为单位设立支部联合会。各级组织的负责人主要由国会议员或地方议员兼任,专职领导干部较少。各支部的基本职能主要包括:召开支部大会,传达、落实党的方针政策和上级组织的安排;听取党员意见,组织党内活动;接受上级党组织的监督、提出意见和反馈;向党员和市民宣传党的理论主张、政策观点;针对选举开展相应的活动和有针对性地进行宣传。其中,基层支部主要以发展党员、动员党员及群众参与选举为主要的政治目的,以实现其国家政治领导这一长期目标为先决条件。广泛的组织网络实现了从每个地级党部通过区域总部系统向小城镇分支机构的延伸。公明党为扩大外围地区的选举支持而做出的努力,使公明党在基层组织选举的比重稳步提升。① 公明党基层组织建设的多方举措,有力地证明了政党建设初期多以获得政权为目的而发挥基层组织的政治功能。

以政治功能为主向政治+服务功能转变。根据社会契约论的观点,社会政治权力属于人民,人民是公权力的重要代表。因此,政党要想获得执政地位,掌握公权力,必须取得人民的支持和信任,其中政党服务功能的发挥成为事关政党生存和发展不可或缺的一项重要功能。在政党政治长期发展

---

① Cecil C. Brett, "The Komeito and Local Japanese Politics", *Asian Survey*, 19(4), 1979.

的过程中，各国政党基层组织的设置不断完善，其功能发挥也已经不仅仅局限于单纯的政治功能的发挥，更为重要的是最大限度地满足民众需求的服务功能的发挥。从执政党执政的长期性来看，各国执政党在执政之初多以政党基层组织的政治功能为主导，而为保持政党执政的合法性和长期性，多数政党实现了基层组织功能的合理转化，即实现以政治功能为主向政治功能和服务功能双重主导转变。

在美国、德国和日本，政党间达成了普遍的共识，即在民主制度下，自下而上的竞争决定了政党必须加强与选民的沟通和服务，各国政党只有逐步成为“更加贴近公民”的政党才能最终赢得选举。新加坡人民行动党基层组织体系不仅是政党动员社会的工具，更是政党服务社会的渠道，“基层组织的力量，对新加坡的成功想来起着关键性的作用”①。新加坡人民行动党一方面强调党员作为人民的仆人，要充分发挥好服务人民群众的功能，做到尽心尽力为人民。另一方面也坚持认为，基层党员服务功能的发挥关乎党的前途和命运，党员如果失去人民群众的拥护和支持，就会以失败而告终。由此，随着基层组织自主性活动的展开，新加坡人民行动党基层组织政治服务功能逐渐淡化，更多的是向服务功能转变，基层组织通过提供更多更好的社区服务来淡化政治色彩，凸显社会服务色彩。在日本，以 1955 年体制为界限，日本结束了“一党优位”的政党政治，国内出现了重组政党的新动向。自民党与公明党联合执政后，两党的执政理念也逐渐向为服务民众转变。单就公明党而言，1998 年 11 月 7 日，新公明党在成立大会上宣布回归“与民众一起”的原点，促进民众福利和世界和平的发展。新公明党建议将国家预算拨款从“目前过分强调建设，改为更有意义的拨款”，以利于电信、环境，社会福利和文化等领域的发展。在政党与社会关系的建构中，公明党将基层组织政策的主要目标群体限定为中低收入家庭的家庭主妇。②

从上述国外政党基层组织功能转化的实践来看，我们需要充分认识到三点。一是社会转型时期需要政党基层组织功能的适应性变迁。各国政党都应该根据国际、国内环境的变化适时适度的变迁基层组织的功能发挥。二是政党基层组织服务功能的实现是政党由行政化向社会化转变、

① [新加坡]李光耀：《李光耀 40 年政论选》，现代出版社 1994 年版，第 232 页。

② Mizuho Aoki，“Komeito’s 50 Years of Losing Its Religion”，*Japan Times*，November 20，2014.

实现政党向社会回归的关键环节。对于执政党而言，其基层组织服务功能发挥的成效在很大程度上取决于人民的政治满意度，如人民政治生活的满意度、民众在国家政治生活中的实际地位、政治权力运用等，都是执政党基层组织服务功能的现实实现。三是政党基层组织服务功能与其他功能之间的关系，是一种相辅相成的关系，共同实现于政党的社会服务之中，即政党的服务功能体现在其他各个功能之中，通过服务功能的有效发挥，政党宗旨、价值理念能够得以实现，为其他各项功能的发挥奠定基础。在全球化背景下，社会经济一体化逐步发展，各国政党政治实践的深化，政党建设的科学化问题成为影响政党发展的关键问题。因此，深化对政党建设规律、政党执政规律、政党政治发展规律、政党基层组织建设规律的认识和全面把握将为政党政治实践提供应有的智力支撑和理论保障。由此可见，政党基层组织功能的发挥不容忽视，同时各国政党实践的发展也有力地证明了不断扩展基层组织的服务功能将是未来基层组织功能发展的大方向。

## 五、国外政党基层组织的功能特色

综观西方国家政党发展的历史，不同的时代背景和制度条件决定了各政党组织形态的差异性和特定的功能特征。政党政治的发展和演变表明，在现代政治体系中，政党扮演着关键的角色，履行着重要的功能，具体而言，主要可以概括和归纳为以下几点。

一是反映民意与利益综合的功能。现代社会，如果把民众的利益与要求置于政治核心地位的话，那么社会各个阶层的利益要求与广大民众的意见建议如何有效地传输到政治中枢，就成了民主体制运作的重大问题。作为政党，必须适应这一需要，从而成为分散的利益和民意与政治系统之间的桥梁和纽带。反映民意和利益综合便成了政党最基本的功能。而政党为了有效地反映民意和综合利益，就必须建立及时、灵便、准确、有效、安全的信息网络渠道，强化基层组织与广大人民的沟通。

政党通过基层组织来实现民意的表达和社会利益的整合。对于多数政党而言，尽管有些政党可以与利益集团结成稳定的合作关系，但并不意味着政党已经实现了对社会大多数利益的整合。其中，人们越来越多地关注到利益集团间政治不平等问题。人们认识到，利益集团有“圈内”和“圈外”之分。“圈内”利益集团享有更多的特权，它们可以得到政党的重视，可以和政府进行磋商并对政策的制定与实施施加影响。更重要的是，一些小的利益集团或地方性利益集团，鉴于有限的影响力而被忽视。因为现代政党在选举中越来越多地依赖于大的利益集团。从现实的角度看，忽视地区性的利益或者少数人群的利益，也可能影响一个政党在选举中的选民数量。因此，许多西方政党都积极拓展其基层组织，并通过提升基层组织的民主化程度来赢得支持，从而达到整合地方性利益集团和小利益集团的目的。正如亨廷顿所言，在现代化发展的历史进程中，政党整合功能的发挥为农村的政治动员提供了有效的制度化架构，通过制度化实现了城乡间差距的整合和缩小，这是政党和政党体制的一个关键作用。①

二是政治录用与输送精英功能。政治录用和输送精英功能的发挥是政党反映民意的重要途径。政党这一功能的实现主要是通过选举这一有效方式，以推荐、提名党内成员，推举政府公职候选人。在现代国家的发展中，政党在发挥政治录用和输送精英的过程中，已逐步建立起一整套较为完善的程序作为组织保障。比如，日本自由民主党健全了从基层支部、个人后援会、县联合支部到中央党部选举委员会再到党的总裁等环节的候选人推举程序。

三是纲领与政策制定功能。制定完善的政党纲领措施为政党执政宣传和赢得支持提供了必要的前提和准备。每一个政党在执政后也同样需要采取符合国家治理需求的政策措施来解决社会中突出的问题。在西方资本主义国家中，一个政党能在何种程度上集中和反映整个资产阶级的利益和意志，在很大程度上是靠竞选活动来检验的。政党在竞选中对其纲领大肆宣传，以争取本阶级群众的支持。这主要表现为政党的纲领、政策是否为大多数人承认、支持与拥护。

四是政治整合与维持稳定功能。现代社会是一个多元分化的社会，在民主政治和现代社会的发展中，政党的形成和发展为达成政治共识提供了前提和保证。就这一点而言，政党政治整合功能的发挥就成为形成国家基本价值结构和政治认同所不可或缺的重要因素。在多元社会中，政

① 参见[美]萨缪尔·P. 亨廷顿：《变化社会中的政治秩序》，王冠华、刘为等译，生活·读书·新知三联书店1996年版，第401页。

党组织有效性的发挥为社会利益的实现、政治参与的顺利发展和社会稳定的维持等提供了条件。反之，将会对利益满足和社会稳定造成严重影响。如今，政党已成为社会愿望和要求表达的重要渠道和中间环节，人们的不满、矛盾等都可以通过该渠道表达和释放。尤其是公民经常性参与途径的建立和健全，为公民正常参与政治生活并抑制过度膨胀的参政提供了有效的保证。这一切都说明现代政党在政治整合和维护社会稳定方面发挥了重要的功能。

五是政治灌输与教育的功能。对于政党而言，政治灌输和教育活动的展开是实现自身立场、态度和主张最大化的有效路径。政治灌输和政治教育功能的发挥主要通过宣传和教育使广大公民、党员和干部了解政治参与、意见表达和利益维护的途径和方式。[①] 资产阶级政党为了竞选获胜、上台组阁，执掌政权，会千方百计地争取群众，甚至不惜以重金、欺骗和收买等手段。这在资产阶级竞选过程中表现得尤为充分。

六是掌握政权、领导政权的功能。在现代社会中，每个主权国家的政党总是同政权密不可分的。资产阶级政党通过议会或总统选举取得多数选票，成为执政党，行使国家权力。在野党通过对政府的监督和咨询，对国家内外政策产生影响和发挥制约作用。[②]

七是组织选举的功能。对于国外政党来讲，选举获胜是政党存在的最重要的目标，因此政党各项活动的开展和功能的实现主要以“选举功能”的发挥为中心。政党的基层组织，更是以服务选民、发动选民为依托来换取选民对政党及其候选人的支持。基层组织选举功能的发挥主要是通过主动引导、积极把握服务机会、与选民进行沟通和联系，了解选民的政治诉求、政治态度等，通过开展各种有效的活动，为群众解决现实问题。尤其是在选举期，基层组织还要发动选民进行登记和投票，以保证本选区选举投票工作的顺利开展。其中，新加坡人民行动党基层组织就是为了满足和适应选举而不断发展起来的。

---

① 参见付金铎、张先义等主编：《国外主要国家政党政治》，华文出版社 2001 年版，第 6 页。

② 参见刘开寿主编：《现代世界政党和政党制度比较研究》，重庆出版社 2001 年版，第 34 页。

## 第三节 国外政党基层组织功能发挥的现实启示

在国外,重视基层组织各项功能的发挥是政党建设的重要优势所在。其中,对于多数政党而言,基层组织服务功能的发挥日益成为政党组织建设的重中之重。国外政党基层组织功能发挥的经验对于当前政党基层党组织建设具有许多可以借鉴之处。从国外政党基层党组织功能发挥的经验中,我们可以得到以下启示。

### 一、上下联动是政党基层组织服务功能发挥的关键

上下联动,逐步构建从中央到地方的服务机制,是国外政党发挥服务功能的重要方式。在国外,政党基层组织服务功能的发挥并非具有独立性,而是具有从属性的特点,即基层党组织的服务效果受到其资源有限性的制约。为了更为有效地发挥基层组织的服务功能和其他功能,国外多数政党将国会议员、党的主要领导纳入基层党组织的服务体系之中。此种方式和措施有效地畅通了上下间的沟通和自下而上的民情表达,为施政和解决人民群众的各项困难提供了前提、赢得了时间,减少了中间传达的过程,避免了因中转而带来的各类问题。

在美国选举期间,民主党和共和党采取高层参与、全党上下联动的方式,总统候选人在发表演讲的同时也会同各选区民众进行会见和交谈,以广泛听取民众意愿。日本自民党历来重视基层组织功能的发挥,自民党的基层组织除了发挥选举功能外,在宣传党的方针政策、征询选民意见、联系地方团体等方面也发挥着重要的作用。自民党的基层组织针对不同群体组织特色学校,通过讲座和宣传的方式向民众介绍党的主张。各基层组织通过建立具有地方组织特色的政治大学,如"爱知政治大学院""今天与青年政治大学校""滋贺县自民政治大学校"等来配合完成基层组织选举功能和服务功能的发挥。这些学校通过举办各种讲座、发放自民党宣传资料来增进民众对自民党的了解和认同,进而吸引民众从政治上支持自民党。为更好地发挥基层组织的各项功能,基层组织应与各地方社会团体保持密切联系。自民党的基层组织通过加强与地方利益集团、政治团体以及政治活动家的沟通与联系,获得广泛的政治支持,从而建立起

全方位的良性互动关系。

从国外政党实践的有效性来看，基层党组织功能发挥要强化上下联动，注重顶层设计，充分发挥上级党组织的支持、引导、保障和参与的作用，使基层党组织有更多的精力、更强的能力、更优化的制度、更细致的措施、更高的水平来发挥各项功能。具体而言，一方面，基层党组织应集中精力加强队伍、不断提高能力，完善各项功能发挥的载体和平台。另一方面，党的上级组织应该进一步发挥参与和指导的作用，通过上级领导干部积极参与，尽职尽责地反映群众诉求，增强上级党组织对基层党组织功能发挥指导的系统性、持续性、针对性。因此，要实现基层党组织各项功能的发挥，必须坚持上下齐管理、齐服务，筑牢党在基层的组织基础和工作基础，上下联动、协同推进，共建共享基层党组织功能发挥的新格局，最终形成一种“聚合”态势，更为有力地推动基层党组织各项功能的有效发挥。

## 二、制度是基层组织功能发挥的重要保障

建立科学完善的制度，是保证政党与群众关系、顺畅民意表达和基层组织功能发挥的有效有段。基层组织在政党与民众关系的建立方面，发挥着最为直接和重要的纽带作用。尤其是党的基层组织沟通联系民众机制的建立能够更为有效地支持和巩固党的社会基础。从国外政党基层组织功能发挥的实践来看，其采取的与民众沟通联系的制度化措施主要体现在以下两个方面。

一是基层干部走访与沟通的制度化。以新加坡人民行动党为例，人民行动党的基层组织通过制定制度和规范保证了基层组织与民众间的定期联系。其中，基层支部实行的议员定期走访和联系民众的制度、支部与选区内建立的经常化联系的制度等，为党的基层组织各项功能的发挥奠定了坚实的制度基础，从而赢得了民众对政党的信任与支持。此外，叙利亚复兴党在基层组织联系群众工作中也十分注重定期汇报制度，即建立基层干部与群众间固定的联系，并定期向上级组织汇报相关情况，以制度化推进基层组织功能的发挥。南非非国大党采取“上报＋反馈督办”制度，来实现基层组织的各项功能。在加强基层组织与民众的联系方面，南非非国大党主要通过支部来发挥联络民众、收集和分析选民信息的作用。从各国政党功能发挥的制度化实践来看，定期走访、接待的制度化不仅有利于基层组织服务功

能、利益表达功能的实现，更有利于政党赢得民众的广泛支持。

二是以基层民众联系机构的设立为载体，推进政党与民众联系的制度化。统一俄罗斯党为保持政党与民众之间经常化、制度化的联系，在党的基层组织内部设立“公众接待部”作为专门接待选民和群众的部门。与之类似的是，南非非国大党也通过建立“群众对话会”机制来加强政党与群众间的交流。再如，秘鲁阿普拉党通过在全国范围内设立“人民之家”，为民众提供医疗、教育等与民生息息相关的服务，加强了党与群众间的联系。为了实现民众联系机制的有效运行和良性循环，国外一些政党还特意选派重要领导人或基层组织的骨干力量到这些机构中去，从而完善和加强了机构内部的管理，保证了组织与民众联系的长期化，同时也推动了基层组织功能发挥的制度化、常规化。

因此，借鉴国外政党基层组织与民众沟通联系的制度化经验，在基层党组织功能发挥的实践中，应进一步疏通各种代表渠道，注意倾听和反馈各个阶层群众的呼声和要求，在基层组织内部设立专门的民意体察机构，实现领导接待日、基层扶贫制度化，从而使基层组织与民众的联系更加紧密，更能有效实现基层组织的利益表达功能、服务群众功能。

### 三、党员先锋是基层党组织功能发挥的主体支撑

党员是政党的活动主体和肌体细胞。在党的基层组织中，党员是最为活跃的因素，为了充分发挥基层党组织的各项功能，国外一些政党积极采取措施，发挥党员先锋作用，创新党员的吸纳方式，扩大基层党员队伍。

一是从国外政党的实践经验来看，注重发挥党员先锋作用、注意吸纳社会精英加入党组织，是基层党组织功能发挥的基础。例如，古巴共产党在党员队伍建设和发展党员上始终坚持“质量为先，宁缺毋滥”的原则，并在基层组织中建立劳动者代表大会推荐党员制度，实现了吸纳党员向群众公开、注重采纳劳动群众意见和建议的民主化发展。叙利亚复兴党也尤为重视党员吸纳和发展，在党章中明确规定：在党支部内建立入党积极分子管理小组，并注重从该小组中积极吸纳党员新生力量。[①] 此外，南非非国大党也尤为重

---

① 参见本书编写组编：《兴衰之路——外国不同类型政党建设的经验与教训》，当代世界出版社、中共中央党校出版社 2002 年版，第 257 页。

视党员先锋作用的发挥，主要通过支部活动等形式来激发党员的模范意识。支部干部为有效开展基层组织活动，采用组织党员群众租车参会等措施，使党员参与支部活动热情高涨，支部号召力增强，党员忠诚度提升，这在一定程度上促进了党的基层组织功能的实现。

二是重视提高党员参加基层活动的积极性和主动性，从而进一步突出党的基层组织的服务功能。例如，德国社民党、法国社会党都试图通过建立“主题支部”“专题类基层组织”“主题委员会”等来有效地开展组织生活。基层党员可以直接同党的领导人或党务干部进行讨论，从而提高基层党组织的服务质量。英国工党和保守党在制定政策时注重赋予基层党员广泛参与党的方针决策的权利，尤其是通过建立全国性和地方性的政策论坛，一方面为充分调动党员参与政策讨论提供了可能性，另一方面也最大限度地保证了基层党员参与决策的民主性，实现了基层组织服务功能的有效发挥。越南共产党在召开全国大会前，基层组织要召集党员对报告草案进行讨论并提出修改意见，这种方式有效地扩大了基层党员参与权利、表达群众利益诉求、充分发挥基层组织服务功能的机会，不仅推动了决策的民主化、科学化，而且也增强了基层组织的活力，为基层组织服务功能的发挥提供了广阔的空间。

由此可见，以提高党员素质为重点、以发挥党员先锋作用为主体支撑，加强党员队伍建设，增强党员服务群众的能力是有效促进基层党组织功能发挥的重要手段。从国外政党近年来基层组织建设的实践来看，提升党员素质、优化党内干部队伍的结构、全方位综合性地实现党员服务功能的发挥是保持政党活力和先进性的关键。为更好地发挥基层党组织的各项功能，应进一步建立健全教育、监督、管理、服务党员的长效机制，促进党员素质和服务意识的增强，这样方能不断扩大和巩固政党的组织基础和社会基础，更好地发挥政党基层组织的各种功能。

## 四、社会组织是基层党组织功能发挥的社会基础

在西方发达国家，公民社会发展的重要标志是民间组织、非政府组织的发展壮大和作用的发挥。民间组织作为社会结构的一部分，是民众从事政治活动的重要场所，国外政党特别重视民间组织的力量，往往以它们为依托来增强服务民众的能力。因此，注重同民间组织、非政府组织的沟通与合作

是西方国家政党运作的重要规律。

从各国政党基层组织功能发挥的实践来看，新加坡人民行动党、美国民主党基层组织重视反映民间组织、社会组织的利益诉求。新加坡人民行动党基层组织的支部主席通过参加社团的文化类活动，了解社会组织的发展需求，从而实现政党服务社会组织的价值目标，在一定程度上增强了政党同人民群众之间的联系，达到为社会组织的发展排忧解难的目的。此外，人民行动党还特别注重发挥社会组织的载体作用，以此来反映民情民意，进而不断扩大政党的群众基础和社会基础。①

美国是民众自组织水平较高的国家，在政党施政过程中，与非政府组织的对话作用凸显。

在美国，非政府组织的形式具有多样化的特点，如商会组织、教师工会、公务员工会等，政党通过与这些组织进行有效的对话和沟通，有效地了解社会组织的利益取向和价值诉求。从政党和社会组织间的关系来看，二者是一种相辅相成、互为支撑的平等关系。其中，美国一些政党的基层组织发挥功能时非常重视同社会组织的关系，注重以各类社会组织为载体开展工作。就美国民主党而言，其基层组织多注重与公民组织之间的联系，在选区主席职责的规定中就充分体现了这一点。作为基层选区主席既要熟悉选区的分界线、经济状况、机构设置等，同时也要参加家长协会或是其他公民组织，以便加强联系和交流。②

此外，国外一些政党还十分注重让党员参与到非政府组织的服务活动中，有些政党亦将这些非政府组织视为其外围组织，并试图充分发挥非政府组织的作用，使之成为政党服务社会、联系群众的重要依靠力量。然而，与党的基层组织不同的是，这些非政府组织是独立于政府和市场之外的，具有非营利性、独立性、自愿性、非政党性、非宗教性和与民众紧密联系等特点。对于非政府组织和民间组织而言，其共同点在于具有集合民众的强大组织力。因此，政党的基层组织有必要充分利用其优势并引导非政府组织和民间组织增强服务民众的能力。

综上所述，政党是联系国家与社会的有效载体。政党的基层组织功能

---

① 参见李路曲：《新加坡人民行动党政府的社会控制方式》，《东南亚研究》2006 年第 4 期。

② 参见高新军：《美国政党政治的特点和社会关系》，《马克思主义与现实》2005 年第 1 期。

的发挥，尤其是政党社会工作的展开依托了社会组织这一关键环节。在政党的基层组织与社会组织的双向互动中，国外政党主要致力于两方面工作。一是基层组织通过鼓励党员加入社会组织活动，并嵌入社会组织，为社会组织的发展提供了必要的政策支持。二是社会组织也为基层社区开展各类活动提供了有效的支撑。由此可见，进一步发挥社区、社会组织的作用，对于提升政党基层组织功能发挥的实效具有重要的意义。具体而言，可以通过壮大社会组织力量、提升社会组织的效能等方式来实现基层党组织与社会组织之间的联系与合作，进而推动政党基层组织各项功能的实现。

### 五、新手段新技术是基层党组织功能发挥的平台载体

“互联网＋”时代，科学技术的应用不仅改变了人们的经济社会生活，而且还在极大程度上影响着政党功能的发挥。国外政党基层组织依托互联网政治不断实现其利益表达、选举等功能的有效发挥。简言之，政党的基层组织依托互联网进行政党形象和政策宣传、竞选等活动。

政治宣传方面，国外各国政党通过新兴社交平台、新媒体技术手段等发挥社会组织和动员的功能。近年来，随着“互联网＋”时代的来临和自媒体等网络技术的开发和应用，互联网成为政党基层组织功能实现的重要平台，成为意识形态角逐的重要“战场”。美国在这方面可以说走在了世界前列，许多政党领导人或基层党员都通过开通个人网络社交账号来宣传党的政策主张和领导人的价值目标。在英国，工党也十分注重利用新技术、新手段开展工作，工党议员通过开通微博宣传政治主张。

政治竞选方面，赢得选举是政党的主要政治功能，通过运用虚拟网络空间和互联网技术等建立专门与选民进行联系和交流的网站，鼓励并促使基层选民积极地参与社交媒体活动。通过新媒体账号的运营和管理，政党与基层选民保持着良好的沟通和交流关系，使政党在选举中能够获得更多的支持。在荷兰，自由党、工党、社会党都积极利用互联网平台助推选举工作，发挥网络联系选民的新功能，逐步实现了新媒体平台为载体推动基层党组织功能的发挥。德国社民党以“网络技术为平台开展组织生活，打破了参加党内讨论的时空限制”，借助媒体“虚拟组织”树立良好的个人形象，以获取选民的好感和支持。此外，社民党还启动了“红色电脑”和“红色手机”计划，把上万个基层组织全部纳入信息网，从而加强了基层组织中各党员之间信

息和意见的交流。澳大利亚工党地方组织也十分重视新媒体技术在政党功能发挥中的载体作用。工党地方组织使用从美国引进的“联络或回馈”(Coalition or Feedback)的系统软件[①],及时记录和更新选区内选民的个人信息。

公众参与方面,新媒体技术促进了民主向纵深发展。“媒介民主”的推进,不仅在一定程度上拓宽了政党基层组织与民众间交流的渠道,而且也使基层民众政治参与的方式呈现出多样化的特点。在荷兰,基层民众可以通过这些渠道与政党进行有效互动,在一定程度上促进了基层民众政治参与度的提升。

因此,利用“互联网+”创新基层党组织功能发挥的方式是适应信息化和网络时代化发展的内在要求。运用“互联网+”创新基层党建新模式,拓展基层党组织建设的新载体,实现党务信息公开,及时解决民众诉求等。从各国政党实践来看,利用新媒体平台,一方面使党的基层组织结构发生了转化,强化了组织架构;另一方面也有效地促进了基层组织动员、和沟通方式的多样化发展。这一系列措施的有效落实将从客观上推动基层党组织服务功能利益表达等功能的有效发挥。

---

① Peter Van Onselen and Wayne Errington, “Electoral Database Big Brother or Democracy Unbound?” *Australian Journal of Political Science*, 39(2), 2010.

# 第四章

# 全面从严治党实践中基层党组织的整体功能

政治科学中的功能概念借鉴了生物学的分析方法。生物学上的功能概念是指“生物中竞相达到同一目标的共同积极属性”①,或者说是机体的某个组成要素所做的贡献、所起的作用。因此,从这个意义上讲,“生命乃是抗拒死亡的各种功能的总和”②。生物学主要在这两个意义上使用功能概念:一是指一个器官或一组器官的具体属性;二是指其属性不是由具体因素决定的,而是由总和的目标决定的。在此基础上,社会学家把功能运用到分析社会组织和社会群体中,认识到功能和组织是分不开的,应看作一个整体性、系统性、综合性的分析。从功能的目的来看,都是为了维护体系的生存,正如法国政治学家莫里斯在《政治社会学》中所指出的:“对任何一种活动来说,它的功能就是指在整体社会生活中所承担的角色。因而也是它对维持结构的连续性上所起的作用。”③

1960 年,政治结构功能主义的重要代表加布里埃尔·A. 阿尔蒙德(Ga-

① [法]莫里斯·迪韦尔热:《政治社会学》,杨祖功、王大东译,华夏出版社 1987 年版,第 183 页。

② [法]莫里斯·迪韦尔热:《政治社会学》,杨祖功、王大东译,华夏出版社 1987 年版,第 183 页。

③ [法]莫里斯·迪韦尔热:《政治社会学》,杨祖功、王大东译,华夏出版社 1987 年版,第 186 页。

briel A. Almond)在《发展中地区的政治》一书中首次将功能分析运用于政治学。他通过剖析政治结构和政治功能揭示了政治系统运转的规律。他认为:“一个国家的政治发展,其政治体系的能力必须具备三大功能,一是能力功能。包括规范、征收、分配、符号和反应。二是转换功能,包括利益表达、利益综合、决策、规则仲裁、传播关系等。三是维护和适应功能,包括政治社会化和招募等。”[①]阿尔蒙德“三功能说”主要是针对政府层面而言的,在此我们认同阿尔蒙德的观点,并认为这三种功能也可适用于政党层面。

就基层党组织功能而言,可以界定为:作为具有一定结构系统的党的基层组织,为了实现政党政治的奋斗目标,为了维护政党体系的生存和发展,在与外部环境相互作用时,基层党组织的运行机制、领导方式与活动方式等具有适应环境、改变环境的积极属性。

## 第一节 能力功能

从政党组织的特点来看,不同层次的政党组织其功能实现的侧重点和过程会有所差别。就基层党组织的特殊作用而言,其更为注重执行政策的能力和服务功能。而对于不同领域的基层党组织而言,其功能发挥的侧重点也会存在差异。由此,我们从整体性、同一性出发来界定基层党组织的能力功能。

### 一、能力功能的内涵

政党能力是一个内涵丰富的科学概念。“政党能力标志的是政党履行职能的主观条件,是政党为维系自身生存、发展与发挥作用而养成的基本素质在政党政治实践中所呈现出的技能与本领的总和。”[②]也有学者指出:“政党能力是其实现自身职能主观条件的集合;除了特定职能(比如政治社会化和政治动员)基本上随着政党能力增强而增强外,政党能力的强弱只意味着这个年代哪个能或更好实现其职能的可能性的大小,并不意味着政党能力

---

① [美]加布里埃尔·A.阿尔蒙德、小G.宾厄姆·鲍威尔:《比较政治学——体系、过程和政策》,曹沛霖等译,东方出版社2007年版,第35页。

② 王韶兴:《社会主义政党政治视域下的政党能力问题》,转引自王韶兴、吕连仁主编:《政党政治研究:第四届中国政党论坛文集》,山东大学出版社2012年版,第19页。

强就一定能更好地实现其职能(比如利益表达);政党能力的强弱、作用方向和发挥程度由其支撑结构所决定。”[①]

政治组织对于维持政治稳定具有重要作用。约纳坦·莫斯(Yonatan Morse)在研究非洲国家政党时,提出了衡量政党组织能力的若干个关键指标:政党对社会的渗透程度,特别是基层组织的发达程度;政党对关键社会资源的垄断程度;政党是否对最高领导人实现了制度性限权;政党对不同社会组织和阶层的兼容吸纳能力。[②] 从政党层面来看,基层组织能力功能的发挥至关重要,它应具有多方面的能力功能,具体包括政治代表能力、政策供给的能力、规避危机的能力、社会整合的能力、服务能力。

1.政治代表能力

基层党组织政治代表能力的实现应包括以下几个因素:一是主体因素,即一个组织化程度高的基层党组织、基层党组织内部的领导干部和广大基层党员,这是发挥政治代表能力的主要力量。二是指向因素,就功能发挥的指向而言,其代表对象表现为某种特定的利益要求、政策主张和价值目标的实现。三是机制因素,政治代表能力功能的实现主要包括政治选举、政策决定与评价。四是规则因素,政治代表能力功能的实现需要依托和遵循基层党组织内的政治原则和各种程序性规定,具有一定的规范性。

第一,基层党组织政治代表能力的主体是基层党组织掌握和行使政治权力的政治行为主体。基层党组织政治代表主体具有多元性特征,主要包括三个类型:一是基层党组织的领导干部。政党权力的大小取决于政党的各级领导者的能力,也就是其了解、激发现有的和潜在的政党的追随者的需要和愿望的能力以及调动各种经济、社会和心理的手段来满足或答应满足他们要求的能力。[③] 基层党组织领导干部的能力和水平往往对基层党组织功能的发挥和基层党组织的发展壮大起着十分突出的作用。二是基层党组织的广大党员。党员是基层党组织政治代表主体中的基础性因素。党员作

① 袁超:《政党—国家—社会关系视角下的政党能力问题初探——分析中国政党能力的路径尝试》,转引自周淑真编:《世界政党格局变迁与中国政党制度发展》,中国友谊出版公司2013年版,第53页。

② Yonatan L. Morse,“From Single-Party to Electoral Authoritarian Regimes: The Institutional Origins of Competitiveness in Post-Cold War Africa”,*Comparative Politics*,48(1),2015.

③ 参见[美]詹姆斯·麦格雷戈·伯恩斯:《领袖论》,刘李胜等译,中国社会科学出版社1996年版,第372页。

为政治代表的形象，党员的思想状况、组织纪律性等都将成为基层组织和政党的重要代表。因此，广大党员干部以身作则、严于律己、遵纪守法、为人民服务等关乎党的政治形象的树立和党的权威的彰显。三是作为整体形象的基层党组织。与上述两个层次“自然人”范畴不同的是，作为整体而行为的基层党组织是作为组织体系而存在的，是普通民众所感受到的政党的基本代表，它是一个个由个体和具体的自然人组成的一个整体，其政治行为和组织行为都以“整体”呈现在广大人民群众面前。作为整体性的政治代表能力的发挥更多地体现为基层党组织政治代表的具体实践机制。

第二，基层党组织政治代表能力的目标指向。从目标指向来看，主要是指基层党组织政治代表能力的对象或客体。政党与阶级之间关系的复杂性从根本上决定了基层党组织政治代表对象具有多元性和层次性等特点。一是政党所属的阶级决定了其代表对象的阶级属性和基本成分，即基层党组织以代表工人阶级的利益为基础。二是党组织的政策主张、价值目标和执政实绩等因素，成为吸引工人阶级和其他阶级阶层的主要因素，使他们构成相对稳定的基本社会阶层。三是基层党组织在基层的各项政策成为吸引某些特定群体的主导因素，如青年群体，并使这些群体成为基层党组织政治代表对象中稳固的群体。就政治代表的内容而言，从本质来看就是利益。从利益的多种表现形式来看，主要体现在以下几个方面：一是特定要求。对于不同阶级、阶层的群体来说，基层党组织所代表的利益也有所差别，有些是重大的、全局的利益，有些是局部的、单一的、暂时的利益。二是政策主张。这是政治代表特定利益经过集中、整合而进入政治系统的结果，是对特定利益进行协调后达成一致的结果。三是价值目标。基层党组织以宣传执政党对理想社会增值状态的设想，强化执政地位为价值目标，从这一目标层次来看，体现了基层党组织对执政党执政理念的代表和传达。通过基层党组织的宣传来强化执政地位。这也表现为基层党组织对执政党执政理念的一种代表和传达。

第三，发挥基层党组织政治代表能力的过程要素。基层党组织政治代表能力这一功能的发挥从整体来看表现为一个持续不断的过程，这种利益要求进入政治体系，进行集中、整合、最后达成一致的主张最终得以输出。最主要的环节即为民主选举、政治领导和科学评价。基层党组织的民主选举是民主政治实现的重要机制，是党内民主的重要体现形式，民主选举主要表现为从基层党员中选举党的干部队伍、中坚力量，发挥基层党组织的战斗堡垒作用，巩固党长期执政的组织基础。基层党组织的政治领导是其政治代表功能的集中体现，主要是指通过政治领导功能将党的各项主张和决定传达到群众、落实到基层，进而统一思想和行动，使党组织始终保持政治定力，保有强大的动员力、战斗力和向心力。在政治领导中，要注重把握不同基层党组织的工作特点，运用科学理论强化思想引领，创新引领方式，提升政治引领制度执行力。基层党组织的科学评价能力是指党组织通过对自己履行政治责任的表现情况进行评价，人民群众对基层党组织的职责发挥和取得政绩进行评估，是政治评价能力的反馈改进机制。

2.政策供给能力

政策是党意志的集中体现，是党和国家为实现特定工作目标而制定的行动准则。基层党组织的政策供给能力是指基层党组织在政策、纲领、方针、路线等方面的制定和实施的能力。在现代政治条件下，执政党是政策形成的核心。中国共产党是中国特色社会主义事业的领导核心，是掌握国家政权的执政力量。这双重政治角色决定了与其他国家的执政党相比，中国共产党的路线、方针和政策直接影响着政府的政策方向，决定着经济和社会发展的大局。因而，对于中国共产党来说，提升党的政策供给能力是提升党领导水平的关键。对于基层党组织而言，这一能力功能的提升也显得尤为重要。从政党与民众的关系来看，掌握公共利益的执政党需要为社会提供有效的公共政策，以满足社会成员的需求和对公共资源的利用。因此，对于执政党而言，有效的政策供给是保证社会稳定发展和有效运转的前提。基层党组织政策供给能力功能的发挥是执政党政策供给能力的重要内容，党的基层组织是直接接触基层民众的有效载体。此外，基层党组织的政策供给能力还表现为对党的政策的宣传、对政策实施的监督、动员社会力量、执行政策以及惩戒抵触执行政策的党员干部等。

基层党组织政策供给能力的强与弱，主要取决于三个方面的因素：一是政策实施者本身的素质，基层党组织素质能力的高低直接决定了政策制定的水平，决定了能否进行科学的政策供给。二是政策实施需要的技术性的客观因素，这是政策供给的外部环境因素。三是实施的体制和过程，包括基层党组织政策制定的机制、政策制定的过程、政策制定的反馈等。这三个因素中，政策实施的体制和过程对于政策供给能力的作用和影响更具全局性和战略性。

增强基层党组织政策供给能力应在以下方面做出努力：第一，政策实施的民主性和科学性。基层党组织政策实施的科学性的根本点就是政策实施的民主性。从政策实施的方案设计、选择到最终落实，都面临民主的问题。对于政策实施来说，民主性的具体要求有四个方面：一是政策实施的开放性；二是政策实施参与的集体性；三是政策实施过程的程序性；四是政策实施方案的科学性。在这四个方面的要求中，政策实施参与的集体性和实施过程的程序性对整个政策实施具有根本的决定性作用。政策实施的科学性体现在，必须坚持实事求是的原则，一切从客观实际出发。决策实施时应着眼于组织实际，搞好调查研究，防止和避免决策失误，完善制度程序，严格按程序办事，并根据实施情况进行动态调整。第二，政策实施的协调性。判定基层党组织政策实施能力，不仅看政策实施的民主性、科学性，而且要看政策实施过程的协调性，促进和保证基层党组织政策实施的协调性，必须注重和加强政策实施中上下级、同级之间的沟通与协商，动态地对政策进行调整，完善相关协调和沟通的渠道，确保政策实施平稳有效地进行。

3. 社会整合的能力

社会整合是指社会整合主体通过特定的方式方法，对社会中相互独立且又相互联系的要素进行协调，及时化解矛盾和冲突，使社会各个部分和层面有机联系，最终实现社会运行良好和稳定发展。政党的整合功能是民族团结和保持社会秩序的基础。在我国，所有制的多元化和分配制度的多元化，导致了阶级结构的多元化。J. S. 弗尼瓦尔(J. S. Furnivall)明确指出，多元社会中，“不同部分的社群在同一政治单位中相互毗邻，但又彼此独立”[①]。社会分工的不断细化致使社会职业呈现多元化的特点。社会多元化程度的不断加强也提升了社会的异质性。由此可见，在现代社会中，政党整合功能的发挥显得尤为重要。社会整合是政治体系获取政治资源的重要手段，社会整合能够有效地控制社会冲突的程度和范围。

社会整合功能是基层党组织必须履行的重要功能之一，基层党组织是

① ［美］阿伦·利普斯哈特：《多元社会中的民主——一项比较研究》，刘伟译，上海人民出版社2013年版，第13页。

最有力的社会整合力量。美国著名政治社会学家西摩·马丁·李普塞特(Seymour Martin Lipset)对社会整合的功能做出过重要的论述。他指出,社会分歧与共识的存在和发展为社会政治运作提供了基本条件。就分歧而言,它在一定范围内有助于社会组织的统一,如若超出了一定界限往往会对社会政治构成威胁。因此,共识更有利于社会的协调发展,但在社会利益分化的条件下,达成社会共识具有一定的难度。由此,他指出:政治社会学研究的意义就在于,如何使研究和分析有利于社会发展最终而达成共识。从这一层面来看,李普塞特把政党称作"冲突的力量和整合的工具"①。

改革开放以来,特别是进入新时代以来,中国社会矛盾凸显,社会利益结构发生了一系列深刻变化,社会出现了一定程度的异化。面对如此形势,基层党组织如何进行社会利益的调和,社会整合能力面临严峻考验。从基层党组织社会整合能力来看,主要是突出基层党组织社会整合的任务,即在利益多样化、阶层多元化的社会问题、社会矛盾凸显时,增强基层党组织领导实现社会自我调节、居民自治良性互动的能力。这种社会整合是把个性化、分散化、相互冲突的利益和要求,整合成能够最大程度地兼顾阶级、阶层、社会集团利益并制定相应政策的过程。基层党组织是最有力的社会整合力量,这主要体现在基层党组织是社会多元治理主体的领导力量,基层党组织是广大人民根本利益的代表力量,基层党组织是意识形态工作的引导力量,基层党组织是社会各组织的整合力量。基层党组织的一项重要能力就是对人民群众和基层社会的动员力和整合力,整合能力是评判基层党组织能力功能的一项有益指标,这种能力功能可以细分为动员群众、宣传群众、凝聚群众以及服务群众能力。第一,动员群众能力。动员群众就是要充分发挥基层党组织的组织凝聚力和社会号召力,将群众组织动员起来,积极参与,从而汇聚成经济社会发展的合力。第二,宣传群众能力。宣传群众就是要做好群众的思想工作和政治教育工作,用接地气的方式,及时地将党的各项方针政策进行传达,潜移默化地提高群众的觉悟和认识。第三,凝聚群众能力。凝聚群众就是要将群众团结起来,赢得民心,充分发挥基层党组织的组织力,把不同行业、不同地域、不同民族的群众凝聚起来,从而激励他们

---

① [美]西摩·马丁·李普塞特:《一致与冲突》,张华青等译,上海人民出版社1995年版,第136、137页。

在实现中华民族伟大复兴的征程中奉献自身力量。第四，服务群众能力。服务群众就是要在基层党组织的实践中，秉承“群众利益无小事”的原则，注重解决群众的实际问题，坚持为群众办好事，增强服务的实效性。

基层党组织社会整合功能的发挥体现在以下三个层面：一是要进行意识形态整合。坚定广大群众的理想信念，积极抢占舆论阵地，对群众进行中国特色社会主义理论体系教育，弘扬中国传统优秀文化，树立历史责任感，巩固意识形态工作的领导权。二是要进行利益整合。基层党组织要拓宽利益表达相关渠道，协调多元利益矛盾，善于利用组织优势，将多元社会利益的代表组织起来，使群众充分表达利益诉求。三是要进行组织整合。加强基层干部队伍建设、基层党员队伍建设，建设强有力的党组织。

基层党组织提升社会整合能力的意义体现在两个方面：一是从执政党地位巩固的层面来看，社会整合能力的提升可以保证执政价值的有效实现，可以确保党的领导。二是从社会稳定性和良性发展的层面来看，社会整合能力的提升与社会的良性运转是相互促进、双向互动的，二者之间是一种互利的关系，社会整合有利于推动社会发展。对于基层党组织来说，提升社会整合的能力不是一蹴而就的事情。对于基层党组织来说，构建有效的社会整合机制是提升社会整合能力的有效措施，但这种机制的建构由于受到社会生活复杂性的影响而具有一定的难度。因此，企图以固化思维或是静态的思维构建有效的社会整合机制是不可行的。从这一层面来看，基层党组织社会整合机制应随着政治环境的变化而不断调整和补充，这样才能够不断地实现其有效性。

4.规避危机的能力

规避危机的能力主要是指基层党组织在发挥功能的过程中对可能会存在的官僚主义、贪污腐败等问题所采取的积极的危机管理措施。由于这些问题的出现具有一定的自然发展倾向，需要时刻保持警惕，而且如果不加遏制就会逐渐导致政党内部的衰败。一些基层党组织出现的战斗堡垒作用不强、软弱涣散、组织覆盖面不广、部分党员意识淡化、先锋模范作用不明显、存在作风问题等不容忽视。因此，基层党组织危机规避意识的增强和处理危机能力、水平的不断提升，对于处理各个历史时期可能出现的复杂问题、特殊情况，对于稳定执政基础都具有重要的意义。

增强基层党组织规避危机的能力，最为关键的是健全危机应急和预警机制。第一，构建危机管理预警机制。首先，制定相应的预案，细化应急管理措施，分清责任归属，提高反应能力，及时控制危机，尽快转危为安。其次，建立重点排查机制，加强对重大活动的安全和危机隐患的排查，隐患排查要全方位、全覆盖展开，从而夯实安全基础，消除安全隐患。最后，成立高效的专业化管理机构，组建危机管理团队，由一把手牵头直接领导，团队人员各司其职。第二，完善危机管理教育机制。基层党组织要树立危机意识，提高危机处理能力，必须进行专门的危机管理教育培训。建立危机管理教育机制，定期为基层组织内的党员开展专门的讲座，发放知识手册，帮助党员和公民树立危机意识和防范意识，提高危机预防和处理的技巧。第三，完善公共信息发布机制。及时完善信息发布，对不涉及国家机密的各种公共信息，通过热线电话、报纸、网络平台、电视新闻发言、现场直播、公共网站、短视频平台等及时向民众公布，做到信息第一时间发布、动态跟进发布和内容公开发布。

5.服务能力

服务能力是基层党组织的一项重要功能。这是由基层党组织在组织架构上的基础性和联系群众的直接性决定的。各级基层党组织作为政党的一部分，其服务能力的发挥和实现也同样具有层次性等特点。由此，我们可以将基层党组织服务能力概括为两个层次：一是基层党组织作为政党组织紧密联系群众的能力；二是基层党组织在复杂的社会系统中服务群众和社会的能力。

从广义上来看，基层党组织的服务功能主要表现在三个层次：一是服务于党的目标的实现。基层党组织作为党组织中的一部分，其使命就是要配合党的中央组织和地方组织完成各项任务。由此，基层党组织作为党组织的“神经末梢”，是党的各项具体政策和措施的具体执行者和实践者，发挥着与群众沟通、交流的中介作用，其调节和服务能力的发挥对于实现党的各个阶段的目标都具有重要的意义。二是服务于党员。广大党员的不断吸纳和发展为基层党组织注入了新鲜血液和新生力量。因此，基层党组织只有不断提升服务党员的能力，提升党员的素质，使党员练好内功，方能不断提升党组织的形象。三是服务广大人民群众和社会。这是基层党组织最为基本的功能。

从狭义上来看，基层党组织的服务功能主要是指基层党组织服务广大人民群众和社会的功能。就理论层面而言,基层党组织服务功能的发挥主要着重于强调服务主体、服务客体和服务中介“三要素的”建构。而从实践角度出发,基层党组织服务功能的实现又力求以解决群众的现实价值诉求和民生保障为主,通过利用政策手段和有效的资源为群众提供服务,通过基层党组织服务功能制度化、机制化,从而保证基层党组织服务功能发挥的长效化。

提升基层党组织服务能力,一是提升党内服务能力,做好党员服务工作,如党员教育培训、权益维护和生活服务等工作,对党员的教育管理寓于服务之中,使党员感受到党组织的温暖,得到党组织的帮助,切实改变现实中存在的党组织重管理轻服务的倾向。二是着力提升引领经济社会发展的能力,基层党组织要引导广大党员干部创新发展理念,带领人民群众破解改革发展的难题,推动经济社会持续健康发展,使全体人民共享改革发展成果。三是提升促进社会稳定、和谐的能力。在利益格局深刻调整的新形势下,广大党员干部必须具备妥善协调各方面利益关系、维护社会的和谐稳定与长治久安的能力,有的放矢地促进社会的公平正义。四是要提升凝聚人心民智的能力。基层党组织服务能力的效果必须由接受服务的客体做出判断,所以基层党组织只有具备准确把握广大党员、人民群众服务诉求的能力,为人民鼓与呼,才能始终赢得人民的拥护和支持。

6.社会治理能力

社会治理是一个复杂的系统工程,涉及社会经济、公众生活、公共安全等多个领域。新时期,社会治理是党以维护广大群众根本利益为目标,化解基层矛盾,发动和整合各种社会资源,处理各项社会事务,着眼于改善民生福祉,促进社会公平,维护社会稳定,激发社会活力。从对象上看,社会治理的服务对象存在于基层和群众中。在主体上看,大力进行社会治理的重点在基层。当今中国的经济体制和社会体制都在急剧转型,社会治理难度空前。与其他治理主体相比较,基层党组织具有明显优势,集中体现在可以动用人力资源、物力资源、组织资源参与社会治理。一是具有人力优势。社会治理不是仅靠政党就能完成的,依靠基层社会力量的参与,而基层党组织与人民群众之间有着最亲密的互动关系,基层党组织组织完善,覆盖了社会治理的各个主体,是把广大人民群众团结在一起最便捷、最有力的组织。二是具有物力优势。社会治理离不开设施的支撑,这一设施包括硬件设施和软件设施。基层党组织在自身建设和工作开展过程中，具备了强大的物力资源，也形成了相应的软件设施，为社会治理提供了现实资源。三是具有组织优势。基层党组织拥有强大的组织力量，组织体系严密，运转有序高效，领导干部专业化，在基层社会治理中处于领导核心地位，能够最大限度地把群众组织动员起来。

7. 能力功能的层次和目标

上述能力功能主要着重强调基层党组织的整体功能。由此，作为整体的基层党组织，其能力功能的发挥主要表现在两个层次。

一是领导干部的个人能力功能。在政党政治系统中，领导干部是政党活动中最为活跃的主体。基层党组织内部领导干部个人能力主要表现在其知识结构、政治素养、领导经验、道德品质等方面，这些个体能力是基层党组织能力的“细胞”，共同构成了基层党组织能力功能的基本内容。

二是组织机构的能力功能。政党是有组织的政治团体，由各级组织和具体的办事机构组成。因此，基层党组织能力功能主要是指各级组织和具体办事机构的领导能力和办事能力。民主的政党地位要求政党和人民保持紧密的联系，因此基层党组织能力功能的发挥主要是不断提高为人民服务的能力。从组织机构能力功能提升角度来看，其主要是通过科学的制度安排、组织权力的合理配置、组织职责的确定与明晰等方式来增强为人民群众服务的能力和水平，不断提升组织的服务效能。

从功能的属性来看，主要强调的是其维持组织系统生存的重要作用。基层党组织能力功能主要以实现其社会目标为主，即不断提升代表人民群众、维护人民群众利益和党的各项纲领、政策的实施能力，不断实现组织服务社会的价值追求。因此，要提升基层党组织能力功能，实现能力的完善和优化，应以科学性和民主性为重要评价指标。目标的科学性主要是指基层党组织能力功能目标必须建立在对领导干部个人能力、组织机构能力发展方向科学判断的基础之上，要妥善处理好政治理想与政治现实之间的关系。目标的民主性主要是指基层党组织作为民意表达和综合的载体，其功能提升的目标必须以增强利益代表能力和水平为中心，以保证民意的充分表达和信任度的不断提升。

## 二、从严治党实践中基层组织能力功能实现的实然和应然

由前面的分析可知，政治代表能力、政党供给能力、规避危机能力、社会整合能力、服务能力是基层党组织的主要能力功能。但这些能力功能不是现实状态，而是一种内在的行为要求，属于“应该是什么”，即“应然”。而在现实生活中，基层党组织由于受到各种因素的影响，没有真正实现相应的能力功能，这属于“实际是什么或实际状况”，即“实然”，是基层党组织的行动效果。

1. 全面从严治党实践中基层党组织能力功能发挥的必然性

习近平总书记指出：“党的工作最坚实的力量支撑在基层，经济社会发展和民生最突出的矛盾和问题也在基层，必须把抓基层打基础作为长远之计和固本之策，丝毫不能放松。要重点加强基层党组织的建设，全面提高基层党组织凝聚力和战斗力。”[①]党的基层组织是党的战斗力的基础，是党的根基和命脉。这一基础地位决定了基层党组织在全面从严治党实践中的基础性和关键性作用。由此可见，基层党组织功能的发挥程度直接关系着党的各项方针政策的落实、党的执政地位的巩固和党的事业的成败。从实践层面来看，全面从严治党向基层延伸更有利于营造基层良好的政治生态环境、提高基层党组织的凝聚力和战斗力。因此，在全面从严治党实践中，必须把基层党组织能力功能的实现提升到巩固党的执政基础的高度，推动全面从严治党的各项举措在基层落地生根。

全面从严治党是一项复杂而系统的工程，这是世界局势动荡对我们党提出的新挑战，是社会主义现代化建设对我们党提出的新要求，是党不断进行自我革命提出的新挑战。党的十八大以来，全面从严治党的重要性不断提升，全面从严治党与全面建成小康社会、全面深化改革、全面依法治国融为一体，共同构成“四个全面”战略布局。由此看来，全面从严治党已经提升到治国方略和创新举措的高度，对新时代背景下党的建设具有十分重要的意义。全面从严治党的基础在“全”，关键在“严”，要点在“治”，需要以党的建设规律为根本遵循，全体党员和干部不断练就过硬的本领。加强党的执

① 《习近平在贵州调研时强调：看清形势适应趋势发挥优势　善于运用辩证思维谋划发展》，《人民日报》2015年6月19日。

政能力建设，可以改进党的政治生态环境，就是要保持党的先进性和纯洁性。正如习近平总书记所指出的，打铁还需自身硬，全面从严治党实践的常态化要求党员干部要提高从严的作风意识，要在对比中反思，在差距中寻找解决问题的办法，不断针对出现的问题制定改进的方案，以提升党员及干部管党治党的专业能力，推动全面从严治党实践向纵深发展。

随着国际国内形势的急剧变化、改革开放的不断深化、经济的快速发展和社会的急剧转型，党的领导方式、执政方式经历了一系列变化和调整，党在治国理政中面临能力不足的危险，许多党员干部存在不同程度的能力不足的问题。在党的十九大报告中，习近平总书记就把能力不足列为我们党在新时代面临的"四大危险"之一。广大党员作为党的历史使命的真正承担者和履行者，面对新情况和新任务，在实际工作中还存在领导方式不完善、党员干部和领导班子理论水平不高、依法履职能力不强的问题，应对复杂问题的能力、驾驭风险的能力、统筹兼顾的能力有待提高，进取心不足、学习能力有限、工作方法和手段缺乏创新性等问题。一些党员及干部缺乏做群众工作的经验，不能和群众打成一片，难以有效地处理和应对突发事件。党的能力不足集中体现为自主学习的能力不足、开拓创新能力不足、引领群众的能力不足、科学决策的能力不足、社会整合的能力不足、应对风险的能力不足、防腐拒变的能力不足等方面。以上种种能力的不足，难以适应中国特色社会主义历史任务的要求。

基层党组织能力功能发挥是克服能力不足危险的迫切需要。党的基层组织是党全部工作的基础，是落实党的路线、方针、政策和各项工作任务的战斗堡垒，发挥着推动发展、服务群众、凝聚人心的积极作用。全面从严治党向纵深延伸，要着眼于巩固党的执政基础，全面推进党的基层组织建设和党员队伍建设。因此，可以说，推进基层党组织能力功能提升，是应对和化解党的能力不足的危险的具体对策，是全面从严治党的重要抓手。面对这些问题，基层党组织必须着力提高干部及党员的各项能力，全方位地提升领导干部的能力功能，努力调动他们服务群众、干事创业的积极性和热情，不断增强党员干部的本领和学习能力。领导干部要做到能力过硬，首先，必须牢固树立本领不足、本领恐慌、本领落后的危机意识，保持树立能力不是一劳永逸的、需要有与时俱进升级扩容的紧迫感。其次，领导干部能力功能的提高不仅需要加强实践，更需要不断加强学习。要牢固树立终身学习的理念，永不自满，做到学无止境;始终把提高学习能力作为政治责任、精神追求,使学习成为工作和生活的重要组成部分。切实提高学习能力与水平,加快知识更新、优化知识结构、熟悉新领域、开拓新视野,全面提升政治能力是领导干部能力功能提升的关键。最后,要加强党风、党性建设,守住为政之本,营造良好政治生态,要加强廉政建设,提高反腐倡廉能力,加强党内外的民主监督。

2.全面从严治党实践中基层党组织能力功能发挥的现状

全面从严治党实践提高了党的领导能力和执政能力。对于中国共产党而言,从严治党是长期历史实践的经验总结。我们党在长期实践中,不断总结执政的经验教训,在积极借鉴国外执政党建设中深刻认识到了从严治党的规律。进入新世纪,随着世情、国情、党情的不断变化,影响从严治党的因素更加复杂,提出了很多新课题。党的十八大以来,全面从严治党实践深入开展,深入基层、深入实际。在深入研究和分析管党治党实践的基础上,加深了对从严治党规律性的认识。进入新时代,中国共产党坚持在继承的基础上有所创新和发展,在总结自身经验和借鉴其他政党管理治理经验的基础上,再次诠释了"全面从严治党"的科学性和价值,不断增强了从严治党理论的系统性和创造性,凸显了全面从严治党实践的实效性,不断推进了党的执政能力建设和领导能力建设,努力增强了党自我净化、自我完善、自我革新和自我提高的能力,增强了党的先进性和纯洁性,使中国共产党始终保持旺盛的生命力。

推动全面从严治党向基层延伸,有效地促进了基层党组织能力功能的提升。在中国共产党第十八届中央纪律检查委员会第六次全体会议上,习近平总书记强调,推动全面从严治党向基层延伸。"对基层贪腐以及执法不公等问题,要认真纠正和严肃查处,维护群众切身利益,让群众更多感受到反腐倡廉的实际成果。"①全面从严治党向基层延伸,狠抓主体责任,切实提升基层党组织的各项能力,使从严治党在基层落地生根。

一是推动全面从严治党向基层延伸,有效地提升了基层党组织的政党形象和政党代表能力。"基础不牢,地动山摇。"党的十八大以来,以习近平同志为核心的党中央把狠抓基层党组建设作为固本强基之重要举措。基层党组织是党的各项方针、政策在基层落实和贯彻的核心和关键,在执行党中

---

① 中共中央文献研究室编:《习近平关于全面从严治党论述摘编》,中央文献出版社2016年版,第194页。

央和各级党组织决策部署中起着重要的作用。在全面从严治党向基层延伸的实践中,各级党组织认真贯彻党中央部署和要求,大力加强基层党组织建设,努力使每个基层党组织都成为坚强的战斗堡垒,使每个党员都能够充分发挥其模范带动作用。因此,在实践中,基层党组织领导核心地位的不断巩固和政治代表能力的不断增强可以有效地推进从严治党实践的发展和推进。不仅如此,全面从严治党实践向基层延伸,管党治党实现基层全覆盖,从严教育等措施的实施也有效提升了基层党组织在社会经济发展中的引领力、组织力和推动力,强化了基层党组织的政治功能,切实加强基层党组织领导班子建设,着力实现了党的组织覆盖和工作覆盖。

二是推动全面从严治党向基层延伸,有效地提升了基层党组织落实主体责任和服务能力。从近年来信访举报、执纪审查和基层巡查的情况来看,基层党组织存在服务意识和效力层层递减的现象。一些基层党组织观念淡漠、服务能力弱化、纪律松弛、责任担当缺失,这影响了党的路线、方针、政策在基层的落实和实施。习近平总书记强调:"市县领导机关、领导干部和基层单位,同人民群众的联系更直接,其不良作风更直接损害群众利益、伤害群众感情,长期蓄积起来,就必然侵蚀党执政的群众基础。"①习近平总书记批评一些基层组织和基层干部中存在的缺乏服务意识和服务能力的问题,乡镇、街道、村等基层组织责任心不强、对群众冷暖不关心,坐等靠、遇到矛盾绕道走等现象还时有存在;有的基层组织利民惠民政策落实不到位、机械执行、缩水操作;有的基层组织工作不专心,群众有事情找不到领导,存在着在位不在岗、在岗心不在等现象;有的基层领导干部仍存在着弄虚作假、糊弄和哄骗群众的不良行为;有的基层组织在工作方法上单一、粗暴,在对待群众的态度上仍有训斥或不理睬等情况;有的基层组织组织意识涣散、服务群众的意识不强、能力不足;有的基层组织严重违背了党员及干部服务群众的根本宗旨,一些侵犯群众利益、克扣群众财物、拖欠群众钱款、赖账等现象仍严重存在于党的基层组织之中。上述种种现象严重影响了党同人民群众的血肉联系,亟待提高基层党组织的服务能力。全面从严治党是各级党组织的职责所在,必须通过层层

① 《习近平关于党的群众路线教育活动论述摘编》,党建读物出版社、中央文献出版社 2014 年版,第 13 页。

传导将压力传导到县乡，将责任压到基层。

在全面从严治党向基层延伸的实践中，从严管理发挥了关键作用，基层党组织内查处的危害群众利益的不正之风和腐败等问题，使基层管党治党实现了由“宽松软”走向“严紧硬”，加强了监督管理，从实质上提升了基层党组织服务群众的意识和能力。基层党组织与人民群众之间的关系最为直接、最为紧密。党的基层组织中干部的作风等最能够直接影响党同人民群众的血肉联系。全面从严治党向基层延伸，实现对全体党员和各级党组织的全覆盖，是真正在人民群众心目中为党的形象和威信加分，是进一步赢得党心民心的迫切需要。一方面，在全面从严治党向基层延伸的实践中，全面解决了为官不为、为官慢为、为官乱为等问题，提升了基层党员干部服务大局的意识和服务群众的能力，创新了服务方式，完善了服务机制，提升了服务本领；另一方面，人民群众的合法权益得到了切实的维护，增强了基层党员、群众的获得感。

三是推动全面从严治党向基层延伸，有效地提升了基层党组织规避危机的能力。在基层社会，成员构成的多元化、社会问题的复杂化、基层党组织服务方式的多样化，决定了基层党组织必须不断提升规避危机的能力和水平。在全面从严治党向基层延伸的实践中，从党内治理的角度来看，逐步提高了基层党组织和广大党员预防、排查和防控危机的能力。基层党组织和广大党员处于改革发展和各种社会矛盾的前沿，了解社会基层动态，掌握大量的基层信息，也最清楚基层群众的愿望和诉求，尤其能在第一时间发现和解决问题。因此，在全面从严治党实践中，自上而下构建的巡视监督体系，使基层党组织危机管理意识得到了有效的提高，构筑起了第一道防线，提高保障公共安全和处置突发事件的能力。

四是推动全面从严治党向基层延伸，有效地提升了基层党组织的社会整合能力。充分发挥基层党组织的社会整合能力，维护公平和正义，这是基层党组织广泛调动一切积极因素，化解各种矛盾与冲突、协调各方利益关系，实现社会和谐的重要能力，也是衡量党执政的影响力和凝聚力的关键因素。在全面从严治党实践中，通过制度治党优势和政策体系建设等方面整合作用的发挥，通过兼容并蓄、合理利益协调机制、顺畅的利益表达机制的完善，使基层党组织实现了对弱势群体的关注和社会协调发展，进一步促进了社会公平和正义。

## 第二节 转变功能

转变功能主要指政党体系内部过程，包括利益表达、利益整合、政治沟通以及法规的制定、执行和调整，是政党组织对环境性需求的回应过程。基层党组织作为党的战斗堡垒，在利益整合和利益表达方面承担着繁重的任务。基层党组织直接面对群众，对群众的意见、愿望、建议等有较多的了解。而且基层党员本身也是群众中的一员，直接感受着基层社会的变迁、群众最为切实的需求和党的政策实施的状况。因此，基层党组织可以把群众的意愿通过一定的整合直接反馈给上一级组织。这是党能够听到基层群众真实意见的重要途径，也是党保持活力的源头。从一定程度上来说，这是党内政策过程的起点。在民主政治发展的新时期，利益表达的渠道得以扩宽，但在中国基层党组织仍是利益表达最为有效的渠道，其作用不可替代。从这个层面来说，利益整合和利益表达是基层党组织转变功能的一个重要层面。正因如此，基层党组织在发挥这一功能时应更加贴近群众，倾听群众的利益诉求，在此基础上通过民主讨论和实现信息的整合，从而实现利益和诉求向上传达，以最终实现政策主张服务于人民。

### 一、利益整合和利益表达功能

1. 利益整合的内涵

从政治学的角度来看，政党是公众与政府之间的桥梁和纽带，是政治体系利益输入的中介。因此，“在多元社会中把社会上所发生的种种利益予以呈明，使之呈现于政策过程管道上，便属于政党的重要任务”[①]。从内涵上来看，基层党组织的利益整合功能主要是指基层党组织把所代表的那部分民众的利益、意见和要求加以整合，最终上升为党的政策主张作为其功能发挥的目的。基层党组织通过多种方式协调不同利益或利益主体之间的矛盾，在保证各主体利益的基础上使各个部分组合起来，构成一个统一的利益共同体。具体而言，党的基层组织对党员群体及其所联系的群众的利益、要求、意见进行分析、综合，进而通过各种方式和渠道向政府表达，即进行利益

---

① 彭怀恩:《台湾政党政治》,(台北)风云论坛出版社 1994 年版,第 4 页。

整合和利益表达，这是基层党组织转变功能的基本内容之一。

社会变迁要求基层党组织发挥利益整合功能。随着社会利益结构的变化，利益主体日趋多元化、政治化，利益关系也日趋复杂化、多样化，基层党组织的利益整合功能面临突出的挑战。一方面，改革开放以来，我国社会利益单元的不断细化，从原来的国家和集体为主要单元结构分化为以家庭和个人为最小社会单元，这种细化使社会上涌现出各种不同利益诉求的群体。此外，与利益主体多元化、个性化相联系的是，利益主体在利益追求的目标和利益诉求的内容上又存在复杂的竞争关系。由此，利益结构的分化使利益主体呈现出多样化和复杂化的趋势。在这种利益格局下，如何更为有效地代表不同利益主体的利益诉求成为摆在执政党面前的一个十分重要的课题；另一方面，经济上、政治上和文化上的利益不平衡性、不同步性的矛盾日益凸显，迫切需要基层党组织发挥其利益整合功能。从利益矛盾的层面来看，经济领域主要表现为社会贫富分化的加剧引发的利益矛盾和冲突，在政治领域主要表现为利益群体、价值诉求的增强与政治表达渠道不畅之间的矛盾。在文化领域，利益个体文化素质的差异性导致参与社会生活的方式不同引发诸多矛盾。从上述表现来看，利益主体层次的不断分化和扩大，使过去少数人卷入利益纷争转变为越来越多的利益主体卷入利益纷争。主体利益的多元化发展，使社会上的利益关系呈现出复杂化的特点。

执政环境的变迁、执政资源的流失对利益整合功能的发挥提出了新的挑战：一是利益的多元化，使人们的思维方式和价值观念都发生了深刻的变化。这使得党的合法性受到了新的挑战。党的腐败现象、权力滥用现象的滋生和蔓延，严重影响了党员及党组织在人民群众心目中的形象，党的向心力和凝聚力受到了挑战。因此，新的历史时期，中国共产党必须通过增强利益协调的有效性，积极整合利益矛盾，从而增强人民群众对党的认同、信任和支持。二是传统执政资源的流失。在新的历史情况下，党需要通过对社会的重新整合来重塑权威，破除执政危机，巩固政党的执政地位。

从基层党组织利益整合功能实现的过程来看，一是过程输入的利益表达，主要可以分为正式结构的过程输入和非正式结构的过程输入。其中，正式结构的过程输入主要包括党员沟通与表达、民众通过信访、网络等方式进行的制度内表达以及自治组织、社会团体在其组织结构内的表达等。非正式结构的过程输入主要包括越级上访、非理性的利益表达、非法表达、舆论媒介的传送性表达和组织体系外的表达和诉求等。二是过程关键环节的利益综合和决策。利益综合和决策尽管是两个不同的阶段却是紧密相连的过程。从利益整合来看，基层党组织主要是将与民众紧密相关的利益问题加以综合，并及时做出决策。在多数情况下，利益综合和决策制定是合二为一的过程。通常情况下，利益综合和决策主要通过党员大会、党代表大会或集体领导商议等民主形式实现的；与此同时，基层党组织领导个人权威地位的存在也会影响到利益综合和决策；党的制度性和非制度性的沟通也会产生合作、吸纳的利益综合效果；在利益协商中，基层党组织也多采用代表大会、公开交流等形式进行利益的整合和讨论。三是利益整合和决策的结果，这一输出过程主要表现为群众诉求和利益愿望通过一定形式的综合实现决策方案的输出，突出了单向性的特点。从输出阶段来看，表现为两种选择：一方面是基层政治决策范围内的执行，即基层党组织通过其权力发挥满足群众的利益需求，其模式主要是对指导性和具体性政策的执行、对利益相关者的动员、对利益冲突的协调等。另一方面是一些无法解决的利益问题，基层党组织要向上级党组织进行向上的传输。由此可见，这种利益传输和表达表明基层党组织发挥着利益综合的中枢作用，既表现为微观利益综合的终点，又表现为上级组织宏观利益表达的起点。四是从利益整合和表达的常态化来看主要表现为价值的整合。这种价值整合是通过个人心理和道德的影响而促进个体遵守利益规范，凝聚社会共识。价值整合就其内在层次而言主要包括政治价值整合和社会价值整合。因此，在利益整合过程中，价值的整合往往成为一种常态化的工具，尤其是体现和渗透在基层党组织日常活动和党员的日常行为过程中。

2.利益整合功能特色

利益整合的取向在于凝聚民心。基层党组织利益整合功能发挥的主要目的就是通过综合和反馈民众的利益来凝聚人心，整合民众意愿和要求，实现社会的和谐发展，这是基层党组织执政的鲜明特征和根本价值取向。

社区是基层党组织发挥整合功能的基本单元。随着社区的不断兴起和发展完善，基层党组织社会整合的重心就逐渐转向了社区。在社区中，多元利益主体共存于一个区域范围内，要想达到利益的共存和共享，必须有一种力量超越自身利益，主动提出共同的利益。执政党的性质恰好与这种要求相契合。在多元社区网络发展中，街道、居委会、企业、两新组织等不断发展起来,而在这些组织中,基层党组织仍发挥着领导核心的作用。从社区党建的发展来看,这种区域性力量的不断扩大迫切需要基层党组织作为主体不断发挥其在社区内的利益整合功能。

整合机制的有效性。基层党组织利益整合机制的效力主要表现在:党内民主在利益整合中效用的提升;党员在对推动利益整合机制发展中的主体性力量;多方联动推进基层党组织社会治理格局的形成和巩固。

整合功能与社会服务功能的融合性发展。市场经济的不断发展内在地要求基层党组织实现由行政角色向政治核心的转变,即要发挥好其保护公民利益、稳定社会秩序、增强社会沟通和服务社会的功能,又要为社会提供服务平台。

突出思维整合的重要力量。基层党组织利用其强大的社会动员功能,通过开展有效的思想政治工作,引导民众树立正确的利益价值观,从而实现思想整合在调节人们利益关系中的重要作用。因此,基层党组织通过能力动能的发挥,推进了政治觉悟的提升,弥补了社会利益冲突所带来的沟壑,凸显了基层党组织强有力的思想整合力量。

3. 利益表达功能的内涵

利益表达功能是政党一项极其重要的功能。阿尔蒙德指出,每一个政治体系都有某些表达方式表达利益、需求和对政治行动的要求。在所有的输入功能中,利益表达具有极端的重要性,因为它的发生处在政治体系的边界。行使表达功能的那些特殊结构和它们行使这些功能的方法决定了政体与社会之间边界的特性。①

利益表达是政治过程的起始阶段,国家要动用政治权力对资源开发的利益进行分配,就必须通过利益表达获取充分的决策信息。“利益表达”是现代政治学中的一个基本范畴,在民主政治中占有重要地位。对关乎资源所在地利益的开发应该由本地人决定是否开发、怎么开发以及开发的利益分配等问题,忽略了一点,资源所在地必然会强烈不满。在现实社会中,如果不提供通畅的利益表达渠道,那么利益表达就会受阻。正如美国著名政治学家阿尔蒙德所指出的,“坚持持续不断的利益表达,其耗费量是很大的,

① 参见[美]加布里埃尔·A.阿尔蒙德、小G.宾厄姆·鲍威尔:《比较政治学——体系、过程和政策》,曹沛霖等译,上海译文出版社1987年版,第216页。

勉强能维持生计的集团和个人可能无力承担。而且集团没有什么政治资源，他们就很可能认为，利益表达，至少通过正常途径进行表达，是一种希望渺茫的过程，可能得不偿失。在贫富之间存在巨大鸿沟的社会里，正规的利益表达渠道很可能是由富人掌握的，而穷人要么是保持沉默，要么是采取暴力的或激进的手段来使人们听到他们的呼声”①。

政治理论学家萨托利在其著名的《政党与政党体制》一书中，提出政党最重要的功能是表达功能(作为民意表达的渠道)，而不是代表功能和引导功能。这里的“表达”不是指一般地发出声音，而是指对重要利益诉求必须能够发挥实质性影响。

在现代政治条件下，人们表达利益愿望和要求的渠道与途径同过去相比明显增多了。在现代民主政治和政党政治的条件下，政党日益成为最重要、最有效的利益表达渠道。第一，政党作为政治利益的代表机构，不是一般意义上的民意代表机构，而是具有夺取政权、影响政府等政治特点。第二，政党作为正规化、高级化、专业化的利益表达机构和组织，以政党为利益整合机构的组织利益表达，在实践中其效果往往要优于个体分散的利益表达。第三，与其他社会组织相比，政党能够通过民众利益要求的理论化来实现其所代表的阶级、阶层和利益集团利益诉求和意愿的正当性和合理性。第四，从主观愿望来看，政党作为代表一定阶级、阶层利益的政治组织，为扩大其社会影响力，需要不断与自己所代表的阶级或阶层进行有效的政治沟通，将本阶级和民众的利益需求通过政策理论等表达出来，为党内达成共识和增强党的凝聚力和向心力提供基础和强有力的保障。

基层党组织利益表达功能的发挥主要是指在政党政治的条件下，基层党组织将各代表阶级、阶层的利益、愿望和要求表达和反映给上级党组织的过程。这一过程中基层党组织成为公民向政治系统输入信息最为重要的渠道。大众把自己的利益和主张提供给政党，由政党按照自身的价值取向进行分析、取舍与系统化后，转达给国家政治系统。

利益表达渠道是利益表达主体向政府、执政党或者其他社会组织表达自身利益诉求的途径和中介。在中国，利益表达的渠道主要有两种：一种是

① [美]加布里埃尔·A.阿尔蒙德、小G.宾厄姆·鲍威尔：《比较政治学——体系、过程和政策》，曹沛霖等译，上海译文出版社1987年版，第216页。

利益组织化表达,基层党组织的利益表达功能的发挥即属于此种途径;另一种是公开舆论表达,这种表达主要是指通过电视、网络、报纸、微博、微信等新老传播媒介表达利益的一种渠道。

在中国,公民最经常、最有效的利益表达活动发生在基层组织的政治过程中,即在居委会、村委会、党的基层组织和企业事业单位中,具有显著的组织化特点。居委会、村委会及相应的党的基层组织是社区性的利益表达结构,主要从事有关社区居民的社会公益事业,就一些公共设施、社会福利等问题定期或不定期地征求社区居民的意见,然后将这些意见反映给当地政府。其事业单位及其相应的组织机构,如工会、职代会、党的基层组织等则是行业性的利益表达结构,它们主要从事有关事业单位中的生产、经营、分配等事业,并将职工的有关利益要求向上级主管部门反映。这些基层组织星罗棋布,是群众表达利益要求的直接场所。这些组织定期举行会议,讨论社区或单位事务,解决群众关心的问题;定期进行选举,选举领导或代表,其产生也越来越多地受到民众意愿的影响;这些领导或代表与群众联系紧密,他们中的一些人本身就是普通群众,并不从自己所担任的职位领取报酬,并不完全是代表上级部门来管理单位或社区,他们的确能够在一定程度上反映群众的一些利益要求。基层组织与群众的切身利益息息相关,群众在其中也有直接的发言权,人们有意愿和能力通过参与基层组织的运作与管理来表达自己的利益要求。由此可见,基层党组织是利益表达的重要渠道。

从利益表达和利益整合的关系来看,二者是相辅相成的关系。一方面,利益表达离不开利益整合。政党对民众利益、愿望、要求的表达是在整合、归纳和提炼零散的、混乱的需求和利益诉求基础上实现的。由此可见,在利益表达的输入过程中,利益诉求呈零散、多元化的特点;而在利益表达的输出方面,则表现为经过政党整合的政策主张或是已被政权机关纳用的政治决策。因此,在利益表达过程中,只有通过政党整合的政策和方案才能够满足本阶级或阶层的利益,才能够影响政府的决策和部署。另一方面,利益整合也离不开利益表达。经过利益整合后的政策在其实施之前仍需要广泛地征求广大群众的意见,在广征民意的基础上看政策是否符合人民群众的需求,然后进行民意的表达,最后经过意见的综合上升为政策主张,这是一个循环往复的过程。

## 二、政治沟通功能

1.政治沟通功能的内涵

沟通是人类一切活动的基础,是人类社会一种普遍存在的现象和行为。所谓政治沟通,《布莱克维尔政治学百科全书》将其定义为:“赋予政治过程以结构和意义之信息和情报的流动。政治沟通不只是精英对其民众发送信息,而且还包括全社会范围内以任何方式——不论是对公共舆论的影响、对公民的政治社会化或是利益动员——影响政治的整个非正式沟通过程。”① 政治沟通是一种关键的边界维护功能。② 政治系统的所有功能都是通过政治沟通实现的。③ 政治沟通的功能在于能使政治实体内的每一个成员在适当的时候将适当的信息用适当的方法传给适当的人,从而有利于政治目标的实现。

狭义的政治沟通指一个政治系统进行政治信息的输入与输出的过程。政治系统从社会体系中获取政治信息,经过筛选处理,变为决策或法律法规,再传输给社会体系,对社会发挥控制和引导作用,并从这种传输的实际效果中接受反馈,作为新的政治信息再输入政治系统。可见,这一定义是把政治沟通仅作为政治系统的运作行为来认识的。

广义的政治沟通泛指社会上所有关于政治信息的传递活动。这一层面的政治沟通是传递政治信息、交流政治思想的全部活动,在整个政治体系中具有整合和驱动的作用,特别是社会变革时期,其作用更为重要。④ 它既包括政治系统进行政治信息的输入与输出行为,也包括人际、群际乃至国际间的政治信息的流动和传播活动。⑤ 因此,广义的政治沟通的主体是多元的;政治沟通的渠道是多维的,形成一个网络体系;政治沟通的方式是多样的,既包括语言文字的沟通,也包括人的行为影响的沟通。

通常情况下,人们对政治沟通的把握包括以下三个层次。一是把政治

---

① [英]戴维·米勒、韦农·波格丹诺主编:《布莱克维尔政治学百科全书》(修订版),邓正来等译,中国政法大学出版社 1992 年版,第 547 页。

② 参见[美]加布里埃尔·A.阿尔蒙德:《发展中地区的政治》,任晓晋等译,上海人民出版社 2017 年版,第 42 页。

③ 参见俞可平:《西方政治分析新方法论》,人民出版社 1989 年版,第 92 页。

④ 参见王浦劬主编:《政治学基础》,北京大学出版社 1995 年版,第 199～200 页。

⑤ 参见刘邦凡、何太淑:《当代中国政治管理学导论》,吉林人民出版社 2014 年版,第 149 页。

过程本身看作政治沟通的过程，亦即把政治沟通视为一个完整的政治运行过程。这是从政治沟通视角观察政治过程。二是把政治沟通理解为宏观的政治过程中的一个领域、层面或者具体运行方式。也就是说，认为政治运行过程不仅仅是政治沟通过程。这一层面的政治沟通，仅指政治生活中“政治信息”的流动、流通、传播方式，包括自上而下、自下而上、和平交流多种层面和方向的沟通。三是将政治沟通视为大众传媒的信息传递过程。而基层党组织的政治沟通功能多表现为前两个层面。

基层党组织政治沟通功能，从纵向来看，主要表现为上行沟通和下行沟通。上行沟通主要是指政治体系内的下级组织将信息传递给上级组织或是由社会向决策中枢系统传递的过程，是决策中枢获得信息的主要途径。从社会利益表达和政治体系发挥政治沟通功能的关系来看，社会需要通过政治体系来表达、争取和实现自身的利益，而政治体系制定政策需要通过社会认同和接受来扩大政策影响、降低运行成本。由此可见，上行沟通是通过政治体系的输入来实现的，这在一定程度上保证了社会及民众利益要求，遇到的各种问题和政治利益的向上表达，使政治体系的决策和部署具有现实依据。下行沟通主要是指自上而下的政治沟通，即基层党组织通过一定的渠道和中枢环节将信息传递给社会公众的过程。随着信息化社会的不断发展，广泛的信息交流使这种沟通方式普遍存在，是决策中枢扩散信息的重要方式。在这里基层党组织的政治沟通功能主要起到了上情下达的作用。

从横向政治沟通来看，主要是发生在同级政治主体之间的沟通，即基层组织之间的沟通和调节。一是各级组织之间内部的意见交换、规范和调节；二是在组织内部博弈的基础上提高组织的适应性、内聚力，实现组织内部政治的整合和稳定。从内容上来看，这种横向沟通主要表现在组织内部日常业务的协调、配合，职能部门之间的协作，公民在日常生活中对共同利益的集体选择和沟通等。横向沟通功能的发挥往往受到人格力量、人格魅力的影响。基层党组织这一横向功能的发挥对领导人人格魅力的要求较高。

2.政治沟通功能的形式和特点

政治沟通的形式亦即政治信息的载体。政治信息作为对客观政治现象的反映，必须加工、制作以一种确定的形式表现出来，才能为人们所接受。这种形式通常由两个层面构成，第一个层面是语言、文字、数据、图像等表达符号；第二个层次是由上述各种表达符号所组成的讲话、报告、文件、资料、指令、法律法规等信息物品。没有这些政治信息的载体，政治沟通就无法进行。

基于上述对政治沟通含义的综合分析，可以总结出政治沟通具有互动性、调节性、功利性等特征。

政治沟通的互动性。政治沟通的运行是各政治主体之间良性互动的过程。在政治沟通的过程中，政治信息不断地被交换和传递，体现了信息交流的双向互动特征，从其预设的效果来看，主要是一个寻求支持和回应的过程。在信息传播手段尚不发达的地区和社会，政府和民众的信息交流主要表现为主动与被动的关系，即政府作为信息传播的主体，处于主动地位，而普通民众则处于被动地接受，这一信息传播的过程表现为单向性。在现代社会中，网络媒介为人们的沟通和交流提供了方便快捷的互动渠道，为自下而上进行交流和沟通提供了便利。政府与社会民众间的政治信息传播摆脱了已有格局的束缚，凸显了双向性和互动性。民众不仅可以在一定范围和限度内选择自己需要的政治信息，而且可以参与到信息的传播和信息评论之中，使政治沟通更具时效性，进而推动政治民主化进程。这种自上而下、自下而上甚至多维度的信息沟通交互行为促进了政治系统的持续良性运转。

政治沟通的调节性。政府作为沟通主体，可以发挥一定的主观能动性和调节性，这制约着政治沟通能力的发挥。从实践层面来看，政治沟通的过程是指在一定时间范围内建立其政府和民众间相互认同关系的过程。这种互动过程主要分为两步：一是确定沟通的内容，二是调节沟通的渠道、方式，建立沟通关系。这一过程既是政府经过调节做出协调一致反映的过程，也是政府建立、维持和终止人与人之间关系的过程。

政治沟通的功利性。政治沟通是有着明确的目的的，而这一目的带有一定的功利性。政治沟通存在的意义和价值就是通过信息传播来满足社会公众对信息的需求。就这一点而言，政治沟通就在于吸引社会公众的注意力，其目的就在于更好地宣传自己的政策主张，使政府政策成为公众一致的政治共识，广泛地听取和了解群众意志，从而为推动某种政治决策打好群众基础。

在中国，政治沟通的特点可以概括为五个方面。一是沟通动力主要来自科层系统，尤其是来自中国政治沟通的原始动力——执政党。二是沟通方向主要表现为自下而上，即从政治系统向社会系统的沟通过程，而双向沟通的机会比较少。三是政治沟通的政治性逐渐减弱，而管理、治理和公共性逐渐增强。四是执政党、政府和人大、政协作为政治沟通的主体，其沟通能力逐渐增强，而社会、大众传媒、利益集团的沟通和民意综合的能力仍然较弱，且后两者尚不具备独立的沟通地位。五是政治沟通主体进行沟通的目的主要以执行和支持政治决策为主，政治制约功能尚未发展完善。

基层党组织发挥政治沟通功能的原则有以下几方面：一是政治沟通信息内容的准确性。想要取得良好的沟通效果，先要确保沟通信息的准确性。基层党组织作为政治沟通的主体，是沟通信息的源头。在进行沟通的过程中，必须向信息接收者发送准确的信息，通过信息的准确传达来确保沟通功能的实现，从而达到政治沟通的效果。因此，沟通者能够共享的信息必然要求具有准确性。二是政治沟通信息内容的真实性。真实性是信息的本质特性。基层党组织的政治沟通以取得公众信任，实现政府推出政策、执行政策、完成既定目标为目的。对于公众而言，与基层党组织进行沟通的目的是要获得相关的信息，而这些信息必须通过沟通获得真实信息，以便自己在社会或经济选择中处于有利地位，因此公民个人也迫切需要获得真实信息。通常情况下，政治沟通信息不准确主要体现为：信息不充分或解释失误，沟通过程中忽视关键性的因素，在信息沟通过程中体现出有意或无意的偏见，夸大或缩小信息的重要性。这些情况都会极大地影响政治沟通功能的发挥。所以，党组织进行政治沟通时一定要确保信息的真实性。三是政治沟通的内容表达要明确而清晰。沟通的目的无非促进政策推行或有利于事态恢复到本来面目，那么进行政治沟通就要在信息的表达内容上做到明确、清晰。因此，准确和完善的信息、容易理解的指令就显得尤为重要。明确而清晰的信息传达、让群众能知道决策者在常规和意外的情况下做出正确判断就成为对政治沟通内容的客观要求。而传达误解、观点表达模棱两可、信息混淆等都会影响政治沟通的效果，基层党组织需要尽力规避。评价基层党组织的政治沟通功能所达到的实际效果，要有一套科学的评价标准，具体来说，主要有沟通系统的承载能力、沟通机制运行的效率、沟通信息的准确程度与沟通体系的预测能力四个方面。

3. 从严治党实践中基层党组织转变功能发挥的作用和途径

就基层党组织利益整合和利益表达功能的过程结构而言，主要表现为：过程输入（利益表达）→过程关键（利益综合和决策）→过程输出（利益再表达）→过程常态（价值整合）。基层党组织利益表达功能主要是基层党员干部在同民众沟通、信访、选举中为群众提供利益表达的空间和氛围，利益表达环节为基层党组织利益综合和决策提供了前提和基础。利益综合和决策是两个既有联系又相互区别的阶段。在全面从严治党实践中,在利益整合过程中,基层党组织通过拓宽群众利益表达渠道,有效地配套机制,进一步规范组织制度、加强组织沟通和增强党员凝聚力;从严管党治党,在制度层面,党中央通过进一步完善党内民主机制,扭转了基层党组织内存在的党员权利“虚置”等问题,进一步优化思想政治教育和群众工作方式。党的十八大以来,全面从严治党实践在一定程度上推进了各级党组织利益整合效果的提升,利益矛盾冲突和利益观念整合覆盖度有所提高,民众对基层党组织的认可度提升,民众对基层政治的参与热情高涨,基层党组织利益整合和利益表达功能得以有效发挥。

对于具有广泛群众性的基层党组织来说,政治沟通是极其重要的任务。政治沟通的水平从一个侧面反映了党的领导水平和执政水平。换句话说,政治沟通本来就是实现党的领导、巩固党的执政基础的重要方面。政治沟通可以改善党群关系,这就内在地要求党的政治沟通能力和水平要有所提高。原因有以下几点:一是执政需要获取绝大多数人的认同,但这种认同并不是天然形成的,只有政党的政策措施被多数人认为是自身利益的代表并取得一定的成效,其执政地位才能被人民认同。这种代表大多数人利益的政策或措施只有在社会普遍沟通中才能得以推行和执行。因此,政党代表的利益越广泛,对沟通的要求也就越高,广泛沟通的难度也就越大。二是随着现代化进程的推进,社会分工细化达到前所未有的程度,这致使执政党需要发挥越来越广泛、深入的沟通功能,需要进行分地区、分行业、分人群的沟通。其中,在经济体制改革和政治体制改革的过程中,为了协调好各方利益格局,政党需要通过各种方式实现政府机构、立法机构、司法机构、企业、社会团体等组织的信息交换和沟通,从而实现社会的有序发展和良性运转。由此可见,改革越深入,对政治沟通的要求也就越迫切。三是规范政治参与的需要。群众利益有眼前利益与长远利益、根本利益与暂时利益之分,而群众的政治参与往往以眼前的现实利益为导向,因此执政党在决策时不得不平衡长远决策与参与的需要。

全面从严治党实践中基层党组织政治沟通的功能发挥需要增强政治沟通的透明度。从信息流通的角度来看,基层党组织政治沟通的目的是促使信息流通,以解决社会信息不对称的问题。具体而言,第一,基层党组织应通过各种有效的渠道宣示党和政府的政策法令或制定政策的初始想法，以取得公众的理解和信任。这种政治沟通的过程成为政治透明化的过程。第二，基层党组织应通过大众化的政治沟通，借以了解民意走向，为政策制定和执行获得民意基础。经过大众传媒工具，以潜移默化的形式进行的政治社会化活动，就是非制度化的透明化路径。大众化的政治沟通影响力大而广阔，效力非凡。因此，通过大众化的政治沟通，才能收到一定的透明化的效果。同时，不可否认的是这种大众化的沟通路径没有一定的针对性，并且是一种间接的政策宣传，接收者能够在多大程度上理解这种间接的沟通，有待考证。第三，基层党组织应该实现与民众直接接触，以了解实在的民情。为政在于为民造福，官方政策要符合利民的原则。实现官民直接沟通、了解民情才是惠民政策的关键环节。采用直接与民众接触的政治沟通路径，所得到的民间信息是真实的、可靠的，真实的民间信息是科学决策的基础。多数人对党的认识、情感、评价、支持都是建立在对党的具体政策实施效果上的，并且以党员的行为为准绳。党的政策的推行仅靠宣传作用是有限的，而且大众传媒报道的说服力也是有限的。党要想获得群众的支持和拥护，就要不断提升党员形象，与民众接触的方式得当。从一定意义而言，党员自身的行为、形象是一种最好的政治沟通渠道，党员的服务取向与态度直接反映了党的服务取向，反映了党为民服务的真实程度，是取得民众信任和支持的基本指标。党与民众之间应避免信息拥堵，因为这样很容易使上情不能下达，政令不能畅通，彼此之间产生误会与隔阂，进而引起政治动荡。而要消除这种隔阂，基层党组织在发挥政治沟通功能时就应该力图实现透明化，保证政令畅通、民情上达。通过上述直接和间接的路径，政治沟通保证了党的政策在群众间中传播和理解，保证了社情民意及时地反馈到政治体系中来，实现了双向流动，而且所经渠道是多样化的，这是政治沟通在促进透明化方面所独有的功能。

## 第三节　维持与调整功能

维持与调整则是基层党组织更为深层次的功能。维持功能包括维持各种社会活动、各种社会关系、制定社会规范、维护一定的道德标准等。维持功能可以通过具体活动反映出来，包括政治社会化和政治纳用。

## 一、政治社会化功能的内涵

1.政治社会化功能的内涵

政治社会化功能就是政党到群众中去，引导群众逐渐认识到自身的利益，并不断强化这种认识的责任，以达到动员群众、组织群众和影响群众的目的。从理论上说，人民是主人，但他们并不天然地知道什么是政治，如何参与政治，如何正确、合理地表达自己的政治和利益诉求。因此，人们参与政治是一个从不知到知、从不自觉到自觉的过程。这个过程就是政治社会化。① 基层党组织的政治社会化主要是指个人经由各种社会化媒介获得与政治有关的知识、态度、价值与行为模式，以适当地扮演其在政治系统中的角色。通过宣传媒介，基层党组织向公民宣传党的思想、政治态度和意见，公民对政治问题的决策也越来越需要政党提供依据。由此可见，基层党组织对公民的这种有益的信息输入，并非政党单方面的需求，而是双方的共同需求。基层党组织的政治社会化功能既包含基层党组织的传播功能、教育功能，也包含基层党组织的政治动员功能。因此，政治社会化功能属于基层党组织维持与调整功能的基本内容。

基层党组织的传播功能。基层党组织政治社会化的过程，首先是政治信息的传播过程。这个过程包含以下相互联系的环节：政治信息的外向传播，即基层党组织作为信息传播的载体，使信息流向受众群体；政治信息的内向传播，即信息在受众心理意识结构各个部分的传输及信息反馈。在基层党组织的政治社会化功能的发挥中，社会的政治教化、个人内化和在此基础上的政治参与等外化行为，通过政治信息的传播，把政治社会化组织和社会个体、个体的心理接受和具体政治行为串联为一个持续统一的过程。因此，政治传播功能贯穿于基层党组织政治社会化的始终。通过传播，基层党组织向全社会推广宣传主导政治文化，以获得社会对政治权威的忠诚和政治体系的认同；通过传播，政治文化的积极价值得以积淀，形成优秀的人文传统，为政治体系的存在和稳定提供继承和发扬的历史条件。基层党组织要全方位地改进传播方式，不断完善传播内容，推动政党价值观进行有效渗透。一是实现传播内容的具体化和生活化。传播内容要转化为群众可以接

① 参见王长江：《政党现代论》，江苏人民出版社2004年版，第171～172页。

受的信息和形式，才能提高传播效率。因此，要把执政党的主张潜移默化地融入人民群众日常生活的细节中，根据人群特点进行分类传播。二是不断提高传播用语的灵活性和时代性。基层党组织要立足于时代的变化，不断创新信息词语，更加通俗易懂、深入浅出地阐释党的主张，把复杂、抽象的政治问题简单化、生动化。三是善于利用互联网和大数据。要坚持群众在哪里党的传播工作就要做到哪里，高度重视互联网这一新型传播渠道的作用，利用好大数据这一新型工具，创新政党价值观的传播载体，提升传播覆盖率。

基层党组织的教育功能。就基层党组织而言，政治社会化功能除了要对基层党员进行政治教育外，还要通过各种途径对普通民众进行政治教育。这种教育的目的是使广大民众对党认同和支持，改变一些落后的不合时宜的观念、生活方式、风俗习惯等。基层党组织通过教育宣传，提高社会成员的政治素质，完善个人的政治人格。具体而言，一是帮助群众形成政治观念，用党的创新理论成果教育人民，让群众讲政治，对党的领导自觉拥护，对党的方针政策贯彻执行。二是突出学习政治知识的重要性，加深对政治知识的了解，改善群众的知识结构，不断提高群众的参政水平。三是注重培训政治技能，切实提高群众的政治技能。四是帮助积累政治经验，通过基层党组织教育功能的发挥，帮助人民群众积累直接或者间接的政治经验。

因此，基层党组织发挥政治社会化功能的过程是传播和教育相互融合的、辩证统一的过程。一方面，政治体系内的个体成员通过政治教育等方式可以确定政治信仰、政治情感，从而形成政治人才，这一过程促进了“政治人”的形成。另一方面，对于组织而言，基层党组织政治社会化功能的发挥不仅可以塑造组织成员的政治心理，而且还可以提升政治系统内成员的政治意识。这一过程中，基层党组织实现了组织内政治意识的扩散和传播，是党组织成员获得政治信息、进行政治活动，牢固树立政治信仰，同时也使社会成员实现了由“自然人”向“政治人”的转变，使社会的政治意识不断延续。

2. 基层党组织政治社会化功能的特点

基层党组织发挥政治社会化功能是实现基层党组织对个体塑造和个体政治人格形成的辩证统一过程，这就决定了基层党组织政治社会化功能具有以下特点。

基层党组织政治社会化功能的发挥是一个互动的过程。基层党组织和社会成员分别作为主体并同时参与政治社会化的进程。在这一过程中，二者都表现出一定的主动性和受动性。这种主动性和受动性的统一正是基层党组织发挥政治社会化功能的必然反映。基层党组织政治社会化功能的发挥需要有目的、有计划、有组织地进行，通过教育、拓宽文化传播的媒介等方式，贯彻实施自身的政治意图。然而，基层党组织政治社会化功能的发挥和政治意识的传播也受到历史与现实等多种因素的制约。社会的政治、经济、文化条件规定了传播、教育的方式和手段，而且基层党组织传播政治意识的过程和结果还要受到社会成员个体的认知能力、心理结构和社会交往水平等方面的限制。

基层党组织政治社会化功能的发挥是一个持续不断的过程。基层党组织政治社会化功能的实现过程并不是在某一个特定的时期一次性完成的。从基层党组织发挥政治社会化功能的效能来看，对社会成员进行政治意识的传播会随着社会成员自身社会地位、社会角色的改变而发生改变，可以说，基层党组织对社会成员的政治社会化是一个持续不断的过程。在社会个体成员政治社会化的过程中，由于人们在不同年龄阶段的认识能力和知识积累的程度不同，其政治社会化的状况会表现出不同的阶段性特征，但各个阶段之间又不是截然分开的。政治认识、政治信念和政治价值取向的状况会直接影响到下一阶段政治社会化的结果。因此，基层党组织政治社会化功能的发挥是一个持续衔接的过程，具有传承性，正如阿尔蒙德所指出的，“政治社会化也就是一代人把政治标准和信仰传给下一代”[①]。

基层党组织政治社会化功能的发挥具有针对性。政党思想政治教育工作与政治社会化功能的发挥相互关联。基层党组织政治社会化功能的发挥是其利用组织教育、培训、宣传等手段，将政党的意识形态和价值观念灌输给党员和群众，以期将这些意识形态和价值观念内化为党员和群众的个性选择，以有组织的方式宣示和传播某种政治要求和政治意愿。由此，思想政治工作作为中国特色的政治社会化，是实现基层党组织政治社会化功能的重要路径。其一，思想政治工作是获取政治认知的有效途径。其二，思想政

---

① [美]加布里埃尔·A.阿尔蒙德、小鲍威尔：《当代比较政治学》，朱曾汶、林铮译，商务印书馆1993年版，第41页。

治工作在政治社会化过程中校正人们的政治价值评价。其三，思想政治工作有利于形成政治支持系统。其四，思想政治工作突出强调党内教育与群众教育并重，是推进政党认同、政党政策传播的有效方式。

## 二、政治纳用功能的内涵

一个政治体系内的各个部分往往是相互依存、相互作用的。某部分功能执行活动的变化很可能影响另一部分执行的另一功能。同样，体系内的各个层次也是相互依存、相互作用的，体系层次功能执行活动的变化，会影响过程层次和政策层次。政治纳用对于任何政治体系而言都是至关重要的。政治纳用是一种体系功能，它与政治社会化相互联系，是政党整合力量、输出价值观、展示政治象征和阐明各种政策意图，从而最终实现利益协调的过程。

政治纳用具体而言是指政党通过政治纳用把社会中的精英政治人才选拔和填充到政党体制中去，执政党把这些政治精英安排在政府机构中，通过政治精英在政府内部的活动，使政党的政策和要求在国家政治运作中得到更好的实现。政党通过政治精英参与国家政权。政治纳用英语为“political recruitment”，也译为“政治录用”“政治招募”。“纳用”有两层含义：一是政党总是千方百计地把社会上的经营精英吸引到自己身边，以便在执政时把他们安排到政府重要部门，提高政府的施政能力。二是政党通过提名候选人、担任公职等办法，把能够体现政党意志的积极分子输送到政权机关中去。阿尔蒙德认为，“政治纳用功能是一种体系功能，但其在执行中的某些变化，也可能影响过程层次和政策层次，政治录用对于政治资源的分配，对于政治体系的维持、适应或瓦解，对于政治体系的容纳范围和公共政策的执行，都是至关重要的”①。政治纳用作为政策实施的载体和关键，是为了保证政策制定的科学性和政策实施的连续性而选择具体的人来操作和实现。通过政治纳用，政党把政治立场坚定、作风过硬、政策水平高的人吸纳到组织中来，让其分担责任，实现党的目标和任务。政党作为政治体系的重要组成部分，政治纳用是其基本功能，但政党不是政治纳用的唯一渠道。

---

① 参见[美]加布里埃尔·A.阿尔蒙德、小G.宾厄姆·鲍威尔：《比较政治学——体系、过程和政策》，曹沛霖等译，东方出版社2007年版，第115～116页。

对于任何政党而言，吸收社会精英在政治纳用中都是至关重要的。政治纳用实际上就是政治选拔的过程，政党想方设法地把社会精英吸引和凝聚到自己身边。这些精英加入党组织，不仅可以壮大党组织的力量，分担党内的事务性工作，而且还可以通过掌握公共权力来实现政党的政治目标。鉴于此，各政党都会竭尽全力地采用各种方式吸纳社会精英。从政治纳用的成效来看，一方面，政党只有制定强有力的政策纲领和施政目标，才能通过感召力吸引更多的人才投入到党的事业中来。这是政党自身具备吸引力的要素。另一方面，政治纳用的成效还取决于政党人才选拔机制的科学性。只有科学的选拔机制才能将有才能、愿意投身于党的事业的精英人才吸纳进来。因此，坚持科学的选拔机制就要坚持高标准、严要求；坚持与时俱进、不断创新，从制度上和设计上下功夫，在程序规范上花心思，使政治纳用符合程序和运作过程。

执政党政治纳用功能的实现，需要执政党同时具备组织内的推荐能力和组织外的吸纳能力。这两种能力相互促进、相互作用，形成合力，两种能力的有效发挥可以提升政党政治纳用的能力和执政水平。对于中国共产党而言，不断吸纳精英人才加入党组织，使优秀的党员和党的骨干力量脱颖而出，是当前中国共产党自身能力提升环节中非常重要的一项任务。基层党组织政治纳用主要表现在基层党组织坚强的人才支持上，基层党组织政治纳用的核心就是发展党员、输送人才、选拔干部。执政党能够长期执政的一个关键因素是把社会各方面的优秀人才发展为党员，并把他们培养、输送到相应的政权岗位，为执政党发挥应有的价值。具体到基层党组织，政治纳用功能主要表现为基层党组织认真把好入党关，吸收农村、社区和其他组织的优秀分子入党，并把党员中的优秀分子培养成后备干部，建立真正的人才筛选过滤机制和源源不断地人才输送机制，通过法定程序，让人才担任领导工作，以实现党的主张和意图。

### 三、基层党组织政治纳用功能的特点

政治纳用从其目的来看，主要是保证政策制定的科学性和政策实施的连续性。通过政治纳用，政党把政治立场坚定、作风过硬、政策水平高的人吸纳到组织中，来具体实施政策，从而实现党的目标和任务。因此，从政治纳用过程来看，主要表现为政治选拔的过程，即政党建立健全一整套完整而严密的政

治选拔机制，选拔出优秀人才，通过选拔出的人才来贯彻执行党的各项政策，真正实现党的政治纳用的意图和目标。一般而言，基层党组织的政治纳用功能具有保持政治秩序稳定、政治权威合法、权利繁衍连续性等作用。

基层党组织政治纳用功能的科学性特征。政党人才选拔机制的科学性决定了政治纳用的成效。坚持高标准、严要求的原则，是人才需求和纳用人才所应坚持的基本原则；同时，在基层党组织政治纳用功能的发挥中，要坚持与时俱进、不断创新，在制度设计和程序规范上有所创新和发展，从而使政治录用的全过程始终在既定的程序和规范内运作。充分发挥基层党组织政治纳用功能，以科学的政治纳用制度为框架是关键。在政治纳用过程中，制度化与科学化如影相随，没有制度化作支撑，科学化徒具形式，没有实质。因此，这种科学性主要取决于制度体系的权威性、制度体系的完备性和制度功能的落实性。要从优化人才引进机制、人才管理机制、人才培养机制、人才评价机制、人才权益保障机制等多方面进行制度化建设，为人才除去后顾之忧，让人才工作能够落地见实效。

基层党组织政治纳用功能的理性化特征。政治纳用功能的理性化主要表现为政治纳用的权威性。政治纳用理性化，要求在政治纳用的过程中制定详细的执行制度，大多是通过制度化的纳用规范、程序、决策等表现出来的。在政治纳用系统结构中，时代的政治要求被理性化，转变为具有权威性的政治决策并通过基层党组织实施。因此，政治纳用功能的发挥反映了一个时代的政治要求，反映了基层党组织的现实需求。这些要求和需求通过社会系统结构的理性化转化为纳用决策，实施对党内关系的调整、对社会资源的优化配置，从而通过政治纳用实现对社会的政治整合。

基层党组织政治纳用功能的系统维持特性。在中国，基层党组织政治纳用功能具有一项重要的特征，即通过政治纳用保证政策制定的科学性和政策执行的有效性，突出权力“系统维持”这一特点。因为政策的制定和执行最终都要靠具体的人来操作和实现，只有通过政治纳用选拔出政治依附和政治忠诚于党并愿意献身社会主义事业的人才能维持好已有的稳定性。而众多政治立场坚定、作风过硬、业务水平高的人正是通过政治纳用被广泛吸纳进党政机关，为实现党的目标和任务发挥了决定性的作用。

基层党组织政治纳用功能的政党管理特性。党管人才原则是中国共产党的优良传统，能够保证中国特色社会主义政治的方向，能够集中人力办大事，是我国人才制度的独特优势。党管人才包含三要素：一是党管人才的主体，即中国共产党；二是党管人才的客体，即政治纳用功能下聚集的精英人才；三是主客体之间关系，党对人才的管理是一种平面式的间接管理，党对人才的服务是一种全方位的深层服务。党管人才作为基层党组织的重要原则，重点是要在中国共产党的有力领导下科学有效地开发、利用、保护人才资源，充分发挥党的强大整合力，齐抓共管，各项协同。在党的领导下，为人才施展才华和实现自身价值提供便利，投身于社会主义现代化的建设中去。

## 四、全面从严治党实践中基层党组织维持与调整功能发挥的重要性

在全面从严治党实践中，基层党组织维持与调整功能的发挥具有重要的作用。全面从严治党向基层延伸，这就内在地要求基层党组织要充分认识其功能定位、发挥好各项功能。从政治社会化功能的作用来看，实现党的历史使命，需要基层党组织对广大人民群众进行思想教育、政治动员。新时代，将全面从严治党纳入“四个全面”战略布局中进行整体考量，表明了全面从严治党的重要地位。因此，充分发挥基层党组织在全面从严治党实践中的政治社会化功能，内在地要求教育、动员广大人民群众从严监督。同时，全面从严治党要有效地实现向基层延伸也要求基层党组织必须强化政治社会化功能。因为只有广大人民群众从价值观念实现对从严治党的根本政治认同，才能在实践层面使政策措施得以真正落实。

进入新时代，党中央提出全面从严治党，以严明党的政治纪律为重点加强纪律建设，体现了党对执政规律的新认识，对新形势下党风廉政建设提出了新要求，向全党发出了建设廉洁政治的动员和部署。为了调整政党与社会的关系，中国共产党通过开展全面从严治党实践，进行新一轮的政治社会化和政治纳用，对不同社会阶层进行利益综合。

政治社会化作为一种政治文化的社会化过程是实现“社会人”向“政治人”转变的重要过程。政治社会化作为一种政治文化的教育和传递过程，实际上就是社会成员接受政治教育的过程。全面从严治党实践向基层延伸的过程，从一定程度上实现了党内成员再次政治社会化的过程。从社会角度来看，政治社会化是社会培养、教育、训练社会成员接受社会政治规范，支持和拥护现行政治制度的过程。在党内开展全面从严治党实践，以巡视制度为利器，与党内腐败现象进行坚决的斗争，从党的权威性角度来看，从严管

党治党思想和实践的深化发展达到了对社会成员塑造的目的,使全体社会成员通过党内宣传、媒体宣传等途径,直接接受了从严治党的政治信息、政治情感、政治信仰等,并按照自律、从严的政治方式进行政治活动,形成了特定的政治人格。

基层党组织政治纳用功能的发挥最为关键的一点即为党内干部的选拔与任用。全面从严治党,关键是从严管理干部;从严管理干部,核心是从严选拔干部。从严治党内在地要求政治纳用要从严,在党内干部选拔、任用过程中要做到"三严三实"。在实践中,各级党组织都坚持"严字当头"选拔干部,做到锤炼党性、陶冶作风。具体而言,在全面从严治党向基层延伸实践中,各级党组织都要认真贯彻执行《党政领导干部选拔任用工作条例》,并将其作为新时期从严选拔干部的基本遵循,做到从党和人民的利益与事业出发,公平、公正、公道、严格地选人用人。一是严格把好干部选用标准关,突出理想信念,突出政治立场、政治态度,政治纪律,突出作风修养等条件,以此作为从严的重要标准。在政治纳用中,基层党组织加大了对选人的政治品质、道德品行、科学发展事迹、作风表现和廉政情况的考察力度,严格落实六种不得列为考察对象的情形,防止出现"带病上岗""带病提拔"等现象。二是严把干部选用审批关。针对拟定的纳用人选,广泛听取党内外意见,对人选的纳用必须由党委(党组)集体讨论决定,坚持民主集中制原则,绝不可临时动议、个人说了算。全面从严治党实践要求对干部的越级提拔必须从严掌握,真正拧紧干部纳用的"水龙头"。三是严格把好干部纳用的纪律关。把干部纳用"十不准"作为不可逾越的"高压线",严格干部纳用纪律,做到纪律面前人人平等,纪律面前没有特权,纪律约束没有例外。党的事业需要好干部,从严治党内在地要求要从严管理干部。对干部从严管理就应该坚持和发挥好基层党组织正确的政治纳用功能和导向,以严格的标准要求干部,选准用好信念坚定、为民服务、勤政务实的基层党组织干部。

## 第四节 基层党组织整体功能与局部功能的辩证关系

基层党组织并不是各种组织要素的简单集合,而是各种组织个体有机组合的结果。因此,能否实现基层党组织功能的最大化,不仅取决于各组织个体自身作用的发挥,更取决于党组织的整体结构是否科学合理。进入新时代，党的历史方位发生了变化，党的功能也随之发生改变，基层党组织的功能也需要及时进行调整和定位。全面从严治党视域下，基层党组织的功能定位不再只考虑权力运作本身，而是试图做到与社会结构和基层发展相契合。任务决定功能，党在新时期的新任务决定了党的基层组织在功能上的新定位。党的十八大修订的《中国共产党章程》对党的基层组织的八项基本任务做了明确的规定，指出党的基层组织是党的全部工作和战斗力的基础。

## 一、新时期基层党组织局部功能的新定位

对于中国共产党而言，基层党组织的发挥直接决定着党的执政基础的巩固，同时影响着党组织的战斗力和影响力。党的十八大把党的基层组织的功能概括为 16 个字，即“推动发展、服务群众、凝聚人心、促进和谐”。这 16 个字更加突出地体现了基层党组织的推动发展与服务功能。党的十九大站在政治建党、思想建党的高度，从发挥政治、领导、组织、发展、服务的层面，对基层党组织做出了更为科学准确的定位，要求基层党组织要切实发挥好“宣传党的主张、贯彻党的决定、领导基层治理、团结动员群众、推动改革发展”的作用。这个新的功能定位，与党的十九大的整体思维和理论创新是内在贯通、彼此呼应的。进入新时代，在全面从严治党实践中，党的基层组织在能力功能、转变功能、维持与调整功能定位上以从严管理、完成任务、解决问题为根本目标。

具体来说，新时期的基层党组织有以下几个方面的新定位。

突出政治能力功能的发挥。从党的十九大对基层党组织功能的新定位来看，要求在新时代全面从严治党实践中充分发挥好基层党组织的政治能力功能，就是要求基层党组织始终把“宣传党的主张、贯彻党的决定”作为首要任务，将党的路线、方针、政策和上级决策部署转化为实实在在的规划、方案和行动，及时、全面、准确地把党的声音传递给千家万户，使党的正确主张变成群众的自觉行动。政治功能的实现，要求基层党组织注重进行政治思想的统一，将思想作为行动的先导，通过政治思想的统一，最大限度地团结群众和社会力量，达到政治行为的统一。政治功能的实现要求基层党组织注重进行政治方向的引领，政治方向是党生存发展的第一位问题，事关党的前途命运和事业兴衰成败，政治方向是一个基层党组织政治追求的目标指

向，政治方向一旦明确，才能形成正向、强大的政治合力。政治功能的实现要求基层党组织注重进行政治力量的凝聚，政治力量凝聚越强，广大民众就越能凝神聚力，基层党组织的组织力就越强。政治功能的实现要求基层党组织注重进行政治权威的维护。政治权威是基层党组织政治能力的外在体现，对政治权威的坚定维护不仅体现了基层党组织政治功能的要求，更体现了其政治立场、政治责任和政治担当。

强调服务能力功能的延伸。就一般政党组织而言，在从起源阶段到组织成熟的制度化之路中，我们看到了如下的过渡："从一个团结体系走向一个利益体系，即从创造一个以实现其参与者目标的组织（根据理性模型）过渡到一个保证其本身的生存、调节多重目标和需求的组织（根据自然体系模型）。"[①]中国共产党自成立之日起就始终坚持实现"参与者之目标"，就要求基层党组织始终把"全心全意为人民服务"作为思想遵循，贯彻于党的建设的全过程，体现于发展各环节，贯彻党的群众路线不偏离，以服务思维去宣传党的主张，团结动员群众，从而巩固了党群关系，彰显了基层党组织的战斗堡垒作用。进入新时代，全面从严治党实践对此进行了进一步要求，基层党组织想要体现其服务功能，就要把联系服务群众摆在首位，进一步密切党群关系，把服务群众、做群众工作作为核心任务。基层党组织在宣传党的主张、贯彻党的决定、推动改革发展等方面，必须紧紧围绕凝聚群众、服务群众来进行，坚持讲真话、干实事，杜绝虚无主义和形式主义。基层党组织要建立健全联系服务群众的长效机制，秉承"以人为本"的服务理念，不断赢得人民群众的持久信任和支持，不断夯实党执政的群众基础。

凸显政治沟通功能的重要作用。基层党组织发挥政治沟通功能，主要是以教育、引导群众，团结动员群众，宣传凝聚群众作为主要方法。政治沟通对提高基层党组织决策科学化、民主化水平，整合社会力量、促进社会和谐、维持社会有机团结发挥着重要作用。当前，文化多元化发展，中国处于百年未有之大变局，中国社会正处在转型期的关键发展阶段，政治沟通功能的重要性进一步凸显。这就要求基层党组织政治沟通主体的素质和能力要适应新时期政治沟通工作的需要，不断提高沟通意识，提高沟通能力，强化

---

① ［意］安格鲁·帕尼比昂科：《政党：组织与权力》，周建勇译，上海世纪出版集团 2013 年版，第 190 页。

沟通技巧，畅通政治沟通渠道，注重良性双向沟通，完善沟通反馈机制，通过必要的制度保障和制度规范加强政治沟通过程的科学化、民主化，避免人为性和随意性，让政治沟通发挥应有的作用。

充分实现政治社会化功能。现代政治和传统政治的一个重要的区别就是，人们总是通过政党与国家政治生活发生联系。政党为了取得并保持自己的执政地位，总是要宣传自己的纲领、政策和主张，想方设法地扩大自己的影响力，以此来获得广大公民的拥护和支持。在我国，基层党组织通过发挥政治社会化功能，动员基层社会支持党的纲领和主张，增加了人们的政治智慧，改变了人民的政治态度，提高了人们的政治技能，不仅推动了社会政治的发展和政治的民主化，而且还调动和提升了基层人民政治参与的热情和水平，同时也实现了政党自身的现代化。

由此可见，在全面从严治党实践中，基层党组织各局部功能之间形成了彼此联系、环环相扣的关系，在各项功能的发挥中形成了“一个灵魂、两个抓手、三个着力点”的关系。具体而言，基层党组织以发挥政治社会化功能为灵魂，以能力功能、政治纳用功能的提升为抓手，以利益整合、利益表达、政治沟通功能为着力点，形成良性互动关系，共同作用于整体功能，促进基层党组织整体功能的有效提升。

## 二、正确处理基层党组织整体功能和局部功能的关系，形成从严治党合力

形成基层党组织全面从严治党的主体合力，是有关如何调整各分力作用和增强各分力大小的问题，是如何使各分力方向一致和提高基层党组织实现全面从严治党的自觉性和科学性的问题。为此，应正确处理好以下几个方面的关系。

正确处理好基层党组织一般功能与具体功能的关系，突出全面从严治党的功能定位。基层党组织的一般功能与具体功能，是根据一般与特殊的逻辑关系所做的分类。基层党组织全面从严治党实践中功能的发挥是基层党组织本质定位的外化和显现。由于全面从严治党实践不是单一的、简单的规定，而是多层次、多侧面的，因而基层党组织的功能发挥也必然表现为多层次、多侧面的特征。中国共产党作为执政党，党的基层组织是党在社会基层组织中的战斗堡垒，是党的全部工作和战斗力的基础。基层党组织的一般功能是对基层党组织各种具体功能所做的最抽象的概括，主要是指政

治引导功能，社会控制功能，利益表达和利益协调功能，教育、管理和监督党员、吸纳和培育社会精英的功能，社会关怀和服务功能。[①] 尽管各个历史时期基层党组织在一般功能上是相同的，但在具体功能的侧重上又是有差距的。党的十八大以来，党中央逐步实现全面从严治党向基层延伸，这一时期基层党组织的具体功能多表现为能力功能、利益整合功能、利益表达功能、政治沟通功能和政治社会化功能等的实现。

正确处理好基层党组织局部功能和整体功能的关系，实现全面从严治党工作各分力大方向的一致性。整体功能与局部功能和整体与部分、系统与要素一样，是对立统一的关系。整体功能是各局部功能之和，而不是代数和。一方面，没有局部功能，整体功能就没有了依托；另一方面，局部功能也离不开整体功能，脱离了整体功能，局部功能就失去了存在的方向和意义。基层党组织的整体功能是为了维护党在基层的稳定性，它是通过对党员的思想传播、教育引导等实现的。基层党组织的局部功能只有在适应整体功能的要求下才有正确的方向和存在的意义，这是基层党组织整体功能与局部功能的统一和大方向的一致性。

正确处理好基层党组织各局部功能间的关系，提高基层党组织全面从严治党的自觉性。基层党组织在全面从严治党实践中起着重要的作用，其作用是由基层党组织局部功能发挥的程度决定的。实践证明，全面从严治党的成效有赖于基层党组织在工作过程中的能力功能、转变功能、维持与调整功能的具体发挥，有赖于基层党组织从严治党主体责任落实、自觉性的发挥，有赖于各功能的协同推进、共同促进。

正确处理好预期功能与实际功能间的关系，提高基层党组织全面从严治党的实效性。预期功能与实际功能是根据基层党组织从严治党的预期效果与实际效果之间的区别或差别所做的分类。预期功能是基层党组织在规划和设计从严治党的计划时设想的应当或可能发挥的功能，带有预测性和计划性。实际功能则是基层党组织在从严治党过程中实际具有的功能，具有现实存在性。实际功能与预期功能一致，说明基层党组织在全面从严治党实践中的计划与手段、措施是切实可行的，是卓有成效的。

正确处理好规范功能与社会功能间的关系，提高基层党组织全面从严

---

① 参见周敬青、吴海江：《中外政党基层组织的功能定位》，《上海党史与党建》2009 年第 3 期。

治党的规范性。规范功能与社会功能是按照基层党组织功能发挥、作用于党员行为和社会关系的形式与内容之间的区别所做的分类。全面从严治党实践中，基层党组织的功能发挥既是对党员活动和行为的管理和规范，具有规范功能；从基层党组织功能发挥的本质和目的看，它又具有社会功能。这两种功能是手段和目的的关系，即基层党组织通过其规范功能（作为手段）实现其社会功能（作为目的）。

# 第五章

# 全面从严治党实践中基层党组织功能的实现方式

治党要严，是无产阶级政党的一个重要特点。从严治党的方针落实到基层，就是要求基层党组织认真运用中国特色社会主义理论来教育党员，提高素质，增强党性，培养有理想、有道德、有文化、有纪律的先锋战士，保持党员队伍的先进性和纯洁性；要抓紧党的组织建设，严格党内生活，在认真贯彻执行民主集中制的过程中，积极地、正确地开展批评与自我批评，不断提高基层党组织的战斗力，充分发挥基层党组织的战斗堡垒作用、政治核心作用，增强基层党组织解决自身矛盾的能力。

## 第一节　全面从严治党实践中基层党组织功能实现机理

“机理”一词，从哲学主张或学说的高度可以理解为“以机械运行的思想与宗旨对客观世界、社会生活、学术问题等所持有的系统的理论与主张”。“机理”概念在科学界首先被物理学、化学等学科广泛运用，随后“机理”逐渐进入生物科学领域，以为有机体形成一定构造、功能和相互关系的具体原理。广泛运用于自然科学领域后，“机理”逐渐向社会科学领域渗透，用于指代事物发生发展过程中遵循的内在依据。因此，就其概念而言，机理是指为实现某一特定功能，一定的系统结构中各要素的内在工作方式以及诸要素在一定环境条件下相互联系、相互作用的运行规则和原理。目前，对机理有两种解释：一是指为实现某一特定功能，一定的系统结构中各要素的内在工作方式以及诸要素在一定环境下相互联系、相互作用的运行规则和原理。二是指事物变化的理由和道理。从机理的概念分析，机理包括形成要素和形成要素之间的关系两个方面。

### 一、基层党组织功能实现的影响机理分析

基层党组织是党组织的“活细胞”和“神经末梢”，是党的战斗小分队，发挥着联系服务群众和先锋堡垒的作用。中国共产党作为执政党，不仅从整体上代表与维护人民的利益，发挥国家公共权力的功能，而且从个体（群体）意义上联系与组织群众，发挥着密切联系群众的功能。进入新时代，中国共产党在增强党组织的社会性、基层党组织功能的提升方面进行了调整和努力。

增强基层党组织与社会的关系。在党的组织建设上，中国共产党形成了以党的基层组织为轴心的单位制的社会结构，形成了以党的基层组织为轴心、以国家全面主导社会为动力的结构体系。其中，这种社会结构体系是围绕党的基层组织网络构筑起来的，是与党的基层组织体系之间存在着内在的契合性。在这种状况下，各基层党组织将“被分解溶化”的各个单位组织起来，并形成组织内部紧密的关系。进入新时代，在社会成员的主体性日益增强的情况下，基层党组织与社会成员形成直接的、全面的联系。因此，基层党组织各项功能的发挥决定了中国共产党整合社会并具有雄厚社会基础的空间。

调整基层党组织功能取向的内生动力。对于实现党的组织社会化、全面从严治党而言，基层党组织有关组织功能的重新定位与基层党组织建设的发展具有十分重要的战略意义。就基层党组织发展的内生动力而言，功能的取向和发挥是组织发展的重要衡量指标。从增强党的执政能力和夯实党的合法性基础来看，基层党组织功能取向主要遵循三个重要原则。其一，党要管党，从严治党，即基层党组织要真正担负起组织、教育、管理、关怀党员的功能，以保证党的基本组织力量的生机与活力。其二，党要回到党，即

“党的基层组织必须从传统的行政化的功能定位回归政党化的功能定位”[①]，在党要管党的基础上，要真正依据党的性质和宗旨，承担起基层党组织为巩固党的执政地位而应该承担的组织宣传、教育社会大众、团结社会各基层力量、模范引导社会精神和文化取向等功能。其三，党回归社会，即基层党组织要真正成为战斗堡垒，就必须使基层党组织与社会联系成一个有机的整体，重新界定基层党组织在新时代的具体功能及其实现方式、途径和机制，共同承担起关怀社会、服务社会和保障社会的功能，真正使基层党组织成为多样化社会发展的中流砥柱。

以功能实现来落实组织的核心宗旨。中国共产党的核心宗旨是全心全意为人民服务。基层党组织各项功能发挥的效果是良好宗旨转化为有效行动的重要体现。做到这一点，需要真正将党员个人追求和功能的发挥与基层党组织组织功能的实现密切结合起来。一是要将宗旨转化为党员的信仰和道德追求，通过加强共产党员的修养教育，使党员干部及绝大多数党员将自己的功能发挥与党的核心宗旨密切联系起来，将为人民服务转化为自觉的行动。从党的执政长期性来看，要时刻从战略高度推进党员个人功能的发挥和实现。二是从组织功能的发挥来看，基层党组织要通过提出具体的行动要求和工作任务，通过以开发党的外围组织的功能为辅助，来实现基层党组织的各项功能，突出强调基层党组织的“群众利益代表性”。

从政党政治的视角看，基层党组织功能是指其在基层政治和社会生活中的作用。全面把握基层党组织的功能内涵需要分析影响基层党组织功能发挥的各项因素。

政党的地位和性质决定和影响着政党的功能。政党是代表一定阶级、阶层或集团意志和利益的政治组织，它与国家政权机关同属于国家政治体系，是政治体系的主导性组成部分。根据政党在国家政治生活中的地位，可以把政党分为执政党、反对党或在野党、参政党等。由于各政党在国家政治生活中的身份、地位不同，所以功能也有差异。在中国，中国共产党作为执政党，其基层党组织主要履行着政治导向功能，其中，主要表现为通过能力功能等提升促进政治纳用和政治社会化功能的实现。

政党制度制约和影响着基层党组织的功能。政党制度制约和影响着政

---

① 林尚立：《中国共产党执政方略》，上海社会科学院出版社 2002 年版，第 40 页。

党的功能。政党制度是指政党与国家政权建立联系时形成的关系模式,政党制度关系模式主要有一党体制、两党体制、多党体制和多党合作体制。在不同的政党制度下,政党功能存在差别。在西方国家两党体制和多党体制下,政党更关注周期性的政权转移,而在社会主义多党合作体制下,政党主要履行政治导向、保障等功能,基层党组织亦如此,以确保国家政权的社会主义方向。

在不同的政党制度下,政党功能实现的方式也不相同。加布里埃尔·A.阿尔蒙德认为,在竞争性政党制度和非竞争性政党制度下,政党在履行利益综合功能时存在差别。在非竞争性政党制度下,利益综合的过程仅仅在政党各级组织内部或是同政府行政机构或军事部门的机构性利益集团的交互作用中进行。①

政党环境制约和影响着基层党组织的功能。政党是一种特殊的政治系统,有着自己的政治、经济、文化和社会环境,政党系统的功能受政党环境的制约和影响。政党功能具有动态性,随着政治、经济、文化和社会环境的发展变化而发展变化。政党环境包含的因素很多,其中,公民政治主体化程度与国家权力法制化程度两项因素与政党功能关系更为密切。政党居于人民主权与国家政权、公民权利之间,其功能受到公民状况和政权形态的制约和影响。公民的状况主要是指公民政治主体化程度。政权形态主要是指国家政权的法制化程度。公民政治主体化程度是多种成分的综合,包括对政治问题的认识、政治热情、权利观念等,不能将公民政治主体化程度等同于政治热情。民主政治的完善和发展,需要成熟的公民意识,需要较高的公民政治主体化程度。政党是民主政治的组织者和领导者,在公民政治主体化程度不适应民主政治发展的状况下,政党应当承担起政治社会化功能,激发公民的政治热情,树立正确的政治观念,增强政治责任感。

从总体而言,基层党组织在其功能发挥和实现方面做出了努力和探索,但是受市场经济特别是西方社会思潮的影响,基层党组织的功能发挥也受到了一定的影响,导致基层党组织的功能实现及其凝聚力下降。主要表现为以下几个方面。

---

① 参见[美]加布里埃尔·A.阿尔蒙德、小G.宾厄姆·鲍威尔:《比较政治学——体系、过程和政策》,曹沛霖等译,上海译文出版社1987年版,第243、260页。

基层党组织动力作用弱化。受市场经济利益驱动的影响，人民群众不可避免地产生追求经济利益的强烈愿望，这就决定了社会成员普遍的价值取向。[①] 这种价值取向给基层党组织及党员也带来极大的冲击，不少基层党组织及党员出现重经济利益、轻公益事业，重个人利益、轻集体利益的倾向，致使党员先锋模范作用降低，基层党组织的动力作用也在一定程度上被弱化。

基层党组织表率作用弱化。在构成党的先进性的基本要素中，党全心全意为人民服务的宗旨是以直观的方式体现在党员身上，展示在全体社会成员面前的。当某些党员特别是公职人员把人民赋予的权力当成一种谋私手段时，权力就发生了异化，其结果是在否定自身性质基础上构成对社会的破坏。[②] 受市场经济和社会不良价值观念的影响，不少党员的意识和组织观念出现淡化的现象，不能以党员的标准严格要求自己，把自己等同于甚至低于一般群众。还有极少数党员为了个人利益违法乱纪而受到党纪政纪处分。在这种情况下，党员的表率作用弱化，党组织对社会成员的吸引力也因此受到影响。

基层党组织联系作用弱化。基层党组织是联系党员、联系群众的重要单位。受各方面因素的影响，部分基层党组织内部不够团结一致，队伍较为涣散。有的内部不够配合，决策不够民主，党务公开制度落实不力，联系群众效果不好等情况。少数党员对群众利益漠不关心，在个人利益和集体利益冲突时，过于注重个人利益，导致党群关系紧张。

基层党组织动员作用弱化。在利益导向的驱动下，分散主义、本位主义等思潮对党组织的社会动员力造成冲击。一些基层党组织开展群众工作的能力也有所下降，既不能有效教育和引导群众，也不能很好地服务群众，组织动员群众的能力降低。

## 二、基层党组织功能实现与全面从严治党实践的内在机理探析

### 1. 全面从严治党中基层党组织设置的科学化推进功能发挥的实效化

基层组织设置模式的科学化是提高基层党组织工作科学化水平的前提

---

① 参见吴家骥：《岁社会主义转型时期党的凝聚力的透视》，《云南学术探索》1997 年第 2 期。

② 参见吴家骥：《岁社会主义转型时期党的凝聚力的透视》，《云南学术探索》1997 年第 2 期。

与基础。从党建科学化的内涵来看，一是从党的执政规律的角度出发，强调“党的现代化即党的活动的制度化”[1]。二是从科学发展的角度出发，认为应将“科学发展理念应用到党的建设过程之中”[2]。由此，在全面从严治党实践中，推进基层党组织合规律性与实效性建设是党的建设科学化水平的基本尺度。两者密不可分，遵循规律性是党建工作能够取得实效性的前提，而党建工作效率和效益的提高，又增强了党组织认识规律和利用规律的能力。

基层党组织的设置模式包括组织的设置依据、结构形式、隶属关系、预期功能等要素以及这些要素之间的组合对应方式。基层党组织的设置模式也存在着提高科学化水平的问题。就合规律性而言，指基层党组织的设置应当适应并利用国家与社会的关系。基层党组织是执政党用来覆盖和渗透社会民众的组织网络社会体系的结点，在党与外部经济社会环境的资源交换与交流互动中发挥着中介的作用。社会发展状况以及国家与社会关系是决定基层党组织生存、运作、功能发挥的关键性外部因素。其中，社会发展状况深刻影响着基层党组织向社会渗透的需求度和难易程度。

从社会自组织程度来看，自组织程度低下，民众缺乏其他的政治参与渠道，政党组织具有不可替代性，但组织负荷较为严重。从社会流动与异质性程度来看，人口流动增加了基层党组织联系民众的难度，异质化及其带来的阶层分化限制了政党进行利益协调的空间。从国家与社会的关系而言，基层党组织更多地受社会力量的控制，功能侧重于对政治过程的参与。基层党组织设置模式的科学化，不仅在于组织设置适应社会发展及国家与社会关系的现状，更在于能够推动基层党组织对社会发挥整合功能。

就实效性而言，基层党组织设科学化有利于基层党组织汲取和有效使用资源以发挥和实现其功能。基层党组织作为居于国家和社会之间具有相对独立性的政治性组织，其行为趋向包含两个递进的层次：一是汲取足够的资源，维系组织自身的持续存在，即生存取向。二是在此基础上汲取更多的资源，发挥组织预定的各项职能，即功能取向。两种取向的实现是相辅相成的，在汲取资源的过程中需要从基层党组织的功能发挥中获取符合各自需要的收益，以保障组织的生存与发展；在基层党组织发挥各项功能之时，又

---

① 王长江：《对“党的建设科学化”的几点思考》，《天津日报》2010 年 1 月 18 日。

② 李剑、张书林：《党建科学化的逻辑起点与基本特征》，《学习时报》2011 年 6 月 13 日。

需要以获取的资源为前提和基础。

2. 以党内制度建设推进基层党组织功能发挥的规范化

基层党组织关系作为政党党内关系的重要组成部分，具有基础性、综合性的特征。基层党组织关系架构及其运行机制的合理性、科学性和有效性，直接影响着基层党组织功能发挥和建设的质量。党的十八大以来，在全面从严治党实践中，中国共产党突出制度治党，通过党内制度建设推进基层党组织功能发挥的规范化。

第一，“破旧”与“立新”并重，实现制度的整合和完善。党的十八大以来，习近平将党的制度建设摆在全面从严治党的突出位置，实现了从“制度建党”到“制度治党”的重要转变。“制度治党”主要强调对制度的整合和完善，是实现“良法”与“善治”有机结合的关键。“制度治党”充分体现了“破旧”与“立新”并举的实践逻辑，即通过对改革开放 40 多年来大量制度的更新，实现从无序到有序的动态治理；强调制度的内在逻辑统一性，实现制度建设的体系化和规范化。进入新时代，以习近平同志为核心的党中央在党的制度建设上注重做好党内法规制度的增、改、废工作，推进“制度治党”向纵深发展。

以党章为根本，突出党的根本制度建设。党章是我们立党、管党、治党的总章程，是党的根本大法，是最根本的党内法规，对党的制度建设具有指导、规范和统领作用。习近平指出，“党章是全党必须遵循的总章程，也是总规矩”[①]。社会主义进入新时代，党中央分别于 2012 年和 2017 年对党章进行了修改，使党内“宪法”和“总规矩”更加适合新时代党建设的需要。

深化“破旧”，增强党内法规制度的时代性。2013～2014 年，以《中共中央关于废止、宣布失效一批党内法规和规范性文件的决定》的通过为契机，党中央利用两年时间分两个阶段完成了对现有的党内法规制度和规范性文件的第一次彻底筛查和集中清理，逐步增强了党内法规制度的时代性、适应性、协调性、衔接性和一致性。此次清理工作共废止 108 件、宣布失效 120 件、修改 31 件[②]党内法规和规范性文件。2019 年 4 月，第二次集中清理工作

---

① 中共中央文献研究室编：《习近平关于全面从严治党论述摘编》，中央文献出版社 2016 年版，第 108 页。

② 参见《中央党内法规和规范性文件集中清理工作全部完成》，《人民日报》2014 年 11 月 18 日，第 2 版。

顺利完成共废止54件、宣布失效56件、修改8件[①]党内法规和规范性文件。两次集中清理工作，对程序性规定不足、操作性不强、时代性欠缺的党内法规做出了废止或及时修改的决定，此种形式的“破旧”有力地维护了党内法规制度的统一性、权威性，增强了党内法规制度的规范性，是实现党的制度整合的重要举措。

加快“立新”，增强党内立法协同性。党的十八大以来，党内法规制定、修改的频率空前加快，突出表现在党内“立法法”的设定和党的基本制度的“立新”上。2013年，党中央通过《中国共产党党内法规制定条例》和《中国共产党党内法规和规范性文件备案规定》，凸显党内法规制定领域“立法法”的作用。2013年和2018年，党中央先后出台《中央党内法规制定工作五年规划纲要(2013～2017)》和《中央党内法规制定工作第二个五年规划(2018～2022)》，为建成内容科学、程序严密、运行有效的党内法规制度体系打下了坚实的基础。进入新时代，党中央先后颁布或修订了《关于新形势下党内政治生活的若干准则》《中国共产党廉洁自律准则》《中国共产党党内监督条例》《中国共产党纪律处分条例》等一大批党内法规，对党的领导制度、组织制度、监督检查制度等基本制度进行了修改和完善，增强了党内基本制度建设的协同性。

第二，顶层设计与宏观规划、微观制度相结合，突出制度建设的体系化。党的十八大以来，党的制度建设以党内科学立法为根本遵循，重视党内法规的制定质量。从顶层设计到宏观规划再到微观制度，党的制度建设都遵循了党的执政规律和党内政治生活的运行规律，体现了制度建设实践整体一致、内容衔接等特点。

凸显党的制度建设“贯穿”党的建设全过程的顶层设计。新时代，党的制度建设实践最为突出的特点就是从顶层设计上突出了制度建设的地位。强化党的制度建设的贯穿作用。从过程层面来看，就是突出强调党的各项建设的过程与党的制度建设的过程间的互通性，强调党的制度建设的过程即是以制度来保障党的各项建设实施、考核、评价的过程。从内容层面来看，既要使党的各项建设的精神内核转化为制度建设的具体内容，又要使制度建设的实践体现党的各项建设的内在要求。从结果层面来看，要利用制

---

① 参见《中共中央完成党内法规和规范性文件第二次集中清理工作》,《人民日报》2019年4月12日。

度建设保证党的建设的各项政策落地，形成合力，保证党的其他方面的建设顺利推进。以“制度建设贯穿其中”的顶层设计为统领，党中央先后出台《干部教育培训工作条例》《党政机关厉行节约反对浪费条例》《中国共产党发展党员工作细则》《中国共产党巡视工作条例》《中国共产党问责条例》等文件，探索形成以制度加强理想信念教育、以制度约束作风、以制度严肃党内政治生活、以制度反腐制权、以制度维护党内纪律的规范体系。

突出宏观规划与微观制度建设相结合的原则。新时代，党的制度建设的最大特色就是在党中央顶层设计的指导下，有计划、有步骤地逐步展开规划，既着眼于解决现实问题，又致力于进行制度建设的长期规划。党的十八大以来，在党的制度建设上逐步“形成比较完善的党内法规制度体系、高效的党内法规制度实施体系、有力的党内法规制度建设保障体系”①。党中央先后出台了两个党内法规制定工作的五年规划纲要，有效、长远的宏观规划勾勒了党内法规制度体系的框架，确定了重点制定的项目，为系统、整体、协同推进党的制度建设奠定了坚实的基础。在微观制度建设上，既注重完善实体性制度，又注重健全程序性制度，体现了党的制度建设的横向体系化；既注重完善中央党内法规，又注重健全地方各级党内法规，体现了党的制度建设的纵向位阶化；既注重定期清理，又注重补齐短板，体现了党的制度建设的全覆盖和实用性，使党的制度建设更加衔接有效、丰富立体。

第三，制度建设与制度执行并举，推进基层党组织功能实现的规范化。制度的制定与贯彻执行共同贯穿于党的制度建设的全过程。习近平指出，“制定制度很重要，更重要的是抓落实，九分气力要花在这上面”②。党的十八大以来，党中央更为强调制度的生命力在于执行，强调制度制定与执行并举，突出以制度建设规范各级党组织功能的实现，体现了制度制定的严密性、制度执行的严格性和遵循的自觉性的有机统一。

“一分部署，九分落实。”③思想是行动的先导，在优化和完善党的制度制定的基础上，党的十九届四中全会从制度的执行力、认同感层面突出强调，要健全党的全面领导制度，强化制度意识，增强制度执行力。从基层党组织

---

① 《中共中央引发〈关于加强党内法规制度建设的意见〉》，《人民日报》2017年6月26日，第1版。

② 《习近平关于严明党的纪律和规矩论述摘编》，中央文献出版社2016年版，第81页。

③ 《习近平谈治国理政》(第2卷)，外文出版社2017年版，第261页。

功能发挥的现状来看，执行不力等问题凸显，缺乏执行能力、缺乏执行底气等现象仍不同程度地存在，流于形式、“形到神不到”的问题亟须破除。鉴于上述情况，党中央多次指出要完善评估检查机制，推动基层党组织各项功能的有效发挥和落实。

落实主体责任，增强基层党组织各项功能的发挥。党的十八大以来，习近平多次强调落实主体责任问题。在党的群众路线教育实践总结大会上，他郑重指出，制度执行到人到事。从实践层面看，党的十八大以来，在制度治党方面着重从抓好主体责任，用好巡视、监察、问责等“武器”，落实好“两个责任”，聚焦到“关键少数”等方面，扎紧制度的藩篱，以“硬约束”“强监督”为举措，推动基层党组织服务功能、政治纳用和政治社会化等功能的实现。

“内化—外行”并进，增强基层党组织能力功能的发挥和基层党员干部的政治认同感。党内政治认同是思想建党和制度治党的有效结合点，是制度建设“刚性”和思想教育“柔性”的有机融合，是实现由外部强制向内部自律转化的重要环节。党的十八大以来，在从严治党实践中，一方面强调制度制定的系统化，另一方面注重党内教育的制度化和长效化。在具体实践中，习近平强调，必须坚持培育和践行社会主义核心价值观①，筑牢理想信念之基，从文化的角度强化制度建设的魅力，尤其是增强基层党组织内党员干部对制度的敬畏感、认同感，不断推进基层党组织能力功能的发挥和提升。

3. 从政党治理的内在规律把握基层党组织的功能转化

就传统单位制度而言，基层党组织处于基层轴心位置，掌握着整个基层的政治、经济资源以及所有成员的政治权利、经济利益和社会地位的分配权。基层党组织所具有的全能的资源配置功能，成为基层党组织对基层社会支配力的根本动。但是，城市化、工业化和市场化的不断发展，在一定程度上改变了党的基层组织的外围生态和内在动力，这既给基层党组织功能的实现创造了新的环境、注入了新的活力，也对基层党组织建设及其功能发挥提出了新的挑战，尤其是群众需求扩大化对基层党组织提升各项功能提出了新的要求，需要进一步从政党治理层面避免功能障碍等。具体而言，基层党组织在功能发挥上出现以下障碍：一是功能的缺失。组织原有功能无

① 参见习近平：《决胜全面建成小康社会 夺取新时代中国特色社会主义伟大胜利——在中国共产党第十九次全国代表大会上的报告》，人民出版社 2017 年版，第 42 页。

法满足社会快速变化的需要，出现了功能上的“空白点”，即该做的没做到。二是功能实现机制不畅，使党组织应有的功能也无法有效实现。为了有效避免上述现象，基层党组织必须通过内部的治理对原有功能进行调适，实现自身功能的转型。具体而言，就是要求基层党组织的功能定位必须由管理转向服务，要求基层党组织必须认清新形势下自己所承担的主要职责，明确自身的功能定位，增强服务群众的功能，把凝聚群众共同奋斗作为基层党组织的中心任务，联系群众、宣传群众、服务群众等，不断增强基层党组织的各项能力功能。党组织可以从以下三个方面实现自身功能的转型：第一，领导功能转型：由领导核心转向政治核心与社会核心并举。第二，社会角色转型：由纵向领导向纵向领导与横向服务互动。第三，利益协调转型：由利益表达转变为利益表达与利益整合并重。第四，工作方式转型：由权威和指令的方式向制度治理和民主协商转变。

全面从严治党属于政党治理的范畴。政党治理是指由政党内各级领导机构与普通党员多个主体参与、上下互动、共同管理党务的动态性、多层次的政党建设过程。[①] 政党治理强调在管理整个党务与普通党员过程中最大限度地体现政党组织上下与内外的回应性、广泛参与性、组织发展稳定性等。

党内治理是现代政党治理的关键环节。党内治理在优化党员、各级组织及干部和领袖的权利关系，充分实现党员的各项民主权利等方面发挥主要作用。中国共产党党员来自社会各阶层，他们在思想和行动上既超越自己所在阶层的局限，体现无产阶级党性，又要作为党联系群众的基本环节，将所在阶层生活状况及权利意志如实反映至党内，成为党进行社会决策的基础。鉴于此，必须提升党员和基层党组织在党的决策活动、功能发挥方面的作用。一是通过党内治理不断扩大与拓展党员政治参与的范围和深度，确保党员在党的重要事务、政策制定、组织人事等方面发挥直接、关键的影响，从而不断提升基层党员政治功能的实现和转化。二是通过党内全面从严管理，增强基层党组织传达党内信息的便捷性，提升社会影响力。三是以基层党内治理为基础有力地监督党的基层干部，避免党内权力过分集中，最终实现从整体上提高基层党组织的功能发挥。

---

① 参见谢方意编：《党的现代化研究》，浙江工商大学出版社 2012 年版，第 207 页。

组织动员既是执政党社会治理的重要组成部分，又是党内治理、基层党组织功能实现的关键节点。组织动员是基层党组织与社会之间发挥动员和利益协调的有效机制。这个机制是否可能以及如何运转决定于基层党组织功能的发挥、社会与民主能否积极参与。基层党组织要充分代表群众利益，就要进行广泛的组织动员，培养独立自主、胜任权责的公民和社会。因此，从基层党组织功能发挥的共性与个性的关系上，内在地要求既要强化基层党组织团结群众、凝聚群众的核心功能，又要重视基层党组织的社会动员功能。在发挥基层党组织的核心功能过程中，根据基层党组织自身的特点和肩负的任务，做好动员群众、服务群众、团结群众等工作。

组织动员能力是衡量和决定基层党组织的凝聚力、向心力的重要指标，也是基层党组织实现其目标和价值的重要条件与保障。当前，中国特色社会主义进入新时代，社会各基层组织在这一总体进程中的定位对基层党组织如何发挥作用提出了新的、更高的要求。全面履行基层党组织的职责，就要有效发挥基层党组织组织动员的功能，有效整合内外部资源，使党员干部和群众目标同向、行动同步，在推动中国特色社会主义事业伟大进程中发挥作用。在党的全部工作中，强有力的动员社会工作至关重要。发挥好基层党组织的组织动员功能，就应做好宣传群众和组织群众这两项工作，具体而言是做好思想动员，集中各方力量协调好各种关系。动员和组织之间有着密切的联系。组织是动员的前提和基础，如果没有一定的组织认同和组织纪律，要想实现有效动员，是非常困难的。动员是组织的基本功能，无论是组织系统，还是组织行为，为了通过组织行动实现组织目标，都需要有效动员，一般来说，良好的动员有助于组织目标更快更好地实现。从这个意义上来讲，组织动员是基层党组织的基本功能所在。

在全面从严治党实践中，创新基层党组织社会动员方式，应从以下方面进行探索。

善于运用多样化的现代科技文化手段组织动员社会成员。基层党组织历来重视对社会成员的组织动员。在计划经济时代，基层党组织主要依靠政治号召、下达文件、思想发动和典型示范等方式组织动员社会成员。在社会主义市场经济深入发展、现代化程度不断提高的条件下，社会多元化发展导致了社会公众思想观念和行为方式的多样化与个性化，单纯依靠传统方式很难实现广泛而有效的社会动员，这就要求基层党组织必须创新传统的组织动员方式，努力探索建构新的社会动员路径。伴随着“互联网＋”时代的来临，微信、微博、抖音等新型媒介载体成为最有效的传播和动员手段。网络传播的快捷性、实效性成为组织和动员社会的强大力量。因此，基层党组织在功能发挥中要充分重视网络在动员社会方面的作用，加强网络阵地建设，掌握网上教育、引导、服务和动员社会的主动权。要善于运用多样化的网络媒介，针对党员、人民群众的多样化需求，采取志愿参与、手机短信、微信公众号、抖音推送等新型动员方式，充分宣传党的政策主张、理论思想，充分调动广大党员及人民群众参与各项建设的积极性。

改革和完善基层群众动员方式。长期以来，“思想工作＋行政命令”的方法在动员群众方面起过重要的作用。全面从严治党实践中，为进一步实现基层党组织动员社会功能应改革和完善基层群众动员方式，采取自上而下的方式，深化和拓展走基层的方式方法。以人文关怀及时保持对群众的回应。在全面从严治党实践中，通过及时回应群众对群众进行动员，提高群众的信任度。要由单向性向多向性拓展，形成基层各部门的多向合力、思想教育的多向方法、信息传递的多向手段。要由灌输式向渗透式转变，寓教于乐，在不知不觉中使人接受和感悟。要由经验向科学拓展，筑牢思想政治工作的新阵地，要借鉴吸收心理学、教育学、系统论、信息论等相关学科知识，不断增强基层党组织思想传导和社会动员的能力。

## 第二节　全面从严治党实践中基层党组织功能实现机制

“机制”一词最早来源于希腊。1999 年版《辞海》中“机制”是指构造和动作原理，具体指机器的运转过程中各个零部件之间的相互联系、相互作用的因果关系以及机器工作方式。机制的本义引申到不同的领域，就产生了不同的机制。从系统论的角度来看，机制是客观事物或现象的若干组成要素聚合为具有特定结构和功能的有机整体的联系法则。机制有三个基本内涵：一是指系统各组成要素的相互关系和相互联系，即结构；二是指各个组成要素在有规律的运动过程中能够发挥作用、效应，即功能；三是指各组成部分发挥功能的作用原理和作用方式。从理论上讲，在全面从严治党实践中，基层党组织功能的实现机制是以其作用方式为核心，由创新基层党组织建设、领导班子能力提升、党员队伍优化、党员能力优化、服务功能提升等长效机制组成,共同作用于整个机制系统。

## 一、创新基层党组织建设的长效机制

1. 从严管党治党是基层党组织建设的根本指针。

"坚持党要管党、从严治党,切实解决自身存在的突出问题。"①"管党治党不仅关系着党的前途命运,而且关系国家和民族的前途命运,必须以更大的决心、更大的气力、更大的勇气抓紧抓好。"②"贯彻党要管党、从严治党方针,必须扎实做好抓基层、打基础的工作。"③党要管党,要将抓基层党建突出问题作为导向,不断推动全面从严治党向基层延伸,把全面从严治党落实到每个支部、每个党员。党的十八大以来,党中央贯彻基层党组织建设管党治党方针,并着重从以下三个方面发力。

第一,要严管作风。党的作风建设是党的建设中非常重要的一环,关系到党的人心向背和生死存亡,甚至影响着社会主义建设的进程。加强党的作风建设是密切党员与群众关系的迫切需要,是提高党执政能力的必然要求,是国民经济发展的重要前提。基层党组织作风建设不仅关系着党在基层群众中的形象,还直接影响着基层党组织工作目标的完成。党的十八大以来,以习近平同志为核心的新一届中央领导班子坚持以"八项规定"为切入点,突出强调密切联系群众的工作机制,将作风建设落到实处。尤其是第二批群众路线教育实践活动、"两学一做"学习教育活动的开展,重点解决了联系服务群众"最后一公里"问题,进一步纠正和解决了基层党员队伍中存在的作风问题。要建立严管作风机制,就要持续性、经常性开展党的群众路线教育实践活动,集中整治"四风"问题,营造风清气正的良好环境。通过开展"三严三实"专题教育,不断推进党风持续好转;通过开展"两学一做"学习教育,不断推动党的作风建设向纵深发展。要以上带下,抓住领导干部这个"关键少数",让领导干部起到先锋模范、率先垂范的作用,从而带动其他党员形成良好作风。此外,作风建设是一场长期的战役,不能存在侥幸心理,要把作风建设当作一个长期性、经常性的重要事项来抓,要建立一套科学的

---

① 《习近平关于"不忘初心、牢记使命"论述摘编》,人民出版社 2019 年版,第 149 页。

② 《习近平谈治国理政》(第 2 卷),外文出版社 2017 年版,第 63 页。

③ 人民日报社评论部编著:《"四个全面"学习读本》,人民出版社 2015 年版,第 271 页。

制度并进行严格执行，建立健全作风建设长效机制，持续不断地推动基层党组织的作风好转。

党内政治生活关乎基层党组织功能的实现，是否有严格的党内政治生活关系到一个班子强不强、有没有战斗力，更关系到基层党组织各项功能发挥的效能。支部生活是基层党组织党内政治生活的基础，要严格、有效地进行支部生活、支部组织生活；党内政治生活的开展要学会运用批评和自我批评的武器，自我审视、自我剖析，直面基层党组织存在的问题，勇于进行自我革命，不断改进工作方式方法；基层党组织要把民主集中制作为开展党内政治生活、处理党内关系与事项的基本准则；党内政治生活要注重联系实际，重点解决基层党组织内突出的矛盾和问题；党内政治生活要以“惩前毖后、治病救人”为准则，要把这个方针一以贯之；开展党内政治生活要加强集中性教育与经常性教育的有机结合，建立规范的基层党组织教育机制；党内政治生活要努力营造生动、活泼、团结的政治局面，确保党内政治生态文明，以促进各项事业的进一步发展。

第二，要严管纪律。党要管党，就要靠严明的纪律。严明党纪，把巡视利剑直插基层。党的十八大以来，面对更加复杂的党内外形式，党中央将纪律建设纳入党的七大建设之中，而且纪律建设加强党风廉政建设、打赢反腐败斗争的必然选择。习近平总书记指出，我们党从“出生”起就把共产主义信仰、爱国主义情怀、革命气概作为精神给养，把严明的纪律作为成长的鞭策。从当初的几十人发展到八千五百多万，依靠的是好的养料和严厉的鞭策。在新时代，面对国土广阔、人口众多、国家正向社会主义强国奋进的情况，只有依靠优良传统、严明党的纪律，才能全方面约束和凝聚起每一名党员，进而加强党的凝聚力和战斗力，提高党的领导能力和执政能力。①

一方面，严格遵守和执行党的纪律，必须维护好党的政治纪律。“政治纪律是指党组织和党员行为和政治言论的规范，也是处理党的各级组织和党员与党的路线、方针、政策之间关系的准则。”②政治纪律规范党员的政治行动和政治言论，维护政党的政治路线、方向和原则，是政党性质的集中体

---

① 参见中共中央文献研究室编：《十八大以来重要文献选编》(上)，中央文献出版社 2014 年版，第 131 页。

② 《新编党的纪律检查工作手册》，中共中央党校出版社 2003 年版，第 1 页。

现,因此政治纪律在政党纪律中占据首要的地位。对于中国共产党而言,政治纪律是最重要、最根本、最关键的纪律,遵守政治纪律是遵守一切纪律的重要基础。严肃党的政治纪律,事关党的政治方向,党的团结统一。坚持党的领导和党的基本方略,是党在新时代实现中国特色社会主义伟大事业、实现中华民族伟大复兴中国梦的关键。违背这一原则,就是违背中华民族的整体意志,必会被人民群众抛弃。广大党员干部只有真正在思想上、在政治上、在行动上同党中央保持高度一致,自觉维护中央权威,形成强大合力,才能为中华民族的伟大复兴贡献力量。因此,每位党员都应在维护党的政治纪律这个重大问题上做到立场坚定,旗帜鲜明。党的各级组织要把严明党的政治纪律放到重要位置。

基层党组织过硬的政治纪律并不是与生俱来的。想要维护好基层党组织的政治纪律,就要保持政治上的坚定,就要保持思想上的清醒。这就要求基层党组织从以下四方面下功夫:一是要加大基层党员、干部的理论学习力度。要全面、广泛、深入地学习马克思主义理论,特别是要加强对习近平新时代中国特色社会主义思想的研究。通过科学的思想,获得正确的认知,提高政治站位,进而指导中国社会主义现代化建设实践。二是要深入学习党史、新中国史、改革开放史、社会主义发展史,将"四史"的学习同马克思主义基本理论结合起来,涵育爱党、爱社会、爱国情怀,进而寻得初心使命、坚定理想信念、践行使命担当。三是要深入学习党的方针政策,通过方针政策的学习,提升党员认识过去、审视现在、预测未来的能力,凝聚政治共识。四是维护政治纪律要具有现实针对性,要通过强调基层党组织的严明政治纪律,解决基层党组织在政治生活中存在的问题,对广大党员的思想境界进行净化,教育引导党员、干部自觉做到"两个维护",维护党的团结统一。

另一方面,严格遵守和执行党的纪律,还必须维护好党的组织纪律。新时代背景下,国内国际形势急剧变化,中国共产党面临严峻复杂的反腐败斗争形势,中国共产党人在以习近平同志为核心的党中央的领导下,要不断加强党的组织纪律建设,维护好党的组织纪律,时刻保持党的先进性和纯洁性。组织纪律是处理各级党组织之间以及党组织和党员之间关系的规范。保证组织纪律有效落实是实现党的团结与集中统一的基本条件,是保持党的战斗力的基础,是基层党组织的核心力量。党严密的组织体系和强大的组织能力是党发挥领导力的重要条件,松散的组织就像一盘散沙,不能将组织成员会聚在一起,也不能使整个组织保持高度的统一，进而无法形成强大的合力，无法发挥党的各项功能。组织纪律的维护要增强基层党组织的组织纪律性。全体基层党员坚决不能触碰组织纪律这条“高压线”，严防“破窗效应”，努力尽职尽责、严守纪律、敢于担当。习近平总书记向全党提出，要抓好组织纪律，增强全党的组织纪律性，抓好党员的组织生活，让组织生活定期有序进行，塑造党的核心力量，把广大人民群众团结在党中央周围。①

因此，自觉遵守党的组织纪律，最基本的原则是坚持党章规定的“四个服从”。党员个人要明确个人与组织的关系，权衡个人利益和组织利益的轻重，自觉服从组织安排，以组织为重，不能片面追求个人利益，不断凸显基层党组织建设的成效。在日常运行中，基层党组织要强化组织生活，要把党的各项组织生活制度化，并严格遵守，坚决避免组织生活的随意化、平淡化和空洞化，更不能使组织生活走向娱乐化、庸俗化。要通过强化组织生活，形成基层党组织良好的组织生活氛围、严格的组织生活纪律。基层党组织要强化党内纪律和监督问责，要努力提升基层党组织的自我约束能力和自我纠错能力，要加大对广大基层党员干部的监督力度，使广大党员干部受到群众和组织的全面监督，把严格的组织纪律变成日常行为准则。

第三，要严管制度。制度建设是党组织的一项长期性、根本稳定性、全局性的建设。在革命、建设、改革的各个历史时期，中国共产党始终把制度建设放到重要位置上。要从严基层制度治党的刚性约束，严扎基层腐败制度的笼子是基层党组织建设的关键一环。近年来，基层腐败侵蚀着党执政的群众基础和政府的公信力。基层腐败损害的是群众的切身利益，也挥霍了基层人民群众对党组织和党员干部的信任。以“制”成“治”，突出制度治党是全面从严治党的题中之义。基层是制度治党的执行终端，抓基层制度建设，就是要防止制度空泛、健全完善制度、突出制度的刚性约束力，夯实基层党组织建设和功能发挥的制度基础，做到增强项、补弱项。目前，基层党组织的制度建设存在一定的问题，集中表现为制度有待完善，有些制度难于实行，部分基层党组织存在有制不依的问题。这就要求基层党组织：一是对现有制度进行改进，根据自身基层党组织的特点，不断健全和完善基层党组

① 参见中共中央文献研究室编：《十八大以来重要文献选编》（上），中央文献出版社 2014 年版，第 766 页。

织的各项制度,坚持问题导向,做到精准施策,确保民主集中制、党内学习、干部选用等方面的制度建设,保证制度的完整性。对不同类型的制度进行区别处理,对不合时宜的制度要敢于废止,针对新出现的问题要尽快制定新的制度,对有问题的制度要进行修改和完善,不断优化各项制度。坚持进行“不忘初心,牢记使命”制度建设,完善人民当家做主制度,坚持全面从严治党制度。二是提升制度的可执行性和人性化,增强党组织制度的可操作性,增强党的组织制度的治理效能。三是强化基层党组织的制度执行思维,加大基层党组织执行制度的执行力度,强化督促检查,推动法规制度落实。

2.全面从严治党向基层延伸,最根本和最关键的在于加强基层党组织建设。

只有大力提升基层党组织各项功能的发挥,才能使基层党组织在从严管党治党中发挥重要作用。因此,从这一点出发,在党的基层组织建设机制研究中,还必须明确以下几点:一是对于党的基层组织建设机制,只有其组成系统、组成要素结构合理、组织严密,其才具有正常运转的基础和前提。鉴于此,这个机制及其内在要素必须具备结构的完整性和组成的合理性。二是党的基层组织建设机制的各个系统及其要素处于有机的内在联系之中。它们之间不是简单的秩序排列,只有在基层组织建设这个有机体内有机联系、科学制约并且与外部环境相互作用的情况下,基层党组织建设机制才可能正常、高效地运转。三是党的基层组织建设机制的各组成系统及其要素必须具备工作目标的一致性和运动的有序性。只有各组成系统和组成要素在工作总目标上保持一致,既具备结构形式的有序性,又在运动、变化和发展上处于有机联系和有序运作状态下,其整体机制才可能有效运转。四是党的基层组织建设机制应当具备适应性和自我调整性,即党的基层组织建设机制要能主动适应外界客观条件和内部组成要素不断变化的要求,对自身的内部结构、运行方式方法等做出积极调整,以保持机制整体稳定有效地运转和既定目标的实现。

第一,要扩大基层党组织覆盖面。“基础不牢,地动山摇。”新形势新条件下,党的基层组织设置、活动开展遇到不少新情况新问题。扩大基层党组织覆盖面,更加有力地保证党的路线、方针、政策在基层落地生根,既是全面从严治党的形势之需,更是基层党组织功能发挥之需,对于克服一些基层党组织功能弱化、虚化现象具有十分重要的意义。只有不断推进基层党组织设置从“有形覆盖”向“有效覆盖”转变、组织活动从“偏于形式”向“突出作用转变”，更加贴近基层经济社会发展、更加贴近基层群众需求，才能最终实现好、发挥好基层党组织的各项功能。扩大基层党组织覆盖面，是新时代坚持和加强党的全面领导的基本保证。党的十八大以来，习近平总书记多次强调，全面从严治党，核心是加强党的领导。扩大基层党组织覆盖面是新时代充分发挥基层党组织功能的现实要求。正如习近平总书记在2010年到北京叶青大厦调研基层党建工作时所指出的，现在基层党建工作面临许多新情况新问题，特别是面对社会组织形式的多样化、流动人口的大量增加和信息网络技术的广泛运用，党的基层组织体系和工作方式、活动方式还有不少需要完善的地方。[①] 随着社会条件的不断变化、产业布局的不断调整，行业分布、党员流动出现了很多新变化，如何因地制宜、因业制宜、灵活多样地推进党组织的设置，扩大党组织覆盖面，考验着基层党务工作者的创新智慧。因此，在传统农村、社区搞好党的建设的同时，大力推进非公企业、社会组织、专业合作社、产业链、新兴领域、互联网媒体、外出务工人员集中点等非传统领域党建工作，更需要基层党组织立足实际，不断拓宽思路、解放思想，努力发挥好基层党组织的各项功能。

第二，创新基层党组织建设的区域化。在我国，党组织高度渗透到基层社会，对社会具有高度的整合性。基层党组织内在地涵盖了不同领域、不同职业和不同年龄的党员群众。他们在国家政权建设的实践中扮演着组织者和实施者的角色，基层党组织各项功能的发挥为社会的有效管理提供源源不断的支撑。灵活设置基层党组织，使基层党组织的设立、划分能够适应形势和任务的变化。组织建设区域化是在社会结构日益分化、利益格局深刻调整和公民意识不断增强等执政环境变化的条件下出现的，实际上是把区域发展理论、系统理论和现代管理理论引入执政党组织建设领域。[②] 组织建设区域化相对于传统执政党组织建设的优势主要集中体现在三个方面：在范围上，打破地域、产业和行业等限制，变点状推进为块状规划；在机制上，以组织设置形式的创新为基础，推进组织建设工作的内容、方式方法和机制的创新，从而充分发挥基层党组织的推动发展、服务群众的功能实现和作用

---

① 参见沈小平主编：《新时代党的建设丛书 新时代党的基层组织建设》，中共党史出版社2018年版，第123页。

② 参见谭果：《浅析区域化党建的逻辑动力和科学路径》，《湖南行政学院学报》2011年第3期。

发挥;在层级上,对执政党基层党组织建设工作实行中观管理,以恰当的层级、合理的幅度抓党的组织和工作覆盖,负责党员教育管理,克服宏观管理的不便和微观管理的缺失,实现上级党组织和一线工作的对接,不断增强基层党组织的凝聚力和整合力。从组织设置来看,组织建设区域化要求构建组织的区域化和网格化,从而打破了条款分割的格局;从资源配置来看,组织建设区域化能够有效整合与优化配置区域内执政党组织建设资源和社会资源,从而打破了传统执政党组织建设中的资源配置模式。组织建设区域化并不是回到旧有的执政党组织建设方式,而是通过发挥执政党的社会功能,提升其服务社会的水平,同时为基层党组织服务功能的提升搭建实现平台,推动各项功能的强化。

第三,创新基层党组织工作机制。加强基层党组织建设,机制创新是根本。在一切工作中,机制建设具有根本性、全局性、稳定性和长期性。基层党组织的工作机制要实现制度化、规范化、精细化。在全面从严治党实践中,创新基层党组织工作机制,可以从以下几方面发力:一是要完善目标机制。要通过确立基层党建工作目标,强化基层党组织在从严治党实践中各项功能发挥的相关职责,建立目标激励机制,调动党员和干部主动作为、参与的积极性。二是要规范党内民主参与机制。党内民主是党的生命,党员是党内生活的主体。在全面从严治党实践中,党中央坚持落实党员权利,保障党员参与党内生活的民主权利,充分发挥基层党员参与党内事务的积极性、主动性和创造性。具体而言,基层党组织应进一步健全民主决策制度,提高基层党员和群众的参与度;健全决策公开制度,增强决策的透明度;加强民主生活会制度和民主评议党员制度,加强党内民主,把党内民主与基层民主管理制度衔接起来,推进基层民主政治建设。三是建立协调疏导机制。特别是在调节矛盾方面,要建立完善社会联合调节制度,完善群体性事件的处置机制和方法,建立完善基层群防群控机制,提高综合运用政策、经济、法律等方法化解矛盾的能力,把基层群众工作做细做实。四是建立服务群众机制。把基层组织建设与服务群众机制结合起来,不断深化直接联系服务群众的规律性认识,建立直接联系服务群众的长效机制,根据各类型基层党组织的实际情况,采取一系列着眼于服务基层群众的措施并及时总结经验,把行之有效的做法转变为固定制度。

第四,创新基层党组织工作方法。为全面提升基层党组织各项功能的发挥搭建平台。随着经济全球化和科学技术的迅速发展，信息网络时代来临，社会各要素不断融合，各种新问题、新情况不断出现，党员思想愈发活跃、接收到的信息渠道多样，接触面逐渐扩宽，基层党组织的工作环境和服务对象都出现了新的变化。仅用简单传统的手段、单纯枯燥的工作方法，将滞后于时代，滞后于党员的思想发展，不能取得理想效果。要做好新形势下基层党组织建设工作，一方面，必须大胆解放思想，坚持与时俱进，用发展的眼光和创新的精神不断研究新情况，解决新问题。另一方面，要善于抓住方法创新这个重点，突破传统的思维定式、工作模式和常规运作方式，不断探索具有时代特征、符合基层实际的途径，运用各种载体拓宽工作平台，积极探索符合基层党组织特点，增强基层党组织功能实现的有效方法。基层党组织要科学设计基层党组织的活动内容，注重新知识的教育和传播，注重创新意识的培养，确保创新所需要的资源和物质保障，营造创新所需要的文化氛围，使基层党组织功能发挥体现时代性、富于创造性。

## 二、构建基层党组织领导班子能力提升的长效机制

领导班子是一个地方、一个单位的“火车头”，建设好领导班子是夯实党执政的组织基础的关键。基层党组织领导班子是党的组织和党的事业发展的中坚力量，是党的执政活动的组织者和执政使命的实践者，处于核心地位，起着关键作用。在全面从严治党实践中，切实提升基层党组织各项功能的实现，关键在于健全制度机制。要构建符合时代要求的基层党组织领导班子工作制度体系，必须坚持科学性、系统性和可行性三者之间的有机衔接和相互统一，重点在于加强基层党组织领导班子制度建设，在完善基层党建工作长效机制、领导班子能力提升长效机制等方面进行探索和实践。

领导班子能力建设是基层党组织功能实现的关键。基层党组织功能的实现是针对整个基层党组织而言的。然而，构成基层党组织整体的基本要素是基层党组织和广大党员干部。提升基层党组织的各项功能要通过提高基层党组织的主政、施政能力来实现，更为重要的是通过各级基层党组织领导班子的思想、政治和组织领导来实现。因此，不断提升基层党组织功能的实现，关键在于加强基层党组织领导班子能力建设。党不是党员和干部人数的简单之和，而是一个有机的整体。对于执政党来说，各级基层党组织领导班子是构成党的整体的核心要素，是党所执掌的政治权力的直接承担者。

基层党组织各项能力的发挥首先要通过领导班子及其成员个人能力来体现。加强基层党组织领导班子能力建设是增强基层党组织功能实现的关键环节，也是一项复杂的系统工程。在实践中，我们要把基层党组织功能实现与优化基层党组织领导班子结构、健全领导班子工作责任机制统一起来；把增强基层党组织领导班子能力建设与健全民主集中制执行细则、巩固党的执政基础统一起来；把加强基层党组织领导班子能力建设与制度建设、经常性建设统一起来。立足当前，着眼长远，使基层党组织领导班子、领导干部不断适应新形势、新任务的要求，在实践中掌握新知识、积累新经验、增长新本领，使基层党组织各项功能得以有效实现。

第一，健全基层党组织领导班子工作责任机制。一要健全责任落实机制，完善党建工作领导责任制，建立工作督查、调研指导和责任追究制度。二要健全工作推进机制，制定实施体现全面从严治党要求的基层党建领导班子考核办法。要健全激励保障机制，营造良好的氛围。具体而言，各基层党组织要结合全面从严治党实践需要，按照党内外、定性与定量相结合的原则，实施基层党组织领导班子和党员干部目标责任制和评价考核办法，形成层层抓落实、级级被考评的工作格局。要通过完善干部考核评价机制，引入激励机制和竞争机制，引导领导干部树立正确的政绩观，促使领导干部为人民群众和社会发展干实事、创实绩。考核评价机制中的评价机制要尽可能细化，建立权责清单，根据基层实际和岗位职责设置不同的考核标准，落实不同岗位领导干部的主体责任，注重将单项考核和综合考核、平时考核和年终考核、上级党组织督察和党支部自查结合，要严格考核标准、优化考核的程序。三要落实责任追究机制。对考核标准严格执行，考核过程公开透明，考核结果及时反馈，基层党组织应该注重考核结果的公开化，对考核达标的领导成员进行表彰和奖励，对考核结果不理想的成员进行教育促其改进，同时还要追究领导的相应责任，要有一定的奖惩措施。

第二，健全民主集中制的执行细则。民主集中制是中国共产党的根本组织制度和领导制度，加强基层民主集中制的建设具有重要意义。要按照贯彻民主集中制的要求，进一步完善基层党组织党委常委会议事规则、领导班子办公会议事规则、廉政建设责任制度、党委领导班子民主生活会制度等，建立一套良性的工作运行机制，使基层党组织焕发出生机和活力。要健全重大问题集体决策制度，实行决策论证制和决策责任制，建立情况反馈、情况通报和重要事项征求意见制度。基层党组织在基层管理和服务群众工作方面，要严格按照议事规则和程序，充分酝酿、充分讨论，在进行重大决策之前要广泛征求多方意见，要进行扎实的调研论证，做到科学决策、民主决策、集体决策，不断实现“决策能力”的提升。基层党组织领导班子要严格依法行使职责，坚决反对独断专行，不搞“一言堂”，实行集体领导制度，坚持团结民主，以良好的作风带动，以人格力量感染，以有效政策激励，将基层党组织领导班子凝聚成一支政治坚定、求真务实、开拓创新、能力高强、勤政廉政、团结协调的队伍，营造浓厚的民主集中制氛围。

第三，抓好基层党组织领导班子的经常性建设。提高专业化水平是新常态下班子建设的关键所在。习近平总书记强调，要把提高专业化水平贯穿领导班子建设始终。要围绕新时代发展要求，以提高专业知识、专业思维、专业方法、专业能力、专业精神为主要内容，通过强化学习培训、实践锻炼，进一步完善基层党委理论学习制度，强化政治意识、大局意识、民主意识、责任意识和服务意识，树立科学发展观，牢记“两个务必”，恪守“立党为公、执政为民”的职责。

第四，抓好领导班子的经常性培训。非学无以广才，非学无以明志。创建学习型社会、学习型政党、学习型组织是经济时代人们的共识。系统开展专业化学习培训，开展继续教育、终身学习，多方式多渠道提高基层党组织领导班子学习能力。基层党组织领导班子在功能实现过程中，为有效克服“本领恐慌”等问题，应着重加强集体学习。在培训体系上，培训工作要全面、科学地设置培训内容，根据领导干部的不同单位、不同系统进行分类培训，建立立体式、针对性的领导培训体系。在培训内容上，应突出知识前沿性和时效性，不断学习新知识、新理念，把党的最新理论、社会发展的重点难点及时更新在培训内容之中，在培训中贯穿政治教育主线、专业能力主线、知识理论主线，全方位提升领导干部水平。在培训形式上，可以采用灵活多样的形式，如专题报告、经验交流、专家讲坛、网上自学、实地调研、综合竞赛等，营造良好的学习氛围。依据集体学习的特点，基层党组织要增强领导班子集体学习的能力，具体而言，一要做到内外沟通，促进领导班子内部的知识、信息共享。二要把每一次集体决策的过程变成集体学习的过程。通过决策过程的信息高度集中、思想相互撞击、各种意见建议高度整合，最终形成高质量的集体决策方案。三要运用会议技巧扩展集体学习的形式，通过讲座、研讨等形式应深入开展社会主义核心价值体系学习教育，开展理想信念教育，深入开展“四史”学习教育，凝聚社会共识，把广大人民团结在中国特色社会主义伟大旗帜之下。通过深入开展爱国主义、集体主义、社会主义教育，丰富干部精神世界，增强干部精神力量。通过培训，培养干部敢于担当、勇于作为的精神。广大干部做事要讲求实效，不做虚功，实实在在为人民谋发展，凝聚社会发展的强大动力。

第五，强化实践锻炼。党的十八大以来，各级党组织都注重培养干部的实践能力，将其提到重要位置，基层党组织对领导干部的实践要求进一步严格，强化实践锻炼是领导干部能力提升的重要手段。干部要深入基层、深入群众，坚持在实践中学，可以熟悉基层情况，密切与群众的关系，把学习到的理论放到实践中检验，在实践中学到真知。要进一步完善领导干部基层实践锻炼的机制体制。以实地考察、短期学习、实践锻炼等形式，在重要项目、农村基层、有工作难度的岗位等锻炼干部，分若干专题调研问题、交流经验，提高领导班子和党员干部分析问题、解决问题的能力，不断提高领导班子的战略思维、创新思维、辩证思维、法治思维、底线思维能力，以及科学决策能力、驾驭全局能力、开拓创新能力，在实践中检验能力、锻炼成长、锤炼本领。

第六，优化领导班子整体功能结构，结合基层党组织功能布局，综合考虑个体与班子、经历与能力、结构与功能之间的关系，通盘考虑、选优配强基层党组织书记。基层党组织是党联系群众的桥梁和纽带，在加强基层党组织功能实现中，只有积极建立适应新时代发展需要的用人观和用人机制，创新选人机制，拓宽用人渠道，选好配强基层党组织领导班子和党组织书记，基层组织才会有坚强的领导核心和人才保证，才会有创造力、凝聚力和战斗力。在农村，不断提高农村基层党组织领导班子能力功能，要在坚持基本政治条件的同时，要把那些具有带领群众面向市场、发展农村经济、致富带富能力强的人才吸纳到村级领导班子中来，逐步改善村党组织书记队伍结构。尤其需要注意从优秀大学毕业生、知识青年、复退军人、农村致富能手等高素质群体中选拔村干部，努力建设一支政治上靠得住、工作上有本事、作风上过得硬、致富能力强、群众信得过的农村“领头雁”队伍。在社区，建强基层党组织，就要不断拓宽基层党组织领导干部公开招聘、选拔的方式，把热心为群众服务、熟悉城市基层管理和社区建设的干部选拔到领导岗位上来，加强社区基层党组织的领导力量，增强社区党组织服务群众、促进和谐的功能。在“两新”组织中，要注意把学历、知识层次高，年轻有创新精神的干部吸纳到基层党组织领导班子中来。在机关、科研院所、国有企业等，将政治素质高、党建工作经验丰富、工作能力强的同志选拔为党组织书记，充分发挥政治优势和资源优势，发挥党组织的核心领导作用，推动基层党组织充分发挥利益诉求、服务等功能。

第七，创新基层党组织领导班子工作载体。形式是为内容服务的，必须随着内容的变化而变化；形式对内容具有反作用，形式的合适与否，直接关系到内容的实现。新颖、生动的工作形式和工作载体，能够把充满活力的基层党组织工作更好地表现出来，基层党的建设就会思路清、方向明、办法多，基层党组织各项功能就能够有效发挥，充满吸引力和影响力。基层党组织领导班子应该创新并探索行之有效的活动载体，使之有力地推动党的基层组织建设，实现基层党组织功能整体推进的有效机制。一是领导班子的工作载体要能反映时代性、体现群众性、具有创新性。要有效把握活动载体的作用，把基层党组织的政治功能和具体目标任务蕴含在党组织建设的载体之中，通过有效的载体活动来保证党的领导在基层党组织的实现。根据现实要求和师生员工的需要，丰富党组织活动载体的内涵，将党建工作的新部署新战略新要求渗透和体现在党建活动载体之中，党内活动是基层党组织为了对上级组织的政策和决定的落实，履行组织职能，发挥自身作用而开展的各类活动。党组织的教育内容要求通过各种党内活动落实。高校基层党内活动对丰富党组织活动内容、加强师生党员的思想政治工作、推动教育事业发展具有不可替代的作用。二是要对领导班子的工作载体进行科学设计。与基层党组织建设的目标任务相结合，大力推进创新，大胆设计活动方式，有力拓展活动载体，使载体内容体现基层党组织具体目标任务要求，使载体形式蕴含党组织的桥梁纽带作用，使载体方式方法能够便于操作实施，实现党组织在多层次、宽领域、全方位地开展各项活动。

第八，创新基层党员干部监督工作。促进基层党组织的领导班子建设，不能忽略进行基层干部的监督工作，要力求以改革创新精神推进基层党员干部监督工作发展，让权力在阳光下运行。一是创新基层党员干部监督体制机制。要改革基层党员干部监督体制，增强基层党员干部监督部门的权威性。要从基层党内权力行使的源头上进行规范，强化对基层党内权力运行过程的监督，努力形成基层党内决策权、执行权、监督权既相互制约又相互协调的权力结构和运行机制。二是要创新基层党员干部的选拔任用监督。要拓宽基层党组织内部的民主监督渠道，在干部选拔与任用的全过程中，保障基层党员、群众的知情、参与、表达和监督权，全面提高基层党员干部选拔任用工作的透明度。在选拔任用程序上，要着力加强对基层党员干部选拔任用程序的制度约束，明确各个环节监督的内容、方式，从而把基层党内监督渗透到基层党员干部选拔任用程序的各个环节，贯穿基层党员干部选拔任用工作全过程。尤其是在确定拟任人选之前，要将所有候选人的情况予以公示，广泛征求基层党内意见，认真对待群众的意见，真正确保基层党员、群众的知情权和监督权。

进入新时代，面对日益复杂的基层组织环境、富有挑战的基层建设任务，基层党组织的领导班子应该具有能力不足的危机感，基层党组织功能实现过程中需进一步增强领导班子的几种基本能力：

第一，理论思维和战略思维能力。不断增强基层党组织领导班子理论思维能力，即运用马克思列宁主义、毛泽东思想和中国特色社会主义理论体系的立场、观点和方法观察世界、分析形势的能力。战略思维是指一种着眼于全面和长远来考察、思考和处理问题的科学思维方式，即充分做到全面性、系统性和预见性。具体来说，一是基层领导班子要总揽和驾驭全局，抓住基层党组织全局工作的主要矛盾和中心任务，准确把握基层党组织运行中的主要矛盾和突出问题，加快解决事关全局的一系列重大问题，善于发现和巩固制约全局发展的薄弱环节。领导班子要从广大人民群众的根本利益出发，正确处理整体利益和局部利益、集体利益和个人利益的关系，提出相应的方针政策，针对性地解决基层党组织中出现的各类问题，形成统筹兼顾的利益协调机制，全面推动组织发展。二是基层党组织领导班子要有战略思维，不断增强预见能力，要树立长远发展的理念，注重发展的可持续性，把基层党组织的长远发展作为一切工作的出发点和落脚点。

第二，民主决策和科学决策能力。作为基层党组织领导班子，能够做到决策既符合民愿、顺应民心、实现民益，又在方法、手段和程序上符合科学精神，是判断基层党组织领导班子能力与水平的根本尺度。基层党组织领导班子要做到民主决策和科学决策，就必须要坚持可行性原则、择优原则等，既要符合实际，又要选择其中的最佳方案。同时，为有效推进基层党组织各项功能的实现，基层党组织还必须改革和完善领导班子决策机制，在完善深入了解民情、充分反映民意、广泛集中民智、切实珍惜民力的决策机制的基础上，完善领导班子重大决策的规则和程序，建立社情民意反映制度，在决策过程中确立全局和群众观点，正确解决决策过程中局部、部门的利益冲突问题，处理好主要领导决策与集体研究决策之间的关系，体现决策的科学性。要善于运用现代化的决策方法和技术手段，为决策提供条件。

第三，推动基层社会全面发展的能力。推动基层社会全面、快速发展，不仅是各级基层党组织领导班子义不容辞的责任，同时也是基层领导班子治理能力的最好体现。在基层，充分发挥党组织的功能、深化改革发展，就要善于调动人民群众的积极性、创造性，善于概括群众的经验，站在群众的立场上，维护和实现最广大人民群众的切身利益；不断推进基层党组织服务能力、利益表达等功能的发挥，以促进基层社会的全面发展和进步，从而充分体现各级领导班子驾驭全局的整体领导能力，从而全面推动社会发展。

第四，依法领导与行政能力。在全面依法治国大背景下，基层党组织领导班子都必须不断提高依法领导与依法行政的能力。为此，领导班子成员要增强法制观念，牢固树立“人民主权”观念，严格依法、依规办事，带头严守党的各项纪律。在进行决策时，要确保决策制度科学、程序正当、过程公开、责任明确。要坚持科学、民主决策原则，特别要注重决策的合法性，让权力的行使必须接受人民和法律监督与制约；要进一步健全对基层党组织负责人领导行为的法律规范和监督制约，以提高整个领导班子依法领导与依法行政的能力；要健全科学的领导体制和工作机制，以保障基层党组织领导班子依照法律和各自的章程开展工作，实现领导方式法制化、工作方式规范化和程序化。

第五，应对复杂局面和处理危机的能力。进入新的历史时期，面对基层社会出现的各种矛盾和新情况，深入分析新问题产生和发展的特点、趋势，不断提高基层党组织领导班子应对复杂局面和处理危机的能力。其中，最为关键的是要不断增强基层党组织领导班子的危机意识和危机管理能力。加强对危机事件的研究，做好预警、预案，提高领导班子的危机决策和危机处理水平，在危机面前以高度负责的精神做出快速、正确的反应。在应对危机时，领导干部要注重四种能力建设：一是提高危机预警能力。领导班子要有观察力和洞见力，要有防微杜渐的本领，能够准确把握局势、研判局势，预测到危机的发生。要学会建立危机预警制度，注重加强日常防范，把问题和风险化解在萌芽状态。二是提高危机反应能力。快捷有效的反应可以有效控制危机的影响范围，防止冲突升级。领导干部面对危机要心态稳定，客观地、科学地判断当前形势，坚持问题导向，分析危机事件产生的原因和发展趋势，及时拿出可行的应对方案，精准施策，尽快化解危机。三是提高危机控制能力。在危机处理的过程中，能把分散的资源迅速整合起来，协调政府各个部门，形成多方合力，有效规避社会风险，推动社会安定。四是提高危机恢复能力。在危机过后，具有快速恢复社会秩序的能力，要深刻总结经验教训，进一步完善相关制度，严防危机再次发生。

第六，激发创新能力。在当今时代背景下，创新能力正日益成为基层党组织领导班子的核心能力。有效发挥基层党组织的各项功能，就要充分加强领导班子开拓创新能力的培养，不断激发领导班子的创新观念和创新精神，敢于超越经验和习惯，敢于超越自我和现实；注重开发领导班子的创新思维，在各项功能发挥和工作的开展中要善于改变传统单一的直线思维方式，使思维具有方式上的求异性、状态上的主动性、结构上的灵活性、表达上的新颖性，扩宽思维空间；在实践中，要从理论、制度等方面创新工作技能。基层领导干部要具有创新意识和创新思维，善于观察当今社会的变化，将出现的新情况与新问题与实际工作结合起来，形成创新性的做法，并且有将此做法制度化的能力，要敢于、善于在具体工作中用新思维、新方法认识问题和解决问题，打破传统观念和做法的束缚，不断开创基层工作新局面。

第七，团结协作能力。基层党组织领导班子的团结协作，主要是指班子的各个领导成员在对组织目标认同的思想基础上，认真负责、积极工作、顾全大局、互相配合。只有领导班子团结协作，才能确保基层党组织的稳定和巩固，才能使基层党组织正常履行职能，充分发挥领导班子的整体功能，从而取得“1＋1＞2”的系统效果。为有效增强基层党组织领导班子团结协作能力，一要使班子成员责权一致，“有职有权”才能调动工作的积极性和创造性。二要坚持自由与纪律的统一，通过规范制度、约束行为来实现决策的民主化。三要建立内部团结与和谐的关系，形成互相协商、互相促进的良好风气。四要经常开展思想交流，增强彼此之间的了解和信任，为合作共事提供良好的环境和氛围。五要优化领导班子的整体素质，科学配备班子、注意优化结构，充分利用思想教育与组织调整相结合的方法，维护团结和稳定的大局。

第八，自我完善的能力。中国共产党是个不断完善的党，基层党组织领导班子也应该不断进行自我提升、自我完善、自我净化和自我革命。具体而言，要树立终身学习意识，增强善于学习的本领，不断地审视自我、提高自我，完善能力。通过持续不断的政治学习，提高领导班子的政治觉悟，确保执行的方向；要通过理论学习，不断增强自身能力建设，提升领导班子能力素质；要通过严以修身，提高领导班子的道德水平，树立领导班子的良好形象；通过廉洁作风，树立基层党组织的威信，保持同群众的鱼水联系。

### 三、优化党员队伍、提升党员能力的长效机制

进入新时代，如何建设一支高素质专业化的基层干部队伍既是基层党组织干部队伍建设的重点，也是新时代基层党组织工作对党员干部提出的要求。

第一，不断完善基层党员干部选用机制。在选人方面，各基层党组织要从基层发展的需求出发，坚持正确的用人导向，坚持任人唯贤、德才兼备、群众公认、注重实绩、公开平等、竞争择优、从严落实选人用人政治标准，既严格执行《党政领导干部选拔任用条例》，又紧密结合基层实际。坚持公开原则，对党员干部职务进行公开选拔，公开选拔标准、推荐人选、选拔过程。要多进行干部选任、交流、调整、回避、任期、辞职、免职等各项工作的积极探索，把民主推荐、公开竞岗、酝酿协商、组织考查、讨论决定、公示等成熟的做法以制度形式固定下来，真正做到按“德才”选贤能、按“从严标准”定取舍，把作风好、能力强、素质高的优秀干部特别是优秀青年干部选拔上来。要改进干部选拔机制，选择综合素质高、经过实践检验、取得工作成绩的复合型干部，要大胆选用敢于创新、积极进取的中青年干部。

一是要突出政治性，严把基层党组织党员干部“德才”标准。在十九届中共中央政治局第十次集体学习时，习近平总书记强调：“要严把德才标准。德才兼备，方堪重任。”在基层党组织干部选拔上，中国共产党始终坚持“德才兼备、以德为先”的标准。党的十八大以来，根据新时代对干部队伍建设的要求，习近平总书记提出好干部的标准，并具体概括为 20 字，即“信念坚定、为民服务、勤政务实、勇于担当、清正廉洁”[①]。其中，理想信念坚定是好干部第一位的标准。2015 年，习近平总书记又进一步将好干部的标准凝练

---

① 中共中央宣传部编：《习近平总书记系列重要讲话读本》，学习出版社、人民出版社 2016 年版，第 162 页。

为“心中有党、心中有民、心中有责、心中有戒”的新“四有”标准[①]。这抓住了新时代干部工作的核心问题，为选人用人树立了时代标杆和价值准则。进入新时代，在基层党组织干部的选拔上如何严把“德才”用人标准，如何有效地选拔出“政治过硬”“本领高强”“理想坚定”“善于乐于为群众服务”“清正廉洁”的干部是基层党组织干部选拔工作的重点。在干部选用实践中，习近平总书记突出强调，选人用人要严把政治关，突出强调政治标准，看重“四个意识”。当前，有效地发挥基层党组织的各项功能需要一大批优秀的基层党员干部，选拔基层党员干部是一项富有意义的工作，必须以新时代干部选用的标准为根本遵循，把忠诚于党和人民、坚定理想信念、坚定“四个自信”，坚决维护党中央权威和集中统一领导，作为衡量基层党员干部的第一标准。

二是要人事相宜，建立基层党组织党员干部选任体系。从基层党组织工作的实际出发，以更高的站位、更广阔的视野发现基层人才、使用基层人才、配置基层人才，这是新时代对基层党组织干部选任工作提出的要求。在基层党组织干部选任上，应解放思想、开阔视野，不断拓宽人才来源渠道。一是用人要“知人”。知人善任就需要多渠道、多层次、多侧面、近距离地深入了解干部对重大问题的见识见解、对人民群众的态度感情、对复杂问题的解决能力、对个人名利的境界格局，并坚持日常与重要关头和关键时刻相结合，组织层面和群众层面相结合，“大事”和“小节”相结合的知人原则，充分了解基层人才。[②]二是用人要会“看人”，要在全面了解的基础上，善于抓住干部的品质、个性和能力特点，根据干部的素质和专长，安排适当的工作，做到人尽其才。要坚持全面、历史、辩证地看干部，注重一贯表现和全部工作，综合考察基层党组织党员干部在发展速度和原有基础、显绩和潜绩、经济增长和社会、民生、生态等方面的工作能力与成绩，进行人员与职位的匹配，把合适的干部放到合适的岗位上。三是要注重实践能力的培养，“要让没有实践精力的干部到重大斗争中去经受锻炼，在克难攻坚中增长胆识和才干”。要注重从各个方面选拔专业化人才，优化基层党组织领导班子和干部队伍的“知识结构、能力结构、专业结构”[③]。因此，在新时代背景下，基层党组织党员干部的选拔和任用应做到不

---

① 《习近平谈治国理政》(第2卷)，外文出版社2017年版，第141页。

② 参见中共中央文献研究室编：《十八大以来重要文献选编》(上)，中央文献出版社，2014年版，第343页。

③ 习近平：《努力打造一支忠诚干净担当的高素质干部队伍》，《求是》2019年第2期。

拘一格、任人唯贤，做到以事择人、人岗相适，充分发挥好基层党组织党员干部的作用，不断优化基层党组织党员干部队伍的知识结构、能力结构和专业结构。

三是在用人方面，基层党组织应进一步完善党政干部激励约束机制，建立和完善体现正确政绩观要求的考核评价办法，建立和完善与社会主义市场经济体制相适应的教育、制度、监督并重的惩罚和预防腐败体系。推行干部诫勉谈话制度和引咎辞职制度，对于年度考核中群众评价偏低的干部进行诫勉谈话。具体而言，要敢抓善管，激励工会干部的积极性。做到严管和厚爱相结合，不断激励基层党组织党员干部，增强党员干部干事创业的精气神，是新时代对基层党员干部队伍建设提出的要求。在干部的管理上，习近平总书记强调要坚持严管和厚爱相结合。习近平总书记指出："严管不是把干部管死，不是把干部队伍搞成一潭死水、暮气沉沉，而是要激励干部增强干事创业的精气神。把严管和干事创业分割开来、对立起来，把一些干部不担当不作为归咎于从严管理，这是不对的。从严管理干部是对干部真正负责，干部要领悟到党组织的良苦用心，习惯于在严格管理中工作生活，切不可把严格管理当成逃避责任、消极怠工的借口。"①"严管就是厚爱，是对干部真正负责。要坚持从严教育、从严管理、从严监督，把从严管理干部贯彻落实到干部队伍建设全过程。同时，要用科学办法进行管理，切实管到位、管到点子上。"②

干部管理既是一门科学，也是一门艺术。新时代，在基层党组织党员干部管理上应力求做到"敢抓善管、精准施策"，在强化责任约束的同时又要做到关爱宽容，真正让基层党组织党员干部体会到基层党组织的温度，切实保护基层党组织党员干部干事创业的积极性。在全国组织工作会议上，习近平总书记明确提出，要建立管思想、管工作、管作风、管纪律的从严管理体系。

第二，强化党员发展的质量机制。基层党组织不是抽象存在的，党员是基层党组织的活动主体，是基层党组织的血液，党员质量是基层党组织的生命线，决定了基层党组织是否能够健康发展。对于基层党组织来说，发展党员是一项经常性、常规性工作，只有做好发展党员工作，才能使基层党组织

---

① 习近平：《努力打造一支忠诚干净担当的高素质干部队伍》，《求是》2019年第2期。

② 习近平：《努力打造一支忠诚干净担当的高素质干部队伍》，《求是》2019年第2期。

有源源不断地新鲜血液注入，让基层党组织永葆生机与活力。

一方面，基层党组织应严格党员入口关，对党员发展对象有严格的政治标准、质量要求，把政治标准放在首位，处理好党员发展数量与保证质量的关系，从源头上确保党员的质量，坚持“成熟一个，发展一个”的原则。根据不同基层党组织的发展情况，结合时代发展的特征，不断完善、改进党员发展标准。杜绝目的不纯、政治理想不够坚定、有功利思想的人员入党。另一方面，基层党组织应进一步规范党员发展的工作程序和制度性要求，要严格按照党章和发展党员有关规定进行党员发展。党员的发展要经过培养、考察、政审、审批等多个环节，每一个环节都要进行多重把关，严格履行入党程序。

要注重优化党员结构，克服党员发展中存在的比例不平衡、年龄比例不合理等现象，要加强基层党组织建设的基础性环节，优化党员的年龄、文化、行业和地域分布等方面的结构，重视优秀青年、生产经营骨干、技术能手、学术带头人、新型农民群体，大力在这些群体中培养和发展党员。加强入党资料的规范化管理，减少工作中的随意性。在规范组织发展工作的基础上，结合新形势新情况，用心探索，注重对入党积极分子进行培养，创新激励入党积极分子、预备党员奋发向上的工作模式，实行入党积极分子队伍动态管理、递进培养制，实行党员发展公示制、票决制。党员发展工作要公开透明，要确保其他党员和群众对发展党员工作的知情权、参与权和监督权，党员开展工作要建立责任追究制度，对在发展党员工作中的违规违纪现象要进行严肃处理，确保党员开展工作的严肃性。

第三，加强党员教育和培训。进入新时代，应进一步将如何提高党员教育培训工作提上日程。在党员教育上要增强教育培训的质效，要“围绕建立源头培养、跟踪培养、全程培养的素质培养体系”[①]深化党员教育培训改革，“着力提高培训针对性、有效性，高质量教育培训党员、高水平服务党和国家事业发展”，“教育培训工作要深入研究准备，提高培训的针对性、有效性”。党员教育培训工作具有政治性、科学性、时代性和实践性等特征，要通过教育培训达到坚定理想信念和马克思主义信仰，与时代共同进步，向实践学习的目的，进而增强党员党性。

---

① 《2018～2022年全国干部教育培训规划》，中华人民共和国中央人民政府网，2018年11月1日，http://www.gov.cn/zhengce/2018-11/01/content_5336680.htm。

基层党组织党员教育培训工作也必须适应新时代要求，在坚持行之有效的传统方式前提下，创新新型教育培训方式，不断深化改革，逐步建立起系统性、持续性、针对性的党员素质培养体系，增强培训的实效性、互动性和实践性。党员素质培养体系，一要突出政治素质提升。在党员教育培训改革上，要始终把握时代性、紧扣时代主题。在教育引导党员理论学习上，要强化正面教育，核心内容是党性教育，基础工作是道德建设，重点应放在宗旨意识、公仆意识教育上。二要突出能力素质提升。基层党组织应该积极地为党员搭建锻炼平台，教育引导党员健全知识体系、强化实践能力。培训要突出针对性，坚持问题、需求、目标导向，提升领导干部统揽大局、临危应变、开拓创新的能力素质。服务基层党员成长是对党员进行教育培训的永恒使命，因此基层党组织必须按需施教、因材施教，做到及时掌握党员的动态，聚焦党员干部及党员能力不足而不能为、动力不足而不想为、担当不足而不敢为等现实问题，有针对性地谋划培训，补齐短板。

各基层党组织要认真指导学生本支部的具体情况，发布本支部党员的学习培训意见，将党组织的发展对象学习培训工作系统化、长期化、规范化。在党员教育的方式上，要根据经济社会发展的实际、党员的特点，探索灵活、有效的教育形式。一是分类培训和集中培训相结合。积极探索适合不同组织的党员特点的教育方法要对党员的学习需求进行调查统计，然后把调查的结果和党员的学习需求进行分类，按照订单式的要求，按照需求进行分类培训，满足广大党员不同的学习兴趣和学习需求。二是积极探索进行培训。通过网络的便捷形式，引导党员自主学习和网上交流答疑，进行网上授课和网上答疑，开展网上师生互动交流，不断开拓党员教育培训活动的新局面。三是拓展培训方式。把党员教育的内容通过短视频、实践活动等群众喜闻乐见的方式呈现给广大党员干部。

搭建党员发挥先锋模范作用的平台。要把党员先进性、能力提升落实在具体工作中，体现在为人民服务的实际成效上。具体而言，在基层党组织能力提升方面要为党员发挥先锋模范作用提供平台，将有助于对能力提升的任务进行分解，要求党员主动认领工作，立足岗位，不断提升应对复杂问题的能力。探索基层党员发挥作用的载体，设立党员示范岗，实行基层党员挂牌制度，让大学生党员亮明身份，接受广大群众的监督，做执行党的路线、方针和政策的先锋模范，做实事求是的先锋模范，做作风端正的先锋模范，做严守党的纪律的先锋模范。

第四，始终把提升党员干部及党员的能力素质作为重要任务。新时代，基层党组织党员干部及党员只有通过不断学习，艰苦历练、反复锤炼，坚定信念过好“政治关”、练好本领过好“业务关”、真抓实干过好“群众关”，才能坚持与时俱进；基层党组织只有不断探索建立健全党员素质培养体系，才能不断实现内部优化升级，开创基层党组织工作新局面。

一是要提升基层党组织党员政治素养。政治素养是党员工作能力的灵魂，过不了“政治关”基层党组织工作就会迷失方向。优化党员队伍、提升党员能力，要提高政治站位，强化政治责任，认真落实旗帜鲜明讲政治的要求，不断提高党员政治能力，加强政治能力训练和政治实践历练，在保持政治定力、增强政治敏锐性和政治鉴别力上下功夫。要把党的政治建设摆在首位，真正做到政治过硬、思想过硬。坚定政治立场，遵守政治规矩，通过思想体验、党性锤炼牢筑基层党组织党员队伍的信仰之基，在大是大非问题上头脑清醒、立场坚定，以高度的政治自觉引领政治生态。把民心作为最大的政治，在基层党组织工作中，始终把服务职工群众作为根本立场，为党和人民的事业努力奋斗。

二是要提升基层党组织党员队伍专业素养。习近平总书记强调，“注重培养专业能力、专业精神”，增强基层党组织党员队伍适应新时代中国特色社会主义发展要求的能力。专业化是造就基层党组织党员队伍的重要方式，提升专业素质是基层党组织党员及干部提高服务群众能力的必然要求。全体党员要坚持事业至上，不断提升工作能力，要在丰富党员专业知识、提升专业能力、锤炼专业作风和培育专业精神上下功夫，坚持问题导向，切实加强学习和历练，增强基层党组织党员的劳动关系、信息技术等知识储备，不断提高党员专业能力。

三是要提升做好群众工作的能力。增强群众工作能力，创新群众工作体制机制和方式方法，推动基层党组织增强政治性、先进性、群众性，发挥联系群众的桥梁纽带作用。党员应着重从三个方面下功夫，成为服务群众的“多面手”。首先，增强了解群众的能力。基层党组织党员干部要坚持下基层、深入群众、掌握民情、吸纳民意、集中民意，努力为群众排忧解难；善于走网上群众路线，借助互联网倾听群众呼声，为群众纾难解困。其次，增强沟通交流技能。各级基层党员及干部要学习运用有效的沟通方法和技巧，多用“接地气”的群众语言，以朋友、亲人的姿态和“身份”拉家常，增强与人民群众沟通交流的“人情味”。最后，增强制度思维，指定严密的制度体系，带头遵守各项制度，坚持党员干部调查研究、定期接待群众来访、同群众谈心、群众满意度测评等制度，有效地提高基层党组织服务群众工作的执行力。增强党员做好群众工作的能力，要始终把为群众造福作为最高标准，强化党性、强化真情、强化实干，真正做到“敏学、勤问、多行、善悟”，不断增强为人民群众造福的能力和本领。

### 四、推进服务功能提升的长效机制

1.提升基层党组织服务功能的必然性

服务是基层党组织的一项根本功能，这是由基层党组织在组织架构上的基础性和联系群众的直接性所决定的。基层党组织在社会系统中扮演着服务角色，在实际中表现为对群众所发挥的服务作用。从广义上来说，基层党组织服务功能主要涉及服务于党的目标的实现、服务于全体党员、服务群众、服务社会，其中服务群众和社会的功能是基层党组织最重要的功能。

从基层党组织服务功能的内涵来看，基层党组织是提供服务的主体，人民群众既是基层党组织服务的主要受体，同时又是检验服务效果的主体。因此，基层党组织开展服务应以制度建设为保障，着眼于解决好群众的切身利益问题。基层党组织作为服务的主体，承担着提供服务的主要的直接的职责和任务。在全面从严治党实践中，基层党组织只有强化服务理念、提高服务能力、改进服务方法和发挥主观能动性，方能不断适应服务对象对服务内容、服务效率、服务质量的要求。为达到此目的，就要切实加强党的建设，不断提高基层党组织的创造力、凝聚力和战斗力，这就要求基层党组织要从严要求、严格教育、严格管理基层党员，从思想、政治、技能等方面提升党员干部的素质，增强党员干部服务群众的能力；善于培养基层党员及干部的统筹、协调、整合的能力，从而有效地开展服务；从人力、物力、财力、信息、技术等方面提供支撑，提升党员服务群众的资源利用效率。

人民群众既是基层党组织服务功能发挥的主要受众者，又是检验服务效果的主体。一方面，全心全意为人民服务的宗旨决定了我们党工作的出发点和归宿，就是一切从人民利益出发，一切为了人民。基层党组织是我们党的末梢组织，承担着贯彻落实党的方针政策的职责和任务，是与人民群众联系最为紧密的，其服务方式、服务质量也必须以人民群众是否满意作为评判标准。另一方面，基层党组织服务功能的发挥，离不开群众的参与和支持。这一过程是一个双向互动的过程，相互协商、沟通、紧密联系是基层党组织有效地发挥服务功能的关键。

密切联系群众是政党建设的一般规律。赢得民众是工人阶级政党获得政治竞争胜利的关键。[①] 把握工人阶级和广大人民群众的情绪、愿望和要求，代表其利益，并通过实际的工作成效获得工人阶级和广大人民群众的认同和支持，这是工人阶级政党实现政治竞争力的关键。因此，工人阶级政党要获得工人阶级和广大人民群众的认同和支持，必须要加强政党建设，尤其是党的基层组织要始终保持与人民群众的联系，不断提升和完善服务党组织中心工作、服务人民群众、服务党员等功能。

密切联系群众是基层党组织服务功能实现的基本前提。“马克思主义执政党的最大危险就是脱离群众。”[②]习近平总书记用掷地有声的话语，强调了人民群众的重要地位，指出党面临的最大危险就是高高在上、脱离群众。之所以说脱离人民群众是最大的危险，是因为这是重大的政治危险。脱离人民群众，党的性质就变了，党的执政基础就消失了，把全国人民集中在一起共同为中国梦奋斗的能力就消失了，社会主义现代化建设的方向就不能保证。只有始终保持党同人民的血肉联系，秉承“来自群众、服务群众、为了群众”的理念，一切做法为了人民、一切工作依靠人民，才能得到人民的拥护，才能起到中国特色社会主义事业领导核心的功能。理论突出了人民群众的重要地位，历史对此做出了检验，理论和历史同时证明人民群众是真正的英雄，是历史的创造者。进入新时代，习近平总书记提出：“我们党来自人民、植根人民、服务人民，党的根基在人民、血脉在人民、力量在人民。”[③]如果失去了人民群众的拥护，党就失去了根基、流尽了血液、抽干了力量，同时丢掉了社会主义性质。因此，党只有倾听人民群众的意见，依靠人民群众的力量，才能在新时代乘风破浪，消除执政、改革开放、市场经济、外部环境等内部和外部的危险。这就要求全党必须“任何时候任何情况下，与人民同呼吸

---

① 参见王韶兴主编：《政党政治论》，山东人民出版社 2011 年版，第 241 页。
② 《习近平谈治国理政》（第 1 卷），外文出版社 2014 年版，第 366 页。
③ 《习近平谈治国理政》（第 1 卷），外文出版社 2014 年版，第 367 页。

共命运的立场不能变，全心全意为人民服务的宗旨不能忘”①。党要在新时代带领全国人民实现中华民族伟大复兴的中国梦，必须紧密联系群众，同群众保持血肉联系。激发群众的积极性，引领群众的创造力，依靠团结与活力赢得新征程的胜利。

正是由于我们党始终倡导并一贯坚持党同人民群众的血肉联系，才确保我们革命、建设、改革各项事业不断走向前进，才使社会主义事业从一个胜利走向另一个胜利，才使中华民族的伟大复兴顺利进行。因此，推进基层党组织服务功能的提升内在地要求，在任何时候我们都要将密切联系群众作为党的根本政治立场和根本政治路线。没有一种根基，比扎根于人民更坚实；没有一种力量，比来自群众更强大；没有一种执政资源，比民心所向更珍贵持久。习近平总书记在党的十九大报告中指出：“一个政党，一个政权，其前途命运取决于人心向背。人民群众反对什么、痛恨什么，我们就要坚决防范和纠正什么。”②人民群众是党的力量源泉和胜利之本。巩固党的执政地位，最重要的是赢得人民群众的支持和拥护。党的基层组织建立在社会基层单位，与人民群众有着直接的、经常的、密切的联系，能够直接倾听群众的呼声，掌握群众的思想脉搏，了解群众的情绪，熟知群众的生产、工作和生活状况。党的上级组织和领导机关，要靠党的基层组织来了解群众的愿望和要求，并以此作为决策的客观依据；群众也要靠党的基层组织来了解党的路线、方针、政策，从而在党的基层组织的领导下，集中广大人民群众的智慧和力量，推进新时代中国特色社会主义事业的发展。党的基层组织软弱涣散，党的意图就难以贯彻到群众中去，人民群众的意见和要求也难以反映到党的领导机关中来，党就不可能团结和带领广大群众推进建设中国特色社会主义的伟大事业。

2.基层党组织服务功能长效机制的建立

服务功能作为政党的一项基本政治功能，是政党服务本质所在，体现在政党的其他政治功能之中，在政党的利益表达、利益整合、政治社会化、政治录用等功能中处处体现着政党服务的本质。没有服务意识，没有服务功能

---

① 《习近平谈治国理政》(第1卷)，外文出版社2014年版，第367页。

② 习近平：《决胜全面建成小康社会　夺取新时代中国特色社会主义伟大胜利——在中国共产党第十九次全国代表大会上的报告》，人民出版社2018年版，第61页。

的实现，任何政党的生存都会产生严重的问题。从基层党组织服务功能的上述内涵来看，全面从严治党实践中，要充分发挥好基层党组织的服务功能，推进基层党组织服务理念、服务能力和方法的提升，就必须进一步建立基层党组织服务功能发挥的长效机制。

一是要坚持思想引领机制。思想领导是执政党一个重要的领导方式。以先进的思想来引领社会，就是要用宏伟的目标表明社会发展方向；用科学的理论来武装人的头脑；用先进的文化，世界观、人生观、价值观来引领社会的思想，用远大的理想来塑造人民群众的精神，用崇高的精神来激励人民群众的干劲，进一步凝人心、聚人气。新时代背景下，进一步推进基层党组织服务功能的实现，就要坚持正确导向，提高基层党组织的思想引领能力。首先是坚持用马克思主义基本原理、中国特色社会主义理论体系武装党员干部和人民群众的头脑，壮大主流舆论，确保政治信仰坚定，明确中国特色社会主义道路。其次是坚持典型引导，通过树立典型、大力宣传、明确标杆，用身边的人和事鼓舞党员干部和人民群众，让他们有了学习对象和奋斗榜样，形成基层党组织和党员做好服务工作的价值取向。

二是要完善群众联系机制。基层党组织所处位置重要而特殊，联系群众是基层党组织实现服务功能的重要形式。一方面，作为党的基层组织，它直接或间接地面向人民群众，发挥着联系和服务人民群众的桥梁纽带作用。另一方面，作为党在机关、高校、企业、事业单位中的基层组织，它还发挥着联系党员干部群众、联系各类社团、群团组织的桥梁纽带作用。与此同时，基层党组织也发挥着对上联系、对下沟通的重要作用。为进一步发挥好基层党组织联系群众的服务功能，领导干部就要多与群众进行直接接触，了解最一线的情况，形成联系群众的长效机制，变被动服务为主动服务。基层党组织要健全和完善沟通机制，畅通信息渠道，要深入群众，深入人民群众的工作、生活、学习，同人民群众建立直接的面对面、心连心的联系，和他们打成一片，把各类利益诉求收集、整合起来，向上级党组织、地方政府、党委行政领导反映。

要建立健全基层党组织和党员直接联系群众的机制。要创新联系群众的方式，在组织群众、宣传群众、教育群众的互动中不断深化与人民群众的感情，促进各项民生事业和惠民工程落到实处。党的基层组织是党的全部工作和战斗力的基础，要充分发挥党的基层组织的战斗堡垒作用和共产党员的先锋模范作用。广大基层干部要经常深入基层，关心和解决群众的疾苦，扎扎实实地为群众办实事、办好事，把党的路线、方针、政策落到实处。这是当前发扬党密切联系群众的优良传统，克服官僚主义习气，转变领导作风的重要措施。首先，要建立坚持领导干部联系点制度。基层党组织的党员干部要建立自己的联系点，经常到点上调查研究。建立党内激励、关怀、帮扶机制，健全党组织和党员联系服务群众工作体系，探索党代表充分发挥作用的方式，真正做到群众呼声要第一时间听到，群众意见要第一时间反馈，群众需求要第一时间解决，帮助群众解决实际问题，带动基层干部作风的转变。其次，建立基层干部蹲点制度。选派政治素质好、熟悉基层工作、责任心强的干部到那些困难大、问题多、经济发展缓慢的村或社区帮助指导开展工作，这既有利于培养锻炼干部，提升能力，又可以促进该地区经济的发展和各项工作的顺利进行。再次，建立基层干部登门入户征求意见制度。基层干部要定期到群众家中了解生产生活情况，在增进与群众的感情中，不断改进工作，化解矛盾，维护稳定。做到“掌握基层情况，形成基层决策，落实基层问题，总结基层经验，创造基层业绩，检验基层作风，树立基层党组织的形象”。最后，建立“首接责任制”“一条龙服务”制度，方便广大人民群众，体现执政为民、服务为民的要求。

三是要畅通利益协调渠道和民意表达机制。在经济体制和政治体制改革的关键时期，在处理各种利益关系的过程中，必然会出现社会矛盾和分化。为有效推进全面从严治党实践中，基层党组织关系各局部功能和整体功能的发挥，各级基层党组织在具体工作中应妥善协调好各种利益关系，化解各种社会矛盾。通过向群众广泛宣传相关法律、方针、政策，不断提高群众的思想水平、政策水平和法律水平，教育和引导党员、干部和群众正确处理好个人利益和集体利益、局部利益和整体利益、当前利益和长远利益的关系。要教育引导党员及干部依法依规为群众办事、解决利益矛盾，引导群众以理性且合法的形式表达利益诉求，依法维护自身的权益。要发挥好基层党组织在组织协调上的优势，整合各种资源维护群众的利益。

积极疏通和拓宽基层群众民意表达渠道。首先，要尽快建立多维度、多层次的沟通渠道。通过基层党组织的主渠道作用，充分尊重群众的意愿，反映和表达群众的愿望诉求，并通过法定程序成为党政决策；通过发挥基层党员干部的桥梁和纽带作用，提高基层党组织在广大群众中的地位，让基层党组织的决策在广大群众中得到贯彻落实，进一步拉近党组织和广大人民群众的距离。其次，完善基层党组织信访接待制度。重新构建基层信访体系框架，整合信访信息资源，探索形成“大信访＋网格化＋全覆盖＋精信访”格局，健全以信访办（站）、调解中心、公检法、纪检监察机关为龙头以及相关职能部门紧密配合的工作机制，加强信访案件的日常、精细处理，实现全覆盖、精细化的工作格局。具体而言，公检法和纪检监察机关要把群众上访反映的线索尽心摸底排查，对基层贪腐等问题进行从严监督和严格把控。基层党组织要建立和完善信访回访制度，通过直接回访及时化解矛盾，提升基层党组织利益整合和利益表达的功能发挥。要变群众上访为下访，建立基层党组织领导及干部公开集中接访制度。坚持预防为主、调节为先的下访原则，深入群众，了解群众疾苦，收集党群、干群关系的矛盾点，坚持矛盾化解在基层。

四是要规范基层党组织监督机制。监督功能是指基层党组织依照党章以及其他有关规定对党员特别是党员领导干部进行监督的功能，既包括对党员领导干部遵守党纪国法、正确行使权力的监督，也包括对每位机关党员转变工作作风、履行服务职责的监督。

基层党组织的监督是整个强有力的监督体系的有机组成部分。在社会主义现代化建设过程中，要逐步建立和完善强有力的监督体系，这就是把党内监督同群众监督、舆论监督、民主党派监督和无党派人士的监督结合起来，把党组织的监督同行政监督、法制监督结合起来，把自上而下和自下而上的监督结合起来。中国共产党是执政党，许多党员担任各种领导职务，因此基层党组织监督的主要内容是党的路线方针政策的贯彻执行、权力的正确使用等；党内监督的主要方式是通过组织生活制度、领导干部生活制度开展批评与自我批评；基层党组织对基层各方面领导机关监督的主要方式，一方面通过对参加各方面领导机构的党员干部的管理、教育和监督来进行，另一方面是定期或不定期地听取行政等领导机关的工作汇报，通过支持与领导群众组织的工作来实行监督。

以党内监督带动其他监督。“党的执政地位，决定了党内监督在党和国家各种监督形式中是最基本的、第一位的。”[①]只有强化党内监督，进而带动

---

① 《关于〈关于新形势下党内政治生活的若干准则〉和〈中国共产党党内监督条例〉的说明》，《人民日报》2016年11月3日。

其他监督良性发展，不断完善我国的监督体系，才能为作风建设提供有力保障。长期以来，党内一直存在不愿监督、不敢监督、抵制监督的现象，“监督下级怕丢‘选票’，监督同级怕伤‘和气’，监督上级怕穿‘小鞋’”①。因此，在有些地方党内监督只是一句响亮的口号，在长时间内没有取得应有的效果。党内监督缺位，必然导致作风问题和腐败问题，必然会影响党的纯洁性。

加强党内监督就要发挥各级纪委的重要作用，履行监督执纪问责职责。把维护政治纪律放在首位，高度重视对组织纪律和其他纪律的维护。加强党内监督必须坚持党员民主监督，各级党组织要保障党员的监督权，鼓励党员在党内监督中发挥积极作用。党员要勇于对领导干部进行监督，要勇于对违反党章党规的行为提出意见。

正确对待和接受人民监督。“能不能正确对待、自觉接受党和人民监督，是衡量领导干部党性修养水平的一个重要尺度。”②人民群众是党的执政基础，党的权力来自人民，党的宗旨是全心全意为人民服务，因此，接受人民群众的监督天经地义。反对接受人民群众、厌恶接受人民群众监督，权力就没了制度保障，滥用权力的现象就会抬头。这势必会让人民群众失望，危害党的执政基础。

拓宽群众监督渠道，为群众监督创造良好条件，让人民群众方便、快捷表达意见是强化群众监督的重要前提。推动党务政务信息公开，把权力运行流程公开，让权力在阳光下运行，对于重大决策等党务政务信息，应最大限度地公开，充分保障群众的知情权，鼓励群众监督。完善信访举报制度，利用传统信箱、电话，以及互联网等途径扩大信访举报的途径，保护举报群众的隐私，保证群众更加便捷的实行监督权力。大兴调查研究之风，领导干部应秉承从群众中来到群众中去的工作方法，主动接近群众，倾听群众呼声，体察群众疾苦，虚心接受群众的意见建议，根据群众的反馈建立改进机制。

3.基层党组织服务功能提升的实现路径

服务型基层党组织建设是一个完整体系，是一个系统工程，其相关要素主要包括基层党组织、党组织建设主体、党组织建设对象。基层党组织的建

---

① 中共中央文献研究室编：《习近平关于全面从严治党论述摘编》，中央文献出版社 2016 年版，第 215 页。

② 中共中央文献研究室编：《习近平关于全面从严治党论述摘编》，中央文献出版社 2016 年版，第 205 页。

设主体是基层党组织，服务型基层党组织建设的客体是基层群众，服务型基层党组织建设的内容包括服务意识的树立、服务质量的提升、服务载体的创新、服务平台的搭建等。

一是牢固树立服务意识。对人民群众是否具有强烈的服务意识是衡量马克思主义政党的一项重要标准，树立服务意识是建设服务型党组织的思想前提，群众路线是中国共产党的根本工作路线，也是中国共产党的生命线。当今，改革进入深水区，基层党组织受到市场经济和多种思潮的冲击，有少数党员和领导干部的服务意识较为淡薄，有些党员干部缺少为群众利益干事创业的激情，在服务工作中，以传统上的行政强制性服务为主，缺少主动自发性服务，不能用真情去服务群众，部分党员的服务意识不能满足基层党组织和群众的需求。伴随社会活动主体从“个体人”转向“社会人”，传统的命令式、灌输式的工作方法已经难以被广大群众接受，基层党组织的群众对多样化、针对性的服务需求不断增强，这就要求基层党组织必须转变理念和方式，通过发挥服务功能来凝神聚力。针对这种情况，要通过广泛、深入的宣传和教育，在基层党组织内部形成为民服务的观念，秉承群众第一的工作原则，坚持基层党员和干部与人民同呼吸共命运的政治立场，强化“全心全意为人民服务”的宗旨意识，树立“以人为本、服务优先”的理念，把群众的努力作为努力的方向，始于群众需求，终于群众满意。

二是努力提升服务质量。基层党组织要立足于满足群众的现实需要，不断增强服务的针对性和层次性，精准识别人民群众的需求，完善服务体系，提高服务质量。第一，服务内容要多样化。基层党组织类型多样，涉及行业领域众多，党员的特点和差异性明显，农村、街道社区、国有企业、非公企业、国有企业、机关事业单位、人民军队和社会组织等不同领域和行业具有不同的特点，因此基层党组织要丰富服务内容，分层分类开展服务，这一点就显得尤为重要。在服务内容的安排上，要了解需求、有的放矢、精准服务，努力解决服务与需求脱节的问题。第二，服务内容要精细化。要坚持问题导向，真正了解群众诉求，基层党组织应该既能有效满足主流人群的需求，又不能忽略非主流人群的诉求；既能发现群众的表面需求，又能深入挖掘出他们的深层次要求。随着社会生活水平的不断提高，基层党组织除了关注物质需求外，更要高度关注精神文化等其他方面的需求，不断提高服务的整体水平，提升服务的精细化、精准化程度。第三，服务内容要时代化。

基层党组织应准确把握当今时代的形势特征，深入了解群众的新想法、新需求，服务内容要与时俱进，不断优化服务内容，不断探索服务方式，不断创新服务手段。

三是大力创新服务载体。基层党组织及党员干部必须以一定的载体和形式将服务宗旨落到实处，完善的服务平台是保证服务质量的重要因素，这是保证服务质量的重要条件。同时要加强服务型基层党组织的载体建设，增强其实效性，丰富积极开展活动的载体，让建设服务型党组织形成有力抓手。进行服务载体建设，要整合资源优势，集中力量解决有些基层党组织服务力量薄弱的问题。由于受到经济社会发展等多方面原因的制约，基层党组织对服务活动或服务工作的资金投入不足的现象仍然存在，这就需要落实和确保服务型基层党组织活动资金，为基层党组织服务载体建设工作提供坚实的保障，确保基层党组织基本办公设施配备完善，提高服务载体的综合承载能力，加强服务队伍和服务力量建设。此外，各基层党组织要善于依靠社会服务载体力量，把这些力量主动延伸为服务的触角，建立以基层党组织为服务中心，各类为民服务的社会载体作为服务补充的工作网络体系，通过市场化手段，不断引入更加专业化的服务力量，克服自身的资源瓶颈和能力短板，最大限度地拓展服务载体。

四是致力于搭建服务平台。功能齐全、方便快捷的公共服务平台是基层党组织为人民群众提供服务的必备硬件，是基层党组织为党员群众提供高效服务的重要依托。服务型基层党组织应牢固树立开放的理念，通过搭建开放式、社会化的便民惠民服务平台，承载和体现基层党组织服务新理念、新方法，实现服务效果最大化。随着信息技术的飞速发展，建立完善标准化、规范化的综合服务平台，在服务网络中力争使群众的各项诉求都有表达的地方，并力争使群众的诉求得到及时解决。在当前的新形势下，要进一步发展基层党建的信息化服务平台，不断完善配套设施，要注重实现服务平台的互联网化，比如积极探索建立基层党建工作网站，加强服务型基层党组织网站工作，通过建立互联网党支部、党员QQ群、微信联络群等来扩大服务型基层党组织工作的网上覆盖率，探索新的服务群众的有效形式。

# 参考文献

## 一、中文文献

(一)文献类

1.《陈云文选》(第1卷),人民出版社1995年版。

2.《邓小平文选》(第1～3卷),人民出版社1994年版。

3.《关于新形势下党内政治生活的若干准则》,中国法制出版社2016年版。

4.《胡锦涛文选》(第1～3卷),人民出版社2016年版。

5.《建党以来重要文献选编》(1921～1949),中央文献出版社2011年版。

6.《江泽民文选》(第1～3卷),人民出版社2006年版。

7.《列宁选集》(第1～4卷),人民出版社2012年版。

8.《列宁专题文集(论无产阶级政党)》,人民出版社2009年版。

9.《马克思恩格斯文集》(第1～10卷),人民出版社2009年版。

10.《马克思恩格斯选集》(第1～4卷),人民出版社2012年版。

11.《毛泽东选集》(第1～4卷),人民出版社1991年版。

12.《十八大报告辅导读本》,国家教育行政学院出版社2012年版。

13.《习近平关于“不忘初心、牢记使命”论述摘编》,人民出版社 2019 年版。

14.《习近平关于党的群众路线教育活动论述摘编》,党建读物出版社、中央文献出版社 2016 年版。

15.《习近平关于严明党的纪律和规矩论述摘编》,中央文献出版社、中国方正出版社 2016 年版。

16.《习近平谈治国理政》(第 1 卷),外文出版社 2014 年版。

17.《习近平谈治国理政》(第 2 卷),外文出版社 2017 年版。

18.《习近平新时代中国特色社会主义思想三十讲》,学习出版社 2018 年版。

19.《习近平总书记关于党风廉政建设和反腐败斗争论述摘编》,中央文献出版社、中国方正出版社 2015 年版。

20. 中共中央宣传部编:《习近平总书记系列重要讲话读本》,学习出版社、人民出版社 2016 年版。

21.《新编党的纪律检查工作手册》,中共中央党校出版社 2003 年版。

22.《中国共产党第十八届中央委员会第六次全体会议文件汇编》,人民出版社 2016 年版。

23.《中央“不忘初心、牢记使命”主题教育领导小组办公室》,中央文献出版社党建读物出版社 2019 年版。

24.《周恩来选集》(上卷),人民出版社 1980 年版。

25. 本书编委会编:《中国共产党第十八届中央委员会第四次全体会议文件汇编》,人民出版社 2014 年版。

26. 本书编写组编:《党的十八届三中全会决定学习辅导百问》,党建读物出版社、学习出版社 2013 年版。

27. 本书编写组编:《党的十九大文件汇编》,党建读物出版社 2017 年版。

28. 本书编写组编:《中共中央关于加强和改进新形势下党的建设若干重大问题的决定》,人民出版社 2009 年版。

29. 江泽民:《论党的建设》,人民出版社 2001 年版。

30. 刘少奇:《论党》,人民出版社 1980 年版。

31. 人民出版社编:《中国共产党第十八届中央委员会第三次全体会议

文件汇编》,人民出版社 2013 年版。

32. 人民出版社编:《中国共产党章程中国共产党纪律处分条例修订对照版》,人民出版社 2018 年版。

33. 人民出版社编:《学党章党规 学系列讲话 做合格党员》,人民出版社 2016 年版。

34. 人民日报社评论部编著:《“四个全面”学习读本》,人民出版社 2015 年版。

35. 习近平:《干在实处 走在前列》,中共中央党校出版社 2014 年版。

36. 习近平:《在党的群众路线教育实践活动总结大会上的讲话》,人民出版社 2014 年版。

37. 习近平:《在第十八届中央纪律检查委员会第六次全体会议上的讲话》,人民出版社 2016 年版。

38. 习近平:《在庆祝中国共产党成立 95 周年大会上的讲话》,人民出版社 2016 年版。

39. 中共中央文献研究室编:《中共十三大以来重要文献选编》(中),人民出版社 1991 年版。

40. 中共中央文献研究室编:《十八大以来重要文献选编》(上、中),中央文献出版社 2014 年版、2016 年版。

41. 中共中央文献研究室编:《十六大以来重要文献选编》(上),中央文献出版社 2005 年版。

42. 中共中央文献研究室编:《十七大以来重要文献选编》(上、中、下),中央文献出版社 2009 年版、2011 年版、2013 年版。

43. 中共中央文献研究室编:《中共十二大以来重要文献选编》(中),人民出版社 1986 年版。

44. 中共中央文献研究室编:《中共中央文献研究室论群众路线重要论述摘编》,中央文献出版社、党建读物出版社 2013 年版。

45. 中共中央文献研究室编:《习近平关于全面从严治党论述摘编》,中央文献出版社 2016 年版。

46. 中共中央组织部编:《中国共产党组织工作辞典》,党建读物出版社 2009 年版。

47. 中国革命博物馆编:《中国共产党党章汇编》,人民出版社 1979

年版。

48. 中国共产党章程汇编编写组编:《中国共产党章程汇编——从一大到十七大》,中共党史出版社 2007 年版。

49. 中国共产党中央委员会编:《中国共产党农村基层组织工作条例》,人民出版社 2019 年版。

50. 中央档案馆编:《中共中央文件选集》第 1 册,中共中央党校出版社 1989 年版。

(二)著作类

1. [法]莫里斯·迪韦尔热:《政治社会学》,杨祖功、王大东译,华夏出版社 1987 年版。

2. [美]查尔斯·A. 比尔德:《美国政府与政治》(上),梅然译,商务印书馆 1987 年版。

3. [美]拉里·戴蒙德、理查德·冈瑟主编:《政党与民主》,徐琳译,上海人民出版社 2012 年版。

4. [美]弗·卡普拉、查·斯普雷纳克:《绿色政治——全球的希望》,石音译,东方出版社 1988 年版。

5. [美]哈罗德·F. 格斯内尔、理查德·G. 斯莫尔卡:《美国政党和选举》,复旦大学国际政治系译,上海译文出版社 1980 年版。

6. [美]萨缪尔·P. 亨廷顿:《变化社会中的政治秩序》,王冠华、刘为等译,生活·读书·新知三联书店 1996 年版。

7. [美]加布里埃尔·A. 阿尔蒙德、小 G. 宾厄姆·鲍威尔:《比较政治学——体系、过程和政策》,曹沛霖等译,东方出版社 2007 年版。

8. [美]加布里埃尔·A. 阿尔蒙德、小鲍威尔:《当代比较政治学》,朱曾汶、林铮译,商务印书馆 1993 年版。

9. [美]阿伦·利普斯哈特:《多元社会中的民主——一项比较研究》,刘伟译,上海人民出版社 2013 年版。

10. [美]罗伯特·A. 达尔:《现代政治分析》,吴勇译,上海译文出版社 1987 年版。

11. [美]西摩·马丁·李普塞特:《一致与冲突》,张青华等译,上海人民出版社 1995 年版。

12. [美]詹姆斯·麦格雷戈·伯恩斯:《领袖论》,刘李胜等译,中国社会科学出版社1996年版。

13.［日］冈泽宪芙:《政党》,耿小曼译,北京经济日报出版社1991年版。

14.［新加坡］李光耀:《李光耀40年政论选》,现代出版社1994年版。

15.［意］乔万尼·萨托利:《政党与政党制度:一种分析框架》(当代西方政党研究译丛),杨德山译,剑桥大学出版社1976年版。

16.［意］安格鲁·帕尼比昂科:《政党:组织与权力》,周建勇译,上海世纪出版集团2013年版。

17.［英］戴维·米勒、韦农·波格丹诺主编:《布莱克维尔政治学百科全书》(修订版),邓正来等译,中国政法大学出版社1992年版。

18.［英］詹姆斯·布赖斯:《现代民治政体》(上),张慰慈等译,吉林人民出版社2001年版。

19.本书编写组编:《全面从严治党党员干部读本》,北京联合出版公司2016年版。

20.本书编写组编:《全面从严治党十讲》,中国方正出版社2016年版。

21.本书编写组编:《兴衰之路——外国不同类型政党建设的经验与教训》,当代世界出版社、中共中央党校出版社2002年版。

22.柴宝勇:《政党政治的概念、框架与实践:建构有中国特色的政党政治学》,中国社会科学出版社2016年版。

23.陈蔡志:《中国共产党执政能力建设新论——基于执政理论的整体性思考》,中共中央党校出版社2007年版。

24.陈方勐:《转型社会中的中国共产党》,中央编译出版社2010年版。

25.陈建中:《论政党的使命》,中共中央党校出版社2009年版。

26.冯小敏:《中国共产党基层建设新论》,上海教育出版社2003年版。

27.付金铎、张先义主编:《国外主要国家政党政治》,华文出版社2001年版。

28.郭广银:《全面从严治党》,江苏人民出版社2015年版。

29.洪向华:《新时期党的建设与党建理论》,红旗出版社2012年版。

30.黄大熹:《中国共产党组织结构发展路径的历史考察》,天津人民出版社2004年版。

31.江金权:《学习习近平总书记党的建设论述全面从严治党的行动指南》,党建读物出版社2016年版。

32. 焦佩:《变迁中韩国左翼政党研究:环境、理念、结构及功能》,山东大学出版社 2015 年版。

33. 李路曲:《政党政治与政治发展》,中央编译出版社 2016 年版。

34. 李冉编著:《中国共产党政党文化研究》,复旦大学出版社 2009 年版。

35. 梁琴、钟德涛:《中外政党制度比较》(第 2 版),商务印书馆 2013 年版。

36. 林尚立:《当代中国政治形态研究》,天津人民出版社 2000 年版。

37. 林尚立:《中国共产党执政方略》,上海社会科学院出版社 2002 年版。

38. 刘邦凡、何太淑:《当代中国政治管理学导论》,吉林人民出版社 2014 年版。

39. 刘东国:《绿党政治》,上海社会科学院出版社 2002 年版。

40. 刘红凛:《从严治党与作风建设》,上海人民出版社 2015 年版。

41. 刘红凛:《政党政治与政党规范》,上海人民出版社 2010 年版。

42. 刘靖北:《管党治党论》,东方出版社 2014 年版。

43. 刘开寿主编:《现代世界政党和政党制度比较研究》,重庆出版社 2001 年版。

44. 卢先福、赵云献主编:《马克思主义党的学说史纲》,中共中央党校出版社 2000 年版。

45. 罗峰:《嵌入、整合与政党权威的重塑——对中国执政党、国家和社会关系的考察》,上海人民出版社 2009 年版。

46. 牛旭光:《政党政治与民主问题研究》,中国人民大学出版社 2014 年版。

47. 彭怀恩:《台湾政党政治》,(台北)风云论坛出版社 1994 年版。

48. 彭穗宁、王晓春、高新民主编:《中国共产党建设史纲要》,中共中央党校出版社 2001 年版。

49. 齐卫平:《政党治理与执政能力建设研究》,上海人民出版社 2014 年版。

50. 沈小平主编:《新时代党的建设丛书　新时代党的基层组织建设》,中共党史出版社 2018 年版。

51. 施雪华:《政治现代化比较研究》,武汉大学出版社 2006 年版。

52. 王浦劬:《政治学基础》,北京大学出版社 1995 年版。

53. 王韶兴、吕连仁主编:《政党政治研究:第四届中国政党论坛文集》,山东大学出版社 2012 年版。

54. 王韶兴主编:《政党政治论》,山东大学出版社 2011 年版。

55. 王长江、姜跃等:《现代政党执政方式比较研究》,上海人民出版社 2002 年版。

56. 王长江:《提高党的建设科学化水平》,中共中央党校出版社 2010 年版。

57. 王长江:《现代政党执政规律研究》,上海人民出版社 2002 年版。

58. 王长江:《政党的危机——国外政党运行机制研究》,改革出版社 1996 年版。

59. 王长江:《政党论》,人民出版社 2009 年版。

60. 王长江:《政党现代化论》,江苏人民出版社 2004 年版。

61. 王长江:《政党政治原理》,人民出版社 2009 年版。

62. 吴美华:《马克思主义党的学说与党的建设》,中国人民大学出版社 2007 年版。

63. 谢方意编:《党的现代化研究》,浙江工商大学出版社 2012 年版。

64. 杨德山:《中国共产党的政党学说》,中共党史出版社 2005 年版。

65. 杨凤城:《全面从严治党新阶段》,中国人民大学出版社 2017 年版。

66. 易海云:《管党治党新思想》,党建读物出版社 2014 年版。

67. 俞可平:《论国家治理现代化》,社会科学文献出版社 2014 年版。

68. 俞可平:《西方政治分析新方法论》,人民出版社 1989 年版。

69. 俞可平:《依法治国与依法治党》,中央编译出版社 2007 年版。

70. 俞可平:《增量民主与善治:转变中的中国政治》,社会科学文献出版社 2003 年版。

71. 俞可平:《治理与善治》,社会科学文献出版社 2000 年版。

72. 张明楚主编:《中国共产党基层组织建设史》,福建人民出版社 2017 年版。

73. 赵宬斐:《政党政治与政治现代性》,中央编译出版社 2010 年版。

74. 赵晓呼:《政党论》,天津人民出版社 2002 年版。

75. 赵周贤主编:《全面加强党的建设新实践》,中国言实出版社 2016 年版。

76. 钟龙彪:《从严治党的历史与现实研究》,国家行政学院出版社 2015 年版。

77. 周敬青主编:《国家治理视角下的中外政党比较研究》,上海人民出版社 2015 年版。

78. 周淑真:《世界政党格局变迁与中国政党制度发展》,中国友谊出版公司 2013 年版。

79. 周淑真编:《政党和政党制度比较研究》,人民出版社 2009 年版。

80. 周淑真:《政党政治学》,人民出版社 2011 年版。

81. 朱大嘉:《中国共产党组织结构发展路径的历史考察》,天津人民出版社 2004 年版。

82. 朱昔群:《政党科学与政党政治科学化》,中央编译出版社 2015 年版。

(三)期刊论文

1. 安静:《全面从严治党的理论逻辑与现实路径》,《理论与改革》2016 年第 4 期。

2. 包心鉴、杨凤城、王炳林、孙力、丁俊萍、齐卫平:《党的政治建设与基层党组织的政治功能》(笔谈一),《理论与改革》2019 年第 1 期。

3. 包亚军:《关于政党功能转换的一点思考》,《四川教育学院学报》2003 年第 5 期。

4. 本刊特约评论员:《扎实推进基层党建工作重点任务落实增强基层党组织政治功能和组织力》,《党建研究》2020 年第 5 期。

5. 曹大:《强化基层党组织整体功能的思考》,《中共四川省委党校学报》2016 年第 1 期。

6. 曹化勤:《全面从严治党背景下激活基层党组织创新的动力机制与实现路径》,《学校党建与思想教育》2017 年第 6 期。

7. 曹胜亮、沈虹飞:《基层党组织政治功能实践的考量》,《学校党建与思想教育》2020 年第 7 期。

8. 曾土花、李民:《农村基层党组织领导功能实现的四重维度》,《长白学刊》2020 年第 2 期。

9. 柴宝勇:《政党功能:涵义与内在逻辑》,《长白学刊》2011 年第 3 期。

10. 常俊:《关于新中国成立以来基层党建的功能作用和现实问题的思考》,《毛泽东邓小平理论研究》2019 年第 8 期。

11. 常凌:《国外政党基层组织的社区活动方式》,《上海党史与党建》2016 年第 9 期。

12. 陈春声:《抓好高校基层党建落实全面从严治党新要求》,《中国高等教育》2017 年第 1 期。

13. 陈海燕:《习近平关于基层党组织建设重要论述的理论特征》,《理论视野》2019 年第 4 期。

14. 陈荣武:《基层党组织政治功能及其实现路径》,《党政论坛》2018 年第 3 期。

15. 陈善友:《农村基层党组织整体功能定位及其运行逻辑》,《人民论坛》2020 年第 21 期。

16. 陈松友、李雪:《党的十八大以来全面从严治党的实践与经验》,《理论探讨》2017 年第 4 期。

17. 陈松友、刘帅:《国外执政党建设对中国共产党全面从严治党的启示》,《当代世界与社会主义》2016 年第 3 期。

18. 陈松友、卢亮亮:《党内法规制度建设:全面从严治党的内驱力》,《当代世界与社会主义》2019 年第 6 期。

19. 陈松友、王珈榕:《市县党委巡察制度:全面从严治党向基层延伸的重要路径》,《东北师大学报》(哲学社会科学版)2021 年第 2 期。

20. 陈文新:《基层党组织:社会管理创新的政治资源》,《理论与改革》2012 年第 4 期。

21. 陈霞、杨英:《比较—历史—结构:基于中国政党功能的比较政党学新分析框架》,《上海市社会主义学院学报》2013 年第 2 期。

22. 陈小斌:《国外一些政党基层组织建设的新举措及启示》,《上海党史与党建》2010 年第 3 期。

23. 陈晓莉、钟海:《在全面从严治党中优化农村基层政治生态》,《理论探讨》2017 年第 5 期。

24. 陈晓莉:《功能转换与实现:多元化治理模式中的村级党组织》,《理论与改革》2011 年第 3 期。

25. 陈晓莉:《农村社会管理中基层党组织的社会整合功能》,《理论探讨》2011 年第 3 期。

26. 陈怡:《基层党组织在社区多元治理中的功能转型及实现路径》,《求实》2010 年第 11 期。

27. 崔建平:《农村社区党建:农村基层党建的新路径》,《科学社会主义》2012 年第 2 期。

28. 崔玉丽:《农村党组织基层治理功能实现机制的典型创新及启示》,《中国延安干部学院学报》2015 年第 6 期。

29. 代正光:《基层党组织的政治功能:模式、误区、路径》,《重庆邮电大学学报》(社会科学版)2016 年第 6 期。

30. 单孝虹:《习近平全面从严治党思想的理论创新及其世界意义》,《毛泽东思想研究》2018 年第 3 期。

31. 丁俊萍、程铁军:《现代化视角下的中国共产党政党功能调适》,《社会主义研究》2008 年第 1 期。

32. 董励华:《强化基层党组织政治功能》,《中国党政干部论坛》2016 年第 9 期。

33. 董树君、蔡常青:《重视政治建设是全面从严治党的必然要求》,《红旗文稿》2016 年第 17 期。

34. 董艳芳:《提升基层党组织组织力的着力点》,《红旗文稿》2018 第 23 期。

35. 方雷、王娟:《构建党政关系的应然状态:一种政党功能的分析视角》,《中共济南市委党校学报》2006 年第 2 期。

36. 冯书泉、郇雷:《全面从严治党的理论内涵与实践要求》,《科学社会主义》2015 年第 3 期。

37. 高春花:《论新时代全面从严治党的鲜明特色》,《思想教育研究》2019 年第 9 期。

38. 高小升、赵婷婷:《国外学者对全面从严治党的认知评析》,《当代世界与社会主义》2020 年第 5 期。

39. 宫玉涛:《全面从严治党重在制度治党——学习习近平关于党的制度建设的思想》,《中国特色社会主义研究》2017 年第 3 期。

40. 龚先庆:《依规治党:新时代全面从严治党的鲜明主题》,《学习与实践》2017 年第 10 期。

41. 郭建、孙惠莲、窦万顺:《国外政党加强基层党组织执行力的经验、教训及其启示》,《天津市社会主义学院学报》2011 年第 1 期。

42. 郭建、孙惠莲、窦万顺:《国外政党加强基层党组织执行力的经验、教训及启示》,《中共石家庄市委党校学报》2011 年第 4 期。

43. 郭为桂:《"再组织化":全面从严治党的战略抉择及其制度化导向》,《经济社会体制比较》2019 年第 1 期。

44. 郭玥:《全面从严治党与新形势下党的建设》,《理论与改革》2015 年第 3 期。

45. 韩源、颜俊儒:《论基层党组织化解乡村社会矛盾的效能提升——以思想政治教育为视角》,《理论探讨》2017 年第 6 期。

46. 洪向华:《试论政党权威的特征和功能》,《科学社会主义》2007 年第 2 期。

47. 侯慧艳:《习近平全面从严治党思想的内在逻辑和理论特色》,《科学社会主义》2017 年第 1 期。

48. 胡洪彬:《基层党组织落实全面从严治党绩效评价机制的建构》,《理论探讨》2017 年第 5 期。

49. 胡小君:《党建科学化视角下基层党组织设置模式的变迁与趋势》,《马克思主义与现实》2011 年第 6 期。

50. 胡艳梅、蒋明伟:《全面从严治党向基层延伸的三大难题及破解路径》,《广西社会科学》2018 年第 5 期。

51. 黄蓉生:《全面从严治党与完善和落实民主集中制》,《红旗文稿》2018 年第 13 期。

52. 贾凯:《价值、制度、组织:论习近平全面从严治党思想创新的三个维度》,《思想理论教育导刊》2017 年第 12 期。

53. 江家城、寇清杰:《新时代基层党组织组织力的内涵解析、生成逻辑与提升路径》,《党政研究》2019 年第 4 期。

54. 姜建成、常青伟:《全面从严治党:坚持目标、主体、任务、过程的整体性》,《探索》2015 年第 6 期。

55. 蒋源:《吸纳式服务:基层党组织在社会治理转型中的一个过渡机制》,《社会主义研究》2016 年第 5 期。

56. 金国兴:《论成熟执政党的标准政党功能》,《中国青年政治学院学报》2006 年第 6 期。

57. 靳呈伟:《国外政党塑造、宣传政党文化的举措及启示》,《当代世界与社会主义》2017 年第 2 期。

58. 靳诺:《党内监督:推进全面从严治党的利器》,《中国高校社会科学》2017 年第 1 期。

59. 阚和庆:《论政党的社会基础与政党功能的发挥》,《理论与改革》2006 年第 4 期。

60. 孔凡义、郭坚刚:《政党的功能及其决定因素》,《浙江师范大学学报》(社会科学版)2007 年第 4 期。

61. 孔金平、刘彤:《"破""立"并举建设党内政治生态——以全面从严治党为视角》,《理论探讨》2017 年第 5 期。

62. 蒯正明、胡珺:《在全面小康社会建设中强化基层党组织整体功能的四大路径》,《探索》2016 年第 1 期。

63. 李斌雄、张银霞:《基层党组织落实全面从严治党责任及其问责机制探讨》,《探索》2016 年第 1 期。

64. 李超群:《新中国成立以来基层党组织发挥政治功能的历史回顾与现实考量》,《中共桂林市委党校学报》2019 年第 3 期。

65. 李桂华:《加强基层党组织建设要提升五种能力》,《人民论坛》2020 年第 1 期。

66. 李桂秋:《重大突发公共危机事件中基层党组织公信力功能与提升》,《深圳大学学报》(人文社会科学版)2020 年第 2 期。

67. 李金哲:《新时代农村基层党组织基本功能研究》,《甘肃理论学刊》2018 年第 4 期。

68. 李景治:《全面从严治党要以增强干部干事创业的"精气神"为出发点和落脚点》,《理论与改革》2019 年第 2 期。

69. 李敬煊、李思学:《论全面从严治党对优化政党功能的意义——以政党功能为视角》,《理论经纬》2016 年第 0 期。

70. 李敬煊、李思学:《全面从严治党与优化中国共产党政党功能的意义和途径探析》,《理论探讨》2016 年第 1 期。

71. 李军:《新时代推动全面从严治党向纵深发展应切实把握的三大问

题》,《理论探讨》2018 年第 1 期。

72. 李军:《新时代增强基层党组织政治功能的对策》,《哈尔滨师范大学社会科学学报》2018 年第 1 期。

73. 李俊斌、张征珍:《从“四自能力”把握全面从严治党的发展路向》,《西南大学学报》(社会科学版)2020 年第 4 期。

74. 李鹏、任梦格:《正确把握习近平关于全面从严治党论述的五个着力点》,《思想理论教育导刊》2018 年第 11 期。

75. 李威利:《从基层重塑政党:改革开放以来城市基层党建形态的发展》,《社会主义研究》2019 年第 5 期。

76. 李毅弘、曾洁超:《农村基层党组织服务功能定位及边界探析》,《科学社会主义》2014 年第 3 期。

77. 李毅弘、孙磊:《习近平关于基层党组织建设的重要论述探析》,《思想理论教育导刊》2020 年第 9 期。

78. 梁妍慧:《把基层党组织的服务功能化作群众工作的有效机制》,《中共中央党校学报》2013 年第 3 期。

79. 梁煜、朱前星:《中国共产党政党功能调适的制度保障》,《人民论坛》2011 年第 34 期。

80. 林星、王宏波:《乡村振兴背景下农村基层党组织的组织力:内涵、困境与出路》,《科学社会主义》2019 年第 5 期。

81. 刘朝晖:《全面从严治党的方法论特质》,《社会主义研究》2015 年第 4 期。

82. 刘红凛:《党的组织力的内外向度与政治意蕴》,《当代世界与社会主义》2019 年第 4 期。

83. 刘红凛:《管理、服务与治理功能的政治衡平——从历史变迁看新时代基层党组织功能的新定位新要求》,《治理研究》2018 年第 1 期。

84. 刘红凛:《全面从严治党的基本格局与系统规划——兼论习近平党建思想的基本内容与内在逻辑》,《马克思主义研究》2017 年第 1 期。

85. 刘洁、庞源:《强化高校基层党组织整体功能》,《中国高等教育》2017 年第 18 期。

86. 刘靖北、李正华、杜艳华、刘宗洪、唐兴军:《党的政治建设与基层党组织的政治功能》(笔谈二),《理论与改革》2019 年第 2 期。

87. 刘宁宁、汪海燕:《论“全面从严治党”思想的理论与实践》,《马克思主义研究》2015 年第 7 期。

88. 刘蕊、方雷:《调适、整合与嵌入:地方治理中的执政党功能问题探析》,《理论导刊》2018 年第 1 期。

89. 刘伟:《习近平全面从严治党思想的战略深意与实践要求》,《社会主义研究》2017 年第 1 期。

90. 刘先春、赵洪良:《新时代基层党组织建设的政治责任与路径创新——基于密切党群关系的视角》,《探索》2018 年第 4 期。

91. 刘莹:《基层党组织功能作用的历史沿革研究及启示》,《党政干部学刊》2018 年第 4 期。

92. 刘勇、袁贵礼、张学武、宋忠好:《推动全面从严治党向基层延伸的路径探析》,《学校党建与思想教育》2018 年第 2 期。

93. 刘玉东:《基层党组织在社会领域的功能建设》,《中州学刊》2018 年第 1 期。

94. 龙静云:《全面从严治党与提升党的执政软实力》,《马克思主义研究》2019 年第 4 期。

95. 卢爱国、陈洪江:《论城市基层区域化党建的整合功能》,《湖南师范大学社会科学学报》2015 年第 1 期。

96. 马明冲:《全面从严治党向基层延伸:缘起、维度和路径》,《理论与改革》2016 年第 4 期。

97. 马明冲:《政党服务功能视阈下农村基层党组织公信力建设》,《理论学刊》2018 年第 1 期。

98. 马天威、任鹏:《论全面从严治党视域下高校基层党组织实干精神的强化》,《东北大学学报》(社会科学版)2017 年第 5 期。

99. 马勇进:《农村基层党组织功能及实现路径》,《青海社会科学》2017 年第 5 期。

100. 马长山:《全面从严治党的法治之维》,《当代世界与社会主义》2017 年第 1 期。

101. 闵建颖、孙会岩:《全面从严治党的制度探讨》,《思想理论教育》2017 年第 2 期。

102. 潘博、王立峰:《基层党组织政治功能实现过程中问责机制嵌入的现实问题与优化路径》,《东北大学学报》(社会科学版)2020 年第 5 期。

103. 潘春玲:《党的优良传统:推进全面从严治党的红色基因》,《思想教育研究》2017 年第 2 期。

104. 潘新喆、胡志远:《习近平新时代全面从严治党的理论创新及其价值意蕴》,《理论探讨》2018 年第 3 期。

105. 彭勃、邵春霞:《组织嵌入与功能调适:执政党基层组织研究》,《上海行政学院学报》2012 年第 2 期。

106. 齐卫平、姜裕富:《服务型政党建设与党的组织功能创新——基于政党功能的政治学分析》,《河南师范大学学报》(哲学社会科学版)2013 年第 6 期。

107. 齐卫平、金江峰:《基层党组织的组织密度与功能密度——兼论基层党组织组织力评估体系》,《华东师范大学学报》(哲学社会科学版)2019 年第 6 期。

108. 齐卫平:《论新时代党的自我革命与全面从严治党》,《思想理论教育》2019 年第 8 期。

109. 齐卫平:《全面从严治党的基本思想和主要特点》,《新疆师范大学学报》(哲学社会科学版)2015 年第 5 期。

110. 齐卫平:《习近平党建思想的新判断:全面从严治党进入重要阶段》,《理论学刊》2016 年第 5 期。

111. 齐卫平:《新形势下全面从严治党的重大部署——着力严肃党内政治生活和强化党内监督》,《思想理论教育》2017 年第 1 期。

112. 秦德君、李坤晓:《从“党要管党”、“从严治党”到“全面从严治党”——构筑面向新时代的“全面从严治党”战略体系的思考》,《当代世界与社会主义》2017 年第 2 期。

113. 屈鑫涛:《以全面从严治党推动执政党治理转型——基于国家治理现代化的视角》,《中南民族大学学报》(人文社会科学版)2018 年第 3 期。

114. 任晓伟:《论习近平关于推动全面从严治党向纵深发展的思想》,《南京社会科学》2018 年第 2 期。

115. 阮博:《全面从严治党若干问题研究述评》,《社会主义研究》2016 年第 1 期。

116. 沈丽丽:《结构—功能视角下:农村基层党组织组织力提升的实践与

思考——以浙江省K区为例》,《吉林省社会主义学院学报》2020年第1期。

117. 石伟:《全面从严治党责任制度的法理基础与逻辑判定》,《当代世界与社会主义》2020年第1期。

118. 石文静:《论新时代推动全面从严治党向纵深发展》,《科学社会主义》2018年第5期。

119. 石仲泉:《全面从严治党是中国共产党长期执政实现中国梦之魂》,《中共党史研究,》2015年第8期。

120. 史瑞杰:《以全面从严治党开辟伟大工程新局面》,《马克思主义与现实》2016年第6期。

121. 宋乐伟:《坚持问题导向推进全面从严治党向基层延伸》,《中国党政干部论坛》2017年第4期。

122. 宋梦可:《从国家建构到推进基层治理现代化——基层党组织的功能转换与优化》,《甘肃理论学刊》2019年第3期。

123. 孙丽丽:《全面从严治党背景下城市社区党建工作创新研究——南京城市基层社区党建现状、问题及对策》,《云南行政学院学报》2020年第4期。

124. 孙丽娜:《善治视阈下的中国共产党政党功能调适》,《辽宁行政学院学报》2008年第11期。

125. 孙乔婧:《治理能力视域下的农村基层党组织建设》,《人民论坛》2019年第22期。

126. 孙绍勇、陈锡喜:《思想从严:全面从严治党纵深发展的意识形态内生逻辑》,《马克思主义研究》2018年第7期。

127. 孙绍勇:《全面从严治党视域下中国共产党意识形态能力建设论析》,《东南学术》2017年第5期。

128. 覃雪梅、付蓓:《农村基层党组织功能转换与实现途径》,《人民论坛》2015年第20期。

129. 唐棣宣:《理念·逻辑·路径:全面从严治党的三重维度》,《理论导刊》2016年第1期。

130. 唐海军、王瑾:《热话题与冷思考——关于国外政党管党治党的经验教训及其启示》,《当代世界与社会主义》2016年第5期。

131. 唐皇凤、姚靖:《全面从严治党制度的科学内涵与优化路径》,《江汉论坛》2020 年第 7 期。

132. 唐亚林:《执政党功能的转换逻辑及其体系结构》,《毛泽东邓小平理论研究》2005 年第 3 期。

133. 田改伟:《全面从严治党下基层党建工作创新思考》,《中国特色社会主义研究》2017 年第 4 期。

134. 田湘红:《政党功能之分析:对 1949 年前中国共产党的历史考察》,《广州社会主义学院学报》2017 年第 2 期。

135. 涂小雨:《论政党功能与社会整合》,《党政论坛》2011 年第 10 期。

136. 王桂兰、马泽放:《全面从严治党与优化社会政治生态》,《河南师范大学学报》(哲学社会科学版)2017 年第 5 期。

137. 王海荣、闫辰:《突出政治功能:新时代基层党组织建设的内在要求》,《理论导刊》2018 年第 8 期。

138. 王华:《从六个方面提升基层党组织组织力》,《中国党政干部论坛》2018 年第 3 期。

139. 王建利:《努力提升基层党组织政治功能和组织力》,《政工学刊》2020 年第 2 期。

140. 王可卿:《软弱涣散基层党组织整顿的历史流变、内在逻辑与战略路径》,《理论导刊》2020 年第 2 期。

141. 王可园、齐卫平:《全面从严治党必须增强领导干部的制度意识——学习习近平关于制度治党的重要论述》,《党的文献》2018 年第 3 期。

142. 王鹏程:《我国农村基层党组织运行机制和功能发挥研究》,《社会主义研究》2011 年第 6 期。

143. 王秋准、秦德占:《组织力提升视角下国外政党的基层组织建设》,《新视野》2018 年第 6 期。

144. 王锐:《习近平关于基层党组织建设的思想探析》,《广西社会科学》2018 年第 9 期。

145. 王韶兴:《政党职能问题探讨》,《山东社会科学》2005 年第 3 期。

146. 王世谊:《推动全面从严治党向基层延伸》,《红旗文稿》2017 年第 13 期。

147. 王世谊:《习近平全面从严治党重要论述的发展脉络及其生成逻辑》,《扬州大学学报》(人文社会科学版)2020 年第 5 期。

148. 王小鹏:《政党功能:中国特色社会主义制度显著优势的生成动因》,《探索》2021 年第 3 期。

149. 王晓琎:《政党功能视角下新型政党制度效能提升路径探析》,《云南社会主义学院学报》2020 年第 4 期。

150. 魏晓文、董蕾:《习近平新时代全面从严治党思想的鲜明特质》,《马克思主义理论学科研究》2018 年第 3 期。

151. 吴超:《基层党组织服务功能问题研究》,中共中央党校硕士学位论文,2012 年。

152. 吴海红:《“廉而有为”:新时代全面从严治党的价值取向》,《中共中央党校学报》2018 年第 4 期。

153. 吴梅芳:《农村基层党组织功能嬗变的历史考察及启示》,《探索》2008 年第 5 期。

154. 吴梅芳:《社会主义新农村建设中农村基层党组织的功能定位》,《中州学刊》2009 年第 6 期。

155. 武文霞:《国外政党基层组织建设的经验及借鉴》,《领导科学》2014 年第 5 期。

156. 习裕军:《政党的社会功能:构建和谐社会之视角》,《求实》2007 年第 9 期。

157. 向鑫:《服务型政党:中国共产党政党功能的科学定位》,《中共山西省委党校学报》2014 年第 1 期。

158. 肖纯柏:《农村基层党组织功能的政治学思考》,《中共云南省委党校学报》2009 年第 4 期。

159. 肖纯柏:《农村基层党组织功能实现途径研究》,中共中央党校博士学位论文,2008 年。

160. 肖贵清、杨万山:《全面从严治党的时代意义及基本途径》,《山东社会科学》2015 年第 7 期。

161. 肖扬伟:《论思想建党和制度治党协同的逻辑、动因与路径》,《学习与实践》2018 年第 10 期。

162. 徐迪、赵连章:《社区治理中基层党组织建设的功能、挑战与对策》,《社会科学战线》2015 年第 9 期。

163. 徐锋、朱昔群:《国外政党基层组织比较研究》,《马克思主义与现实》2007 年第 4 期。

164. 徐琳、黄炎:《执政党功能调适下的当代中国国家治理现代化》,《中共党史研究》2019 年第 5 期。

165. 徐永军:《全面从严治党的主要内容与鲜明特点》,《党的文献》2016 年第 6 期。

166. 徐玉生、王方方:《纪法协同:全面从严治党背景下管党治党的机制创新》,《贵州社会科学》2016 年第 4 期。

167. 徐玉生、张彬:《新时期基层党组织建设与社会治理耦合互动研究》,《探索》2016 年第 1 期。

168. 许耀桐:《党的十八大以来全面从严治党的新进展》,《国家行政学院学报》2017 年第 4 期。

169. 许耀桐:《全面从严治党论析》,《毛泽东思想研究》2015 年第 6 期。

170. 颜俊儒、魏成富:《国家治理现代化视角下基层党组织功能发挥机制的完善》,《理论探讨》2016 年第 5 期。

171. 杨德山:《试论"全面从严治党"的理论价值》,《马克思主义研究》2017 年第 10 期。

172. 杨凤城:《历史视阈中的新时代全面从严治党之思想建设》,《华东师范大学学报》(哲学社会科学版)2018 年第 3 期。

173. 杨雅涵、殷焕举:《近年来农村基层党组织功能研究综述》,《科学社会主义》2010 年第 5 期。

174. 杨卓华:《关于推动全面从严治党向基层延伸的思考》,《桂海论丛》2016 年第 6 期。

175. 叶本乾:《融入式服务:构建以服务功能为导向的基层党组织服务供给机制》,《长白学刊》2017 年第 4 期。

176. 叶笃初:《中国共产党何以自我超越——全面从严治党的理论基础与价值追求》,《人民论坛》2016 年第 3 期。

177. 叶海涛、方正:《责任本位:全面从严治党的逻辑起点与路径构建》,《长白学刊》2018 年第 1 期。

178. 叶燕华:《全面从严治党是坚持和发展新时代中国特色社会主义的根本保证》,《求实》2018 年第 2 期。

179. 殷焕举、李毅弘、杨雅涵:《结构功能视阈下转型期农村基层党组织建设着力点探析》,《中共中央党校学报》2011 年第 2 期。

180. 于海青:《国外政党现代化的观察与思考》,《山东社会科学》2012 年第 1 期。

181. 张录平、周育平:《社会建设视角下基层党组织功能调适的逻辑定位与实践要求》,《湖湘论坛》2019 年第 2 期。

182. 张明皓、豆书龙:《党建引领“三治结合”:机制构建、内在张力与优化向度》,《南京农业大学学报》(社会科学版)2021 年第 1 期。

183. 张士海、王国龙:《习近平“全面从严治党”思想研究》,《社会主义研究》2015 年第 6 期。

184. 张世飞、陈顺伟:《全面从严治党重要思想研究评述》,《中国特色社会主义研究》2015 年第 5 期。

185. 张世洲、宋斌:《全面从严治党背景下完善党内巡视制度的对策研究》,《理论探讨》2015 年第 5 期。

186. 张书林:《全面从严治党向基层延伸的四大着力点》,《理论探索》2017 年第 1 期。

187. 张晓妍:《推进全面从严治党向基层党组织延伸的创新路径探析》,《理论导刊》2018 年第 6 期。

188. 张晓燕:《抓好基层党组织软弱涣散专项整治工作》,《中国党政干部论坛》2019 年第 9 期。

189. 赵大朋、陈浩然:《城乡关系变迁视角下村级党组织的功能转型与实现》,《社会主义研究》2011 年第 5 期。

190. 赵大朋、简皎洁:《论新时代基层党组织组织力的内涵与建设路径》,《社会主义研究》2019 年第 5 期。

191. 赵大朋:《国家与社会关系视角的政党功能:产生、构成与转型》,《中共天津市委党校学报》2013 年第 6 期。

192. 赵大朋:《建国后中国共产党功能结构的形成与转型——基于国家与社会关系的维度》,《理论与改革》2013 年第 2 期。

193. 赵大朋:《新形势下“两新”党组织功能的激活与实现:挑战与对策》,《理论月刊》2019 年第 2 期。

194. 赵付科:《习近平全面从严治党思想论析》,《当代世界与社会主义》2015 年第 6 期。

195.郑琦、陶周颖:《提升基层党组织组织力的内在逻辑及实践路径》,《马克思主义研究》2020 年第 1 期。

196.郑琦、陶周颖:《学习习近平关于基层党组织建设的重要论述》,《党的文献》2019 年第 4 期。

197.郑中华:《基层党组织建设的政治逻辑》,《人民论坛》2018 年第 24 期。

198.中国浦东干部学院课题组:《基层党组织的政治功能与服务功能关系研究》,《党政论坛》2016 年第 8 期。

199.周多刚、徐中:《服务型基层党组织建设的内涵、现状与对策》,《党政论坛》2013 年第 3 期。

200.周光辉、王海荣、彭斌:《突出政治功能:新时代基层党组织建设内涵、意义与实践路径分析》,《理论探讨》2019 年第 3 期。

201.周金堂、廖进球、舒前毅:《习近平全面从严治党思想形成的时代背景的“三个考量”》,《江西财经大学学报》2016 年第 1 期。

202.周忠丽、周义程:《利益、组织与价值:农村基层党组织凝聚力弱化的三维解释框架》,《行政论坛》2017 年第 6 期。

203.朱佩明:《强化中国共产党基层党组织服务功能的思考》,《探索》2009 年第 6 期。

204.朱前星、陈果、李佳金、陈春华:《执政道德:中国共产党政党功能调适的素质保障》,《湖南行政学院学报》2012 年第 1 期。

205.朱前星、陈果、梁煜、李佳金:《社会整合功能:中国共产党政党功能调适的主要现实内容》,《湖北社会科学》2011 年第 9 期。

206.朱前星:《社会整合与执政党的功能调适》,《马克思主义与现实》2010 年第 5 期。

207.朱天义:《科层制逻辑与政党适应性:农村基层党组织行动逻辑的组织机制分析》,《青海社会科学》2017 年第 5 期。

208.朱新山:《新时期农村基层党组织的运转现状与执政转型研究》,《毛泽东邓小平理论研究》2010 年第 8 期。

209.祝志男、崔松鹤、刘萍:《深刻认识和准确把握全面从严治党的科学内涵——兼论习近平同志关于全面从严治党的论述》,《思想理论教育导刊》2016 年第 12 期。

## 二、外文文献

1. Aoki, Mizuho, "Komeito's 50 Years of Losing Its Religion", *Japan Times*, November 20, 2014.

2. Barrie Axford, *Politics: An introduction*, New York: Routledge, 2002.

3. Cecil C. Brett, "The Komeito and Local Japanese Poliitics", *Asian Survey*, 19(4), 1979.

4. Cherles E. Merriam and Harold F. Gosnell, *The American Party System*, New York: Macmillan, 1950.

5. David Adamany, "The Political Science of E. E. Schattschneider: A Review Essay", *The American Political Science Review*, 66(4), 1972.

6. E. E. Schattschneider, *Party Government*, New York: Holt, Rinehart and Winston, 1942.

7. Ernest Barker, *Reflections on Government*, New York: Oxford University Press, 1942.

8. Giovanni Sartori, *Party Types, Organisation and Functions*, *West European Politics*, 2005.

9. James W. White, "Mass Movement and Democracy: Sokagakkai in Japanese Politics", *The American Political Science Review*, 61(3), 1967.

10. Jean Blondel and Maurizio Cotta, *The Nature of Party Government: A comparative European Perspective*, New York: Palgrave Publishers Ltd, 2000.

11. Joseph Lapalombara and Myron Weiner, *Political Parties and Political Development*, Princeton: New Jersey Princeton University Press, 1966.

12. Larry Diamond and Richard Gunther, *Political Parties and Democracy*, Baltimore: Johns Hopkins University Press, 2001.